HERMANOS

HERMANOS

Deepak y Sanjiv
CHOPRA

Traducción de Javier Guerrero

GRUPO ZETA

Barcelona • Madrid • Bogotá • Buenos Aires • Caracas • México D.F. • Miami • Montevideo • Santiago de Chile

Título original: *Brotherhood*
Traducción: Javier Guerrero
1.ª edición: noviembre 2013

© Deepak Chopra y Sanjiv Chopra, 2013
© Ediciones B, S. A., 2013
   Consell de Cent, 425-427 - 08009 Barcelona (España)
   www.edicionesb.com

Printed in Spain
ISBN: 978-84-666-5312-1
Depósito legal: B. 21.666-2013

Impreso por LIBERDÚPLEX, S.L.U.
Ctra. BV 2249 Km 7,4 Polígono Torrentfondo
08791 - Sant Llorenç d'Hortons (Barcelona)

A nuestros increíbles y cariñosos padres
Krishan y Pushpa Chopra

Al lector

Escribir un libro de memorias a cuatro manos era territorio inexplorado para nosotros. No teníamos ningún modelo a seguir. Cuando dos personas escriben juntas, combinan sus voces en una. ¿Por qué nosotros no? Deepak podría haberse controlado para no dominar a su hermano pequeño (lo prometió). Sanjiv sabe defenderse y sacar con suavidad el codo cuando corre el riesgo de que lo tiren del nido.

En cambio, elegimos esta forma original de presentar la historia de nuestras vidas, porque demostró ser más emocionante para nosotros, y esperamos que también lo sea para el lector. Un hermano tiene libertad de explicar cómo recuerda los días de infancia en Jabalpur y Shillong, viendo a través de sus ojos recuerdos, nostalgia, negación y fantasía. Después se ofrece un segundo punto de vista. Los hechos como tales no cambian: una gran casa colonial en Jabalpur donde nuestro padre veía una retahíla de pacientes cada día y nuestra madre alimentaba en silencio a los más pobres. Los hechos no son más que la semilla de un recuerdo. Era mejor dejar que cada hermano sembrara sus propias simientes, con libertad para dejar que el pasado se desplegara a su manera personal y peculiar. No miramos los capítulos del otro durante el proceso de redacción. No hubo discusiones sobre quién tenía razón.

Otro motivo para escribir como voces separadas vino de nuestro editor, que sentía que detrás de los hermanos Chopra se extendía el mundo más grande de la inmigración y el sueño americano. Los dos elegimos salir de India sin dinero ni propiedades, salvo la propiedad intelectual de un diploma en medicina y algunos sueños. No muchos estadounidenses eran conscientes de la inmigración india en los años setenta, y mucho menos de una «diáspora india». Se centraban en sus propios problemas; para empezar y muy en especial el conflicto de Vietnam, que creó una grave escasez de médicos y abrió la puerta para que dos doctores jóvenes practicaran la medicina aquí. El punto de vista general, para ser francos, era que los médicos extranjeros eran necesarios pero no bienvenidos.

India tampoco quería que nos fuéramos. El gobierno había prohibido el examen escrito que un doctor tenía que aprobar antes de que Estados Unidos le ofreciera un visado y solo se permitía cambiar una miseria en dólares para viajar al extranjero. No obstante, había una resistencia más profunda en marcha. India es una cultura materna que de verdad hace de madre, que abraza a sus hijos con fuerza y es muy reticente a dejarlos ir. Tan jóvenes —y ansiosos por reivindicarnos— como éramos, oímos que se vertían lágrimas a nuestra espalda en el aeropuerto de Delhi, y no solo por parte de nuestros padres. Nuestra decisión de apartarnos hacía que no fuéramos ni completamente indios ni completamente estadounidenses. Nos habíamos agarrado a un doble destino.

Al nacer, un par de gemelos idénticos comparten los mismos genes, pero cuando cumplen setenta, sus perfiles genéticos son drásticamente diferentes. El ADN real no ha cambiado, pero su actividad sí, subiendo y bajando, recombinando miles de interruptores. Esta divergencia nos ocurrió a nosotros, solo que era un conjunto de genes culturales lo que compartíamos. Como se verá, nuestras vidas tomaron caminos radicalmente distintos. Deepak desempeñó un papel fundamental en llevar a Occidente la espiritualidad india y la tradición médica del Ayurveda. Sanjiv continuó en la senda de la medicina occidental para convertirse en profesor de la facultad de medicina de Harvard. Ha habido tiempos, francamente, en que nos preguntábamos si comprendíamos la realidad del otro. Así es la fascinación y el dolor de empezar tan unidos.

Hoy un destino doble es más común que nunca. Según cálculos actuales de la Oficina del Censo, el 20 % de los estadounidenses tiene al menos un progenitor que ha nacido en el extranjero. El tejido del país ha cambiado, aportando sentimientos encontrados en todos lados. Así que un doble libro de memorias tiene sentido para los hermanos Chopra. La duplicidad sigue siendo cierta para nosotros cuarenta años después, acumulando riqueza y pérdida, consternación y claridad. Como todos los demás, podemos mirar atrás a vidas no vividas. Y pese a todo, sentimos que la vida que vivimos es simbólica. La fraternidad es universal. Se construye un yo, dos yoes encuentran una órbita uno en torno a otro, una sociedad los absorbe en un tejido colectivo que nunca es igual mañana que ayer. Queríamos compartir nuestro viaje con todos los que están construyendo un yo del mismo modo complejo y con frecuencia misterioso.

DEEPAK CHOPRA
SANJIV CHOPRA

1

Río sagrado

Deepak

Preparados, listos, ya.

Si el sacerdote no murmuró estas palabras exactas, al menos su gesto me dijo que cogiera el palo que llevaba en la mano. Era el momento. Yo era el hijo mayor. Por derecho, el hijo mayor es el que hace un agujero en el cráneo de su padre para liberar así su alma de esta vida para que pase a la siguiente.

Solo conocía vagamente este antiguo ritual. Nunca lo había visto. Miré con vacilación a mi hermano, Sanjiv. Siendo el hijo menor, él sería el siguiente.

Esto es completamente singular.

Me guardé esa idea. El sacerdote se ocupaba de todo. Sanjiv y yo éramos casi irrelevantes: dos transeúntes modernos atrapados en las maneras ancestrales. Habíamos regresado en avión a Nueva Delhi en el momento en que recibimos la noticia de la repentina muerte de nuestro padre.

El humo de cuerpos quemados emanaba un olor indescriptible en torno a nosotros y ensuciaba el cielo. El hedor tenía que ser intenso, pero en ese momento yo era inmune a él. Cada pira ocupaba su pequeña parcela en el *ghat* o lugar de cremación. Las mujeres se lamentaban. Los troncos para la cremación reflejaban un orden social: madera barata para los pobres; madera de sándalo cara y fragante para quienes podían costeársela. También se esparcían caléndulas naranjas sobre los cuerpos de los acaudalados antes de que se encendiera la pira.

El sacerdote me estaba mirando, con ganas de seguir adelante; era su trabajo diario. Entretanto, sentí un extraño desapego. Siglos de tradición decían: «No debes olvidarnos», y yo obedecí, cogiendo el palo de la mano del sacerdote.

Entre las llamas, que eran transparentes a la luz del sol de mediodía, atisbaba la forma del cuerpo de mi padre. La mortaja ya se había consumido y los restos eran más esqueleto que cuerpo. No me invadió ningún horror. Parte de mi mente se quedó aparte, admirando la eficiencia del *ghat*. Las llamas ardían a gran temperatura y finalizaron la tarea con rapidez.

Papá estaba vivo treinta y seis horas antes. Se había sentado para ver, sin ningún entusiasmo, el juramento presidencial de George W. Bush. Era 2001, su primer mandato. Esa mañana, había hecho sus rondas en el hospital Moolchand como de costumbre, con una fila de médicos jóvenes tras él, y había mencionado a mi madre al darle el beso de buenas noches que sentía un poco de malestar. Mejor llamar por la mañana a K. K., uno de los médicos que trabajaban con él, por si acaso. Horas después había espacio vacío donde antes había vibrado la vida de una persona.

¿Cómo se definía un adulto? Alguien que conoce el valor de hacer algo que no le gusta hacer. Así que actué, clavé la punta afilada del palo en el cráneo de mi padre. Una vez leí la autobiografía de Michael Crichton que empezaba con una frase asombrosa de sus tiempos en la facultad de medicina: «No es fácil cortar una cabeza humana con una sierra de arco.» En cambio, hacer un agujero en un cráneo es fácil si este casi se ha reducido a cenizas.

¿Cuánto tiempo aguantaría tan desapegado?

Pasé el palo afilado a Sanjiv y logré mantener la atención en él sin pestañear después de lo que había hecho. Cuando estamos juntos, el tranquilo soy yo. Pero los dos ocupábamos un silencio sombrío en ese momento, y compartíamos el desconcierto.

Muerte es desconcierto. Los supervivientes se enfrentan a algo peor que la tristeza profunda, al vacío más absoluto. Un vacío en las inmediaciones del corazón que guarda un lugar para que el dolor lo llene después. En el budismo se dice que no hay alternativa al vacío; solo importa cómo lo afrontas. Desconocido para mí, lo afrontaría de una forma muy diferente a la que imaginaba.

El sacerdote asintió como si tal cosa cuando los dos hermanos terminamos de cumplir nuestro deber sagrado. La salmodia continuó durante horas. Teníamos las piernas correosas; estábamos exhaustos y adormilados por el *jet lag*.

Hay un pueblo nativo en las montañas desiertas de México occidental, los huicholes, que toman peyote todo el día, empezando de bebés cuando lo toman en la leche de sus madres. ¿Viven en una alucinación andante que ellos perciben como algo normal? En ese momento, Sanjiv y yo éramos dos huicholes.

Durante mucho tiempo no sabía cuándo había nacido en realidad. Mirando atrás, podría no haber importado. Ninguno de nosotros está verdaderamente presente en su propio nacimiento. Casi no estamos preparados para llegar. El cerebro de un recién nacido todavía está fabricando las conexiones neuronales a un ritmo de un millón por minuto. Tiene unos cuantos reflejos primarios, como cerrar los puños para obedecer la orden vital de «agárrate fuerte». En la sabana africana un ñu o una jirafa han de saber caminar en el instante en que caen desde la matriz a la acogedora pero peligrosa tierra. La supervivencia está en juego. La madre da unos pocos lametones para alentar a su cría a levantarse y enseguida el desfile de la vida sigue su camino, con un cachorro cerrando la marcha. Un bebé humano no es así. Es un producto a medio terminar, un esbozo en espera de ser completado. Para permanecer vivo, un bebe necesita todo el cuidado que pueda obtener.

Las familias indias han recibido el mensaje con ganas. Abrí los ojos ese día —¿abril?, ¿octubre?— para ver a media docena de miembros femeninos de mi familia; y ese grupo de tías, primas, comadrona y madre ansiosas y sonrientes sería el grupo más pequeño que vi en una sala durante muchos años. Yo era el primer hijo del doctor Krishan Lal y de Pushpa Chopra, nacido en el 17 de Babar Road, en Nueva Delhi. Quizá porque nací en medio de una multitud nunca sentí soledad existencial. Fue un placer que me llamaran Deepak, porque oír mi nombre hacía sonreír a la gente. Deepak significa «luz», y yo llegué durante el Diwali, el festival de las luces. Estallaban petardos en las calles, lo cual ayudó a enmascarar los sonidos de mi abuelo disparando al aire con su viejo rifle desde el tejado de su casa. La ciudad brillaba con miles de lámparas de aceite para celebrar la victoria del bien sobre el mal. Llamar a un bebé Deepak es una razón para sonreír.

La única angustia era que mi padre no estaba presente. En 1946, la guerra continuaba, y él había estado en el frente de Birmania, donde se creía que seguiría cuando yo nací, aunque su paradero exacto se desconocía. Pasarían otros veinte días hasta que viera por primera vez a su hijo recién nacido.

Pero no fue la confusión ni la ansiedad o superstición lo que hizo que mis padres cambiaran mi fecha de nacimiento real del 22 de octubre al 22 de abril, sino una cuestión técnica relacionada con el momento de empezar mi escolarización. Desplazar mi nacimiento a la primavera de 1947 me permitió asistir a la escuela cuando la familia se trasladó a un nuevo destino. No estoy seguro de conocer con claridad los detalles ni siquiera hoy mismo.

Es una cuestión innata en los indios considerar cualquier día como propicio o desfavorable. Haber nacido en el Diwali es lo bastante auspicioso para satisfacer a cualquiera, pero doblemente para un médico, porque el festival homenajea a Lakshmi, diosa de la prosperidad y la sanación. (La palabra «diosa» puede resultar engañosa. Me educaron para adorar a Dios en singular. Todos los dioses y diosas hindúes significan Dios, sin plural.)

Cada mañana, mi madre encendía una lámpara y recitaba la *puyá* diaria, el ritual religioso doméstico. Sanjiv y yo estábamos a su lado y nuestra fascinación principal se basaba en la forma en que nuestra madre entonaba sus plegarias, que era encantadora.

Nuestra casa estaba llena de visitantes y pacientes de todos los credos, y mi madre se preocupaba por todos ellos. La religión de mi padre era la medicina. A un médico del ejército como mi padre se le permitía tener una consulta privada los fines de semana. Enseguida me di cuenta de que papá era un médico especial. Los cardiólogos se fían de las lecturas de los electrocardiogramas para que les digan cómo va el corazón del paciente, pero mi padre se ganó su reputación por recopilar la misma información utilizando solo un estetoscopio y el sonido del corazón. Podía calcular de oído los intervalos entre la contracción de las cámaras del corazón —aurículas y ventrículos— hasta en fracciones de segundo. El uso del electrocardiograma solo se generalizó en la década de 1940 y, de hecho, mi padre se formó con uno de los doctores británicos pioneros cuando este hizo una gira de servicio en India. El recuerdo de un médico de esa época dice que la cardiología «no era más que tener buen oído con el estetoscopio», pero la precisión de mi padre se consideraba asombrosa.

Cuando él estaba destinado en Jabalpur, vivíamos en una casa colonial enorme con una amplia entrada bordeada de árboles de mango y guayaba. Al crecer la reputación de Krishan Lal, llegaron pacientes de todo el país. Mi madre se instalaba en la galería, tejiendo. Se fijaba en cómo llegaba cada paciente, ya fuera a pie o en coche o con un chófer. No se cobraba a nadie, pero cuando se marchaba un paciente pobre, mi madre le decía en voz baja a un sirviente, Lakshman Singh, que se asegurara de que tenía algo que comer y, si la necesidad era grande, un billete de tren a casa. Parece extraordinario, en retrospectiva, que Lakshman Singh llegara con mi madre como parte de su dote. Tenía catorce años entonces. (Ahora tendrá ochenta y tantos y ha sobrevivido a mi madre y a mi padre.)

Cuando yo tenía diez años y estábamos abandonando el destino en Jabalpur para ir al siguiente, en Shillong, una nutrida multitud se congregó para despedir a mi padre en la estación de ferrocarril, tocándole los pies, riendo y llorando. Cogí la mano de Sanjiv, maravillándome por ese estallido de humanidad, de tanta gente tan profundamente conmovida.

Mi madre vivía para sus hijos y para el trabajo de su marido. Esperaba levantada a que papá regresara del hospital y le preguntaba por sus casos. ¿Has descartado un edema pulmonar? ¿Has excluido la fibrilación auricular? Se hizo muy experta en eso, y predecía el progreso de un caso, negando con la cabeza con una mezcla de satisfacción y pena si tenía razón y el paciente no se recuperaba. También rezaba por los pacientes y se implicaba indirectamente, no solo en el trabajo detectivesco de diagnóstico, sino también en sus vidas personales. Mi padre hacía lo mismo. Yo no tenía forma de saber que esta clase de medicina no tenía futuro. Nadie conocía ninguna otra forma entonces.

El día después de la cremación, Sanjiv y yo regresamos al *ghat* y ayudamos a tamizar las cenizas de mi padre. El montón humeante podía tocarse con cautela, y cada fragmento de hueso que encontrábamos lo poníamos en una bolsa. La atmósfera era menos siniestra que el día anterior. Nos habíamos despertado de nuestra alucinación. Una nueva multitud de piras estaba ennegreciendo el aire. Las mujeres que lloraban tenían rostros diferentes, si es que el dolor puede tener caras diferentes. En un momento, el sacerdote levantó un trozo del esternón con dos costillas. En cierto modo le deleitó.

—¡Ah, tu padre era ilustrado! Mira, esto lo prueba —exclamó.

A su juicio, el fragmento recordaba la posición sentada en *samadhi* o meditación profunda.

Mi madre, que estaba artrítica y confinada a una silla de ruedas, no había asistido a la cremación. Es bastante normal que miembros de la familia muy cercanos al fallecido no asistan. Yo no había tenido tiempo de pensar en lo que se me venía encima emocionalmente, pero casi podía olerlo: una amargura acre que no tenía nombre. Quizá la actividad constante que rodea a la muerte en la India sea una antigua y sabia forma de impedir que el *shock* nos paralice. La única persona que se había echado a llorar desde mi llegada era Shanti, el criado que vivía en casa, que me recibió en la puerta cuando llegué en coche a la casa de mis padres en Link Road, en Defence Colony. Esa zona del sur de Delhi tenía ese nombre porque las casas fueron construidas por indios veteranos de la Segunda Guerra Mundial, a cada uno de los cuales se les había concedido una parcela en gratitud por su servicio.

Esa casa, construida en la parcela concedida a mi abuelo materno, tiene tres pisos y está hecha de ladrillo con una pared revestida de piedras de río. Mi abuelo había acampado en el solar, ordenando las piedras que quería elegir y diciéndoles a los obreros dónde ponerlas. Esa clase de fachada tenía un toque inusual entonces. Un pequeño jardín de césped bien cuidado y unos pocos rosales decoraban la parte delantera, pero no era un entorno tranquilo. Link Road está lleno de tráfico, y el ruido te presiona de forma casi constante en el interior de la casa.

La angustia de Shanti me hizo llorar cuando nos abrazamos. No recuerdo más lágrimas después de eso. (No hubo llantos tampoco en la cremación. Tenemos mujeres fuertes en la familia.) Mi madre se encontraba en el dormitorio, sentada, esperando. Como era cada vez más inválida, ninguno de nosotros había esperado que sería ella la que se quedaría sola. Había que solucionar cosas para ver dónde iba a vivir. Teníamos que afrontar los signos aterradores de la demencia. Pero nada de eso surgió esa primera noche. Mi madre estaba triste y lúcida. Solo recuerdo una frase suya: «Tu padre está arriba. Pasa la noche con él.»

Su cuerpo yacía en el suelo en un dormitorio del tercer piso. Estaba envuelto en una mortaja que dejaba su rostro al descubierto. Cuando lo vi, no había rastros de papá en la piel grisácea y la expresión de máscara. Estuve sentado hasta el amanecer, dejando que mi mente vagara por recuerdos que llegaban al azar. Mi hermano y yo fuimos niños muy queridos; ninguna de las imágenes que pasaron por mi mente era inquietante, y por esa razón ninguna era excepcional. Los campamentos militares en los que vivíamos, llamados acantonamientos. Mi madre compartiendo una comida con la cocinera; ella y mi padre no toleraban el sistema de castas tradicional. Una procesión de personas enfermas anónimas entrando por la puerta. Mi padre de joven, atractivo con su uniforme, con un derroche de medallas en el pecho. Se sentía a gusto siendo el dios de nuestra casa pese a lo modesto que era.

Sanjiv, que volaba desde Boston, llegó a Link Road antes que yo y se había ido a la cama para mitigar el agotamiento. Estaba esperando cuando yo bajé a la planta baja al amanecer. No se dijo nada dramático: de hecho, no se pronunciaron palabras. La familia extensa llegaría pronto. La mujer de Sanjiv, Amita, había volado con él, pero se acordó que mi mujer, Rita, llegaría más tarde, después de que concluyeran los cuatro días de duelo inmediato, para ayudar a que mi madre ordenara los asuntos de mi padre y ordenara sus papeles.

Al tercer día, Sanjiv y yo fuimos en coche a Haridwar, cuatro o cinco horas al norte. Los trozos de hueso de la cremación tenían que sumergirse en el Ganges. Los genes culturales tomaron el control otra vez. La ciudad de Haridwar es uno de los siete lugares más sagrados para los hindúes. El nombre significa Puerta de Dios; es donde el Ganges se separa del Himalaya y las pendientes de Rishikesh, el valle de los santos, antes de que se ensanche en las llanuras.

La ciudad es un caos sagrado. En cuanto bajamos del coche, se reunió un grupo de sacerdotes, asaltándonos con preguntas sobre nuestra familia: el nombre de mi padre, el nombre de mi abuelo, etcétera. Los templos se alineaban junto al río, e incontables personas entraban en el agua para las abluciones sagradas. Por la noche se bota una flotilla de lámparas encendidas que crea un espejo incandescente del cielo estrellado.

Una vez que respondimos suficientes preguntas, a Sanjiv y a mí nos condujeron por un estrecho callejón lleno de peregrinos, motocicletas que petardeaban y tiendas de dulces. Un sacerdote desenrolló un largo pergamino en un pequeño patio. Antes de esparcir las cenizas sobre el Ganges, la familia del fallecido marca su visita escribiendo un mensaje en el rollo. El suceso no tiene que ser una muerte. Durante siglos ese ha sido un lugar donde la gente ha venido a marcar sucesos importantes de su vida, como un nacimiento o un matrimonio.

Los días de duelo por mi padre habían dispersado mis energías. En ese momento, mirando los mensajes dejados por mis antepasados, mi mente se concentró de repente.

En esa habitación oscura y sin aire vi que las últimas entradas en el rollo de nuestra familia estaban en inglés: mi padre que acudió a esparcir las cenizas de su padre; mi abuelo al llegar después de la Primera Guerra Mundial con su nueva prometida para «bañarse en la piscina celestial». El registro pasaba al urdu y el hindi antes de eso, y si la línea familiar se hubiera mantenido con fuerza, el registro podría haberse extendido hasta uno de los primeros *rishis* védicos, los profetas que empezaron el linaje espiritual de India antes de que hubiera una religión llamada hinduismo.

Yo estaba inusualmente conmovido, aunque no tenía un interés real en nuestro árbol genealógico. Impulsivamente añadí un mensaje a mis propios hijos: «Respira el perfume de tus antepasados.» Ese momento perdura en mi memoria. Después se encontró en la habitación de mi padre una nota doblada que ofrecía una despedida final. No sabemos cuándo la escribió o si había tenido una premonición de que iba a morir. Igual que había disfrutado de su vida, decía la nota, no pretendía regresar. Mi mente voló a los versos del místico persa sufí Rumi: «Cuando muera volaré con los ángeles. Cuando muera para los ángeles, no podéis imaginar en qué me convertiré.»

Sin embargo, ese momento de plenitud pasó con rapidez. Si una vida está contenida entre sus momentos de máximo éxtasis y los de máxima debilidad, para mí los dos chocaron entre sí. Me quedé alicaído y abatido.

Quería hablar con Sanjiv de este sentimiento de destino. Quería oír qué diría él. Pero al pasar los días, me contuve. No era un tema con el que nos sintiéramos comprensivos al compartir nuestros puntos de vista en conflicto. Yo era el médico inconformista; él, la institución. Los hermanos pueden compartir genes, una familia y una cultura que los entrelaza en su lienzo complejo. Todo eso no se hablaba entre nosotros. Aun así, los gemelos que nacen con genes idénticos no son clones. A los setenta años su perfil genético será completamente diferente. Los genes se activan y desactivan. Escuchan en el mundo y aguzan el oído para captar cada pensamiento, deseo, temor y sueño de una persona. Los gemelos divergen tanto como el resto, aunque pueden mantener un vínculo sutil. ¿Sanjiv y yo teníamos eso? Papá nos había abandonado a nuestro sueño de vida. ¿Él se había despertado del suyo o simplemente se había desvanecido?

Una vez esparcidas las cenizas, mi hermano y yo llegamos a Link Road después de medianoche. La bolsa que había contenido las cenizas de nuestro padre estaba vacía, descartada en el asiento de atrás. De camino a casa, ninguno de nosotros había dicho lo que sentía. La familia extensa se dispersó al cabo de cuatro días. Yo pasé el testigo a Rita cuando ella llegó y, tan deprisa como había entrado en la provincia de la muerte, estaba de vuelta en casa bajo el sol de California. Pero la provincia de la muerte es portátil, al parecer. Me acosó una abrumadora sensación de oscuridad: mi padre ya no existe. No queda nada. Va a un lugar donde un día yo lo seguiré.

El despertar espiritual empieza cuando te das cuenta de un hecho simple que la mayoría de la gente se pasa la vida evitando: la muerte nos acecha en cada momento. No puedo decir que lo sienta tan vívidamente como antes de Haridwar, pero de niño había sido literalmente despertado por una muerte.

Tenía seis años entonces. Mis padres habían ido a Inglaterra para que mi padre pudiera completar su formación avanzada en cardiología. Sanjiv y yo nos quedamos con nuestro abuelo paterno y dos tíos en Bombay. (Sanjiv y yo vivíamos con varios miembros de nuestra familia cuando nuestros padres estudiaban o viajaban por trabajo, o cuando nos fuimos de casa para asistir a una escuela privada. Nuestras tías y tíos se consideraban nuestros segundos padres. Siempre había sido de ese modo en India.)

Que un indio viajara a Londres a estudiar medicina era raro en esos días. En este caso, mi padre había sido asesor médico de lord Mountbatten, el último virrey de India. En 1947 se ordenó a Mountbatten liberar el país en cuestión de meses. Los sucesos se desarrollaron con rapidez y sin apenas mirar atrás; tres siglos de colonialismo deshecho.

En la desenfrenada confusión posterior, Mountbatten no olvidó a mi padre, y fue a través de él que se alisó el camino de la formación médica de Krishan. Pero esto no bastó para superar los prejuicios arraigados. En el hospital del ejército británico en Pune, mi padre iba detrás de los médicos blancos durante las rondas generales. Estudiaba minuciosamente sus libros de texto a última hora de la noche para poder estar preparado cuando el médico le pidiera que respondiera una pregunta, pero nunca le preguntaron. Lo dejaron de lado. Se convirtió en un asistente silencioso a una procesión de superiores británicos. Sin embargo, una mañana, junto al lecho de un paciente, los otros jóvenes doctores no supieron responder ante un diagnóstico complicado. El médico se volvió y repitió la pregunta a mi padre, que conocía la respuesta. De un solo golpe, se había ganado el respeto.

Por más educados y tolerantes que eran mis padres, nunca hubo ninguna duda sobre la línea trazada entre blancos y «morenos». La mayoría de los británicos asignados a India habían salido de su país en la época victoriana para hacer fortuna o para escapar de la vergüenza. Era un momento en que el hijo mayor lo heredaba todo, el hijo mediano iba a la universidad o se hacía clérigo y el menor o más desventurado se enrolaba en el ejército. India era una ruta de escape y una oportunidad de elevarse socialmente más alto que en Inglaterra. Los funcionarios asalariados vivían como rajás. Los clubes coloniales eran bastiones de la ampulosidad, más rígidos que cualquier club de Londres. Los británicos se estaban superando.

Puede que esta jerarquía fija se hubiera desplazado cuando mis padres eran adultos, pero la actitud de desprecio e indiferencia hacia la cultura india seguía en el mismo sitio. Lo cual es comprensible cuando has conquistado a un pueblo y solo lo quieres para saquearlo y sacar provecho. India era una joya de la corona por razones mercantiles. No había una razón militar real para ocupar el país, solo un inmenso potencial de beneficio.

Los Chopra ligaban su fortuna a los británicos porque no había otro escalón que subir. Mi bisabuelo era un cacique tribal en el desierto del Territorio del Noroeste y lo había defendido con cañones antes que acceder al ejército británico cuando lo llamaron. Eso contaba la leyenda familiar. Lo mataron, pero su hijo —mi abuelo— aceptó un puesto de sargento en el ejército británico, lo cual le garantizaba una pensión. La vinculación con los colonos blancos se convirtió en algo natural. Inglaterra era el otro lugar donde el té, el *chutney* y el *kedgeree* formaban parte de la vida cotidiana. Ambos países se paralizaban cuando la radio daba los resultados del críquet y en ambos países se adoraba a las estrellas de ese deporte con más devoción que a los dioses.

Aun así, cuando mi padre estuvo listo para zarpar, mi madre, que no iba a seguirlo hasta después de un tiempo, le hizo prometer una cosa: en cuanto desembarcara en Southampton, tenía que hacer que un inglés le limpiara los zapatos. Lo hizo e informó con satisfacción de que se había sentado en una silla alta con un hombre blanco agachado delante de él. En años venideros recordaba este incidente sin orgullo, pero sin arrepentimiento. Mientras que los británicos veían un imperio benigno (nadie estuvo legalmente esclavizado después de cierta fecha), el pueblo subyugado sentía que cada día le abrían las cicatrices psicológicas.

Mi padre viajó a Edimburgo para cumplir con sus exámenes de licencia médica —era más arriesgado hacerlos en Londres, donde supuestamente el examen era más difícil—, y cuando llegó a Bombay la noticia de que los había aprobado, mi abuelo se sintió rebosante de alegría. Igual que cuando yo nací, subió al tejado de nuestra casa con su rifle y disparó varios tiros al aire. Luego nos llevó a Sanjiv y a mí a ver *Alí Babá y los cuarenta ladrones* en el cine, lo cual nos entusiasmó. Aún mejor, estaba de un humor tan exultante que nos llevó a una feria ambulante y nos colmó de dulces.

En medio de la noche, me desperté por los gritos angustiados de las mujeres de la casa. Los criados llegaron corriendo y nos cogieron en brazos. Sin explicación, nos dejaron con un vecino de confianza. Nuestro abuelo, descubrimos, había muerto mientras dormía. A los seis años no tenía concepto de la muerte. Mi mente confundida no dejaba de preguntar: «¿Dónde está? Alguien me lo va a decir.» Sanjiv, que tenía tres años, reaccionó con un estallido repentino de una misteriosa enfermedad en la piel. Lo llevaron al hospital, pero no se hizo ningún diagnóstico verosímil. No obstante, un doctor encontró una explicación que todavía me satisface hoy:

—Está asustado. La piel nos protege y él se siente vulnerable, por eso se está pelando.

Ese hombre predijo que Sanjiv se recuperaría en cuanto llegaran mis padres, y así fue.

Al día siguiente nos enteramos de que mi abuelo estaba siendo incinerado. No iban a llevarse a dos niños pequeños, pero uno de mis tíos asistió, regresando con un ceño amargo en la cara. Era periodista y yo sentía un respeto reverencial por él. No sabía que yo podía oírle cuando soltó:

—Bau-ji estaba festejando con los niños ayer, ¿y ahora qué es? Una puñado de cenizas en un tarro.

Soy cauteloso a la hora de asignar momentos definitorios a una vida. Demasiadas influencias giran en torno a nosotros y otras secretas nos impregnan desde el inconsciente. Los expertos en memoria dicen que es probable que los recuerdos más llamativos que tenemos de la infancia sean engañosos; en realidad, son amalgamas de muchos incidentes relacionados cuajados en uno. Los traumas se desdibujan y se juntan. Cada Navidad se suma a una sola alegría. Pero las palabras de mi tío podrían haber marcado mi rumbo. En ese caso, quedaron sumergidas durante años mientras la muerte me acosaba y yo mantenía la decisión de no mirar por encima del hombro.

No puedo dejar ese momento sin decir que las personas mayores parecen controlar el tiempo de sus muertes, como algunas investigaciones han confirmado ahora. Esperan a un día significativo, un cumpleaños o quizá Navidad. Las tasas de mortalidad entre los ancianos aumentan después de las grandes fiestas. Años antes de que ningún estadístico pensara en estudiarlo, tuve una conmovedora experiencia de ello. Un anciano y su mujer habían ingresado juntos en el hospital. El marido estaba muriendo, en las fases terminales del cáncer, según recuerdo. El estado de la mujer era mucho menos serio, desde luego nada grave. Sin embargo, ella declinó rápidamente, mientras que él parecía seguir adelante, por profundos que fueran los estragos de la enfermedad.

Yo era un joven médico asignado a revisarlo cada día y una mañana me impactó enterarme de que la mujer había muerto durante la noche. Fui a decírselo a su marido, que pareció extrañamente aliviado.

—Ahora puedo irme —dijo.

Le pregunté qué quería decir.

—Un caballero siempre aguanta la puerta a una dama para que pase primero —dijo.

Falleció al cabo de unas horas.

Ahora me he puesto a contar mi historia y cómo se cruza y choca con la de Sanjiv. Parte de mí lo considera una empresa extraña, aunque me gano la vida con las palabras. El inconveniente de estar bajo la mirada del público, lo cual también es una gran atracción, es que la gente siente que ya te conoce. He vivido mucho tiempo con esta percepción equivocada. Llegué a un hospital en Calgary en cierta ocasión para dar una charla y vi un pequeño grupo de monjes protestando con carteles que decían: «Deepak Chopra, el satán hindú.» Cualquiera puede ir a blogs de científicos escépticos, donde me fustigaron como el emperador del blablá (no estoy seguro de lo que significa, pero suena un poco tierno, como algo del doctor Seuss).

Otras personas me miran favorablemente y de manera sonriente me cuentan que soy un gurú (una etiqueta que nunca me aplicaría a mí mismo, no por el olor a charlatanería que tiene en Occidente, sino porque el título se reverencia en la India). Sin embargo, nadie me ha preguntado a la cara quién soy en realidad. Indio de nacimiento, estadounidense por elección. Parte de la gran diáspora de posguerra que envió a asiáticos del sur por todo el mundo, desde África al Caribe. Un médico formado en el Instituto Panindio de Ciencia Médicas gracias a la generosidad de Rockefeller y de una riada de profesores visitantes de Estados Unidos. Como le ocurre a cualquiera, mi equipaje está forrado de etiquetas de todas las paradas que he hecho en la vida desde el momento en que nací. ¿Quieres conocerme? Mira mis etiquetas.

Contar la historia de tu vida puede ser simplemente un ejercicio de pasar etiquetas. Puede ser el encuentro de la vanidad insaciable de un escritor con la curiosidad ociosa del público. He decidido que contar mi historia puede beneficiar al lector solo si compartimos algo tan profundamente que lo valoramos por igual. No se trata de amor de familia, dedicación al trabajo, una visión de la vida o incluso caminar por la senda espiritual.

Lo que usted y yo valoramos profundamente es el proyecto de construir un yo. Como un arrecife de coral, que empieza cuando elementos de organismos microscópicos flotan en el mar, fusionándose gradualmente y finalmente construyendo un edificio enorme, usted y yo hemos estado construyendo un yo desde el momento en que «yo» significaba algo. En lo que a arrecifes se refiere, el nuestro es peliagudo. Casi cualquier experiencia pasada puede apropiarse de él. No hay planos de este edificio y para muchas personas el yo está construido por accidente. Miran atrás y descubren que la persona en la que se han convertido es mitad un desconocido, mitad un jefe malhumorado. Su singularidad gobierna cada día, virando entre «Me gusta esto, dame más» y «no me gusta esto, llévatelo».

Las vidas están cimentadas en los caprichos del «yo, mi, mío», y sin embargo no hay forma de soslayar la necesidad de construir un yo y aferrarse a eso. De lo contrario podrías ser arrastrado a mar abierto. No prestaría tanta atención a India si no fuera porque me dio la sensación perdurable de que un yo está construido por una razón paradójica que es al mismo tiempo prudente, imposible, emocionante y desesperada. Construyes un yo para dejarlo atrás. Un gran filósofo resaltó en una ocasión que la filosofía es como una escalera que usas para subir al tejado y luego la tiras de una patada. El yo es exactamente eso. Es el pequeño bote en el que remas hasta que golpea en la orilla de la eternidad.

Pero ¿por qué alguien va a dar una patada a la escalera? Estamos orgullosos del «yo, mi, mío». Sí, pero también es la fuente de nuestro sufrimiento más profundo. El temor y la rabia vagan a sus anchas por la mente. La existencia puede pasar de la alegría al terror sin advertencia, en un abrir y cerrar de ojos. Cuando la vida parece una prisión, nada es más seductor que el indio que enseña que la vida es juego (o *lila*). Voy a contar mi historia para mostrar que llegar al estado de puro juego, que conlleva libertad, alegría y creatividad, significa que has de renunciar a las ilusiones que enmascaran la realidad. La primera ilusión es que ya eres libre. En realidad, el yo que has pasado muchos años construyendo es una prisión, igual que los organismos microscópicos que construyen un arrecife están atrapados dentro de su esqueleto rígido.

Sanjiv tiene su propia voz y su propio mundo. Sabré hasta qué punto está de acuerdo o en desacuerdo conmigo leyendo sus capítulos. Puedo prever que no estará de acuerdo con mis conclusiones sobre espiritualidad. Los indios modernos están ansiosos por romper las ataduras con tradiciones antiguas y con una cultura restrictiva. Estados Unidos se convirtió en una vía de escape para indios reprimidos: puedes sustituir la palabra «reprimidos» por «ambiciosos», «inquietos» o «alienados». He oído aplausos cuando cuento al público que son niños del universo. Esas palabras podrían no engranar con el punto de vista científico de Sanjiv.

No sabremos lo que significa salir del yo hasta que examinemos cómo lo construimos en primer lugar. He preguntado a muchos profesores qué es la iluminación, y una de las mejores respuestas —desde luego la más concisa— es que en la iluminación cambias el pequeño yo por el yo cósmico. El yo superior existe en todos, esperando a emerger. Lo que lo retiene puede verse en mi pasado igual que en el de cualquier otro. Hay que derribar los muros, sobre todo porque los construimos nosotros. Me inclino ante los budistas que dicen que no hay alternativa al vacío. Pero hay otra corriente en India, que se remonta a siglos antes del nacimiento de Buda, que atestigua lo contrario: que la vida es infinita plenitud, una vez que despiertas a la realidad y dejas caer la máscara de la ilusión.

2

Ciego por un día

Sanjiv

Me llamo Sanjiv Chopra y nací en septiembre de 1949, en la ciudad de Pune, en India. Fue más o menos dos años después de que India consiguiera su independencia del Reino Unido. El mundo entero se estaba recuperando de la devastación de la Segunda Guerra Mundial, y era una época de gran cambio. Yo fui el segundo hijo del doctor Krishan y de Pushpa Chopra, y hermano menor de Deepak Chopra. Nuestro padre fue un médico legendario y quería asegurarse de que recibíamos una educación excelente. Nunca trató de influir en Deepak o en mí para que nos dedicáramos a la medicina, pero, cuando yo tenía doce años, ocurrió un incidente increíble que me puso en mi camino.

En ese momento, Deepak y yo vivíamos con nuestro tío y nuestra tía mientras asistíamos a la escuela St. Columba de Delhi. Nuestros padres estaban a más de quinientos kilómetros de distancia, en Jammu. Estaban entusiasmados con el hecho de que terminásemos nuestra educación secundaria en esa destacada escuela dirigida por sacerdotes católicos irlandeses.

Un sábado por la tarde me quedé dormido mientras leía un libro. Me desperté al cabo de menos de una hora y descubrí que estaba ciego. Abrí los ojos y el mundo era completamente negro. Parpadeé otra vez y otra vez, pero seguía sin poder ver nada. Tenía doce años y estaba completamente ciego.

Deepak estaba cerca, leyendo un libro. Le di un codazo.

—Deepak, no veo.

Él pasó la mano por delante de mis ojos y cuando no respondí, empezó a llorar. Recuerdo que llamó a nuestros tíos.

—¡Solo tengo un hermano y está ciego!

Mi tío Rattan Chacha me llevó enseguida al hospital militar. Me examinaron médicos expertos, entre ellos un respetado oftalmólogo, y no pudieron determinar la causa de mi ceguera. Sospechaban que sufría una ceguera histérica, pero eso no tenía ningún sentido para mí ni para mi hermano. ¿Por qué, de repente, iba a experimentar histeria? Era buen estudiante, un deportista de talento y un niño feliz.

Los médicos consiguieron localizar a mi padre, que estaba en un viaje de campo militar, visitando un hospital rural. Mi padre escuchó con calma y a continuación empezó a tomar una historia detallada.

—Por favor, cuéntame qué le ha pasado a Sanjiv el último mes. ¿Ha estado bien? ¿Ha tenido alguna enfermedad? ¿Ha sufrido alguna herida?

Los médicos transmitieron esas mismas preguntas a mi hermano y a mí.

Yo contesté:

—Solo un pequeño pinchazo en el muslo cuando me lo enganché con el extremo afilado de un palo de críquet.

—¿Qué tratamiento recibió? —preguntó mi padre—. ¿Le pusieron puntos? ¿Antibióticos? ¿Una inyección antitetánica?

Miraron mi historial y le dijeron que sí, me habían dado puntos, un antibiótico y una inyección antitetánica.

—¿Era toxoide del tétanos o suero?

Suero, le dijeron. Después de una pausa, mi padre dijo:

—Sanjiv está sufriendo una reacción rara e idiosincrásica al suero del tétanos: neuritis retrobulbar. Afecta al nervio en la órbita de cada ojo. Ponedle una vía enseguida y dadle dosis masivas de corticosteroides.

Los médicos siguieron estas instrucciones y al cabo de varias horas recuperé la visión. Fue una experiencia increíblemente aterradora. Si mi padre no hubiera diagnosticado correctamente mi estado, podría haberme quedado ciego durante el resto de mi vida.

Pese a mi edad, estaba asombrado por el talento diagnóstico de mi padre. Todos los demás doctores, incluso los especialistas, no sabían qué hacer, mientras que él, cardiólogo, casi de inmediato se había centrado en una rara reacción y había ordenado el curso correcto del tratamiento. Fue una experiencia conmovedora e inolvidable. Antes de este incidente, había considerado vagamente seguir los pasos de mi padre en la medicina, pero esa experiencia dejó una marca indeleble. A partir de entonces no tuve la menor sombra de duda: me haría médico. Quería ayudar a la gente. Aunque tomé esa decisión siendo muy joven, nunca lo he lamentado ni por un momento.

Como mi padre era un médico muy respetado, mi familia tuvo una existencia privilegiada en muchos sentidos. Cada tres años nos trasladábamos a otro lugar del país cuando cambiaban los destinos del hospital militar de mi padre, pero siempre éramos prósperos y vivíamos en bonitas casas con muchos criados, y Deepak y yo siempre asistimos a las mejores escuelas. Vivimos en Bombay, Jabalpur, Shillong y Delhi. Viajamos mucho por India en peregrinaciones o para conocer lugares de interés. La India en la que crecí era una sociedad vibrante y compleja que estaba encontrando su propia identidad como una nueva nación independiente en el mundo de después de la Segunda Guerra Mundial. Era un lugar donde las vacas pacían libremente en las calles, en ocasiones más valoradas que las personas, mientras que detrás de los altos muros de fincas opulentas los ricos vivían vidas encantadoras. Lo que más recuerdo de mi infancia son los sonidos, los olores, el caos colorido y las contradicciones diarias.

Crecimos rodeados por la algarabía de un tráfico incesante: autobuses y camiones y coches, bicicletas, ciclomotores, carros y *rickshaws*, y en algún lugar en la distancia, el ferrocarril. Una cosa que no experimentábamos con frecuencia era el silencio; donde vivíamos, el mundo siempre pasaba corriendo junto a mi ventana. Recuerdo que muchas mañanas me despertaban muy temprano los altavoces que atronaban desde las mezquitas recitando las plegarias de los musulmanes, o los mercaderes callejeros voceando sus artículos mientras caminaban: *«Alu lelo, kela lelo!»* («Compra patatas, compra bananas.») Las canciones de los vendedores callejeros eran la música de fondo de nuestras vidas. Y extrañamente, pese a ese parloteo constante, también recordaba con claridad los sonidos hermosos de los pájaros que cantaban durante el día o los de los grillos por la noche.

Hoy en día he viajado exhaustivamente por el mundo y, como consecuencia de que el mundo se hace cada vez más pequeño, los olores fácilmente identificables de una sociedad se han vuelto cada vez menos diferenciados. La verdad es que parece que haya un McDonald's en cada esquina, incluso en India, donde venden hamburguesas vegetarianas. Pero hace un tiempo era posible saber exactamente dónde estabas solo por el olor. Los aromas especiados y cáusticos de India están todavía muy vivos en mi memoria. El olor fresco de la lluvia empapando la tierra seca y agostada es, para mí, el aroma de la vida misma. Cuando viajábamos en tren, a ambos lados había mirones que subían a bordo para vender *pakoras, samosas* y *barfi.* Los aromas llenaban el compartimento del tren. Desde luego, uno de los olores más memorables de mi infancia era el de té caliente servido en teteras de arcilla. Un olorcillo y estoy de vuelta en India.

Hay que reconocer que no todos los olores eran agradables. Hay un olor de la pobreza, y también conocíamos ese olor.

La pobreza que nos rodeaba era una parte de nuestra vida que se daba por sentada. Apenas nos fijábamos en ello. Cuando le pregunté a mis padres cómo era posible que la gente viviera y muriera en las calles, que sobreviviera pidiendo limosna y que no tuviera nada más que harapos para vestir, me explicaron el concepto del karma. El karma es un aspecto importante de la cultura india, una parte de la filosofía hindú y budista; en cierto sentido, el karma es tu camino en la vida, y está determinado por tus acciones en vidas anteriores. Los hindúes creen que un espíritu tiene muchas vidas y que después de cada muerte se reencarna en otra forma. Tus acciones en una vida determinan tu estatus en la siguiente. Si soy una buena persona en esta vida, seré recompensado en esta vida o en la siguiente; si soy malvado, pagaré por ello en esta vida o en la siguiente. Esta creencia en el karma es una de las razones por las que los pobres en India no parecen tener mucho resentimiento contra los ricos; aceptan su pobreza como su destino, en la creencia sincera de que están pagando por sus pecados pasados. Pero mis padres también me dijeron que tu karma no tenía que ser tu destino, que trabajando con tesón podías cambiar tu destino.

La fe en la reencarnación siempre ha sido muy común entre la mayoría de los indios. De hecho, tuvimos una historia asombrosa de reencarnación en nuestra propia familia. Mi madre tenía un hermano llamado Shukra, que era cuatro años mayor que ella; antes de que supiera leer o escribir, podía recitar largos pasajes del Bhagavad Gita, las escrituras hindúes. Cuando nació mi madre, sus padres la llamaron Suchinta. Su hermano protestó esa decisión. Les dijo que el nombre Suchinta incorporaba la palabra *chinta*, que significa «preocupación» en hindi y por consiguiente tenía una connotación negativa.

—¿Cómo deberíamos llamarla entonces? —le preguntaron.

—Pushpa —respondió.

Pushpa es el nombre de una flor hermosa. Y así mi madre fue conocida por ese nombre durante toda su vida.

Cuando mi tío tenía cuatro años y medio, riñó a su padre por disparar a una paloma con una pistola de aire comprimido.

—¿Qué daño te ha hecho ese pájaro inocente? —preguntó—. El dolor que le has causado regresará a ti. —Esto dicho por un niño.

Las historias sobre este niño se han ido transmitiendo en nuestra familia. Según la hermana mayor de mi madre, Bare Bahenji, podía estar comiendo en la cocina, paraba de repente y corría a la puerta de la casa justo a tiempo para recibir a un monje errante al que había percibido de algún modo. Entonces invitaba al monje a entrar en la casa y pedía a un criado que le preparara comida.

Antes de cumplir cinco años, mi tío acudió a Bare Bahenji y le pidió dieciséis rupias, entonces el equivalente a unos dos dólares.

—¿Para qué necesitas tanto dinero? —le preguntó.

Lo necesitaba, explicó, para saldar una deuda con Daulat, un criado de la familia cuyo nombre, irónicamente, significa «riqueza». Mi tío explicó que había incurrido en esta deuda en una vida anterior. Continuó dando la lata a Bare Bahenji hasta que ella cedió. Daulat se negó a aceptar las rupias hasta que mis abuelos insistieron. Al cabo de unos días, Shukra le dijo a Bare Bahenji que preferiría dormir en el suelo. En India esto es una petición común hecha por adultos que creen que van a morir y quieren estar conectados a la tierra. Bare Bahenji estaba consternada e inquieta y se negó a preparar la cama en el suelo. En cambio, le preparó la cama como siempre, lo arropó cuidadosamente y le cantó una canción de cuna.

A la mañana siguiente, la familia encontró el cuerpo sin vida de Shukra en el suelo. Mi tío había predicho con precisión su propia muerte y quería saldar la deuda de una vida anterior con Daulat, el criado, antes de morir. Para mí es difícil no creer en la reencarnación cuando todo esto ocurrió en mi propia familia.

Historias como esta no son extrañas en India. El fundador y rector de la Universidad Hindú de Benarés, Pandit Madan Mohan Malviya, era un hombre muy culto. Consagró toda su vida a la universidad. En su lecho de muerte, dijo:

—Llevadme a las afueras de Benarés.

Estaban desconcertados.

—Pandit Ji, has dado toda tu vida a Benarés. Ahora morirás e irás al cielo. ¿Por qué quieres que te saquemos de Benarés?

Entre los hindúes está muy extendida la creencia de que si mueres en Benarés alcanzas el *moksha*, el final del ciclo de nacimiento, vida, muerte y resurrección.

—Mi trabajo en la tierra no está completo —dijo Pandit Ji—. No quiero alcanzar el *moksha*. Debo volver y terminar mi trabajo.

India siempre ha sido un país donde la gente —no importa lo educada, sofisticada o rica que fuera— acepta algún elemento de misticismo, comprende que algunos sucesos en la vida no pueden explicarse fácilmente. Por ejemplo, hace varios años hubo una historia de estatuas de Ganesha (la diosa hindú con cabeza de elefante que elimina todos los obstáculos) que bebían leche. La gente estaba echando leche sobre las estatuas y la dejaba en cuencos a sus pies como ofrendas a última hora de la tarde. Por la mañana, la leche ya no estaba. A mí me parecía absurdo, pero había muchas personas educadas que lo creían. Resultó que existía cierta base científica; las estatuas estaban hechas de un material que absorbía líquido y embebía parte de la leche.

Por desgracia, mucha gente cogía la leche que sus hijos necesitaban para llevársela a la estatua. Pregunté a mi madre si creía que las estatuas estaban bebiendo la leche. Mi madre, una mujer inteligente y con experiencia, dijo que sí. Entonces le pregunté a algunos parientes más y varios de ellos me dijeron que estaba ocurriendo en sus propios templos. ¡Lo habían visto!

Esa era la tradición en la que crecimos. La vida era más que lo que podíamos ver delante de nosotros.

En la India de mi infancia estábamos expuestos a diversas religiones y filosofías y nos enseñaron a respetar todas ellas. Aunque éramos hindúes, teníamos amigos que eran musulmanes o parsis y fuimos a la escuela con cristianos y judíos. Para mí, la mejor parte era que teníamos días libres en toda clase de fiestas. No íbamos a la escuela durante el festival de las luces hindú, el Diwali; Pascua; la fiesta musulmana del Eid. Cuando el papa Pío XII murió en 1958, estábamos viviendo en Jabalpur y asistíamos a St. Aloysius, una escuela que tenía clases desde jardín de infancia hasta duodécimo grado. Nuestra escuela permaneció cerrada tres días. Yo tenía nueve años entonces y un amigo nuestro de seis años se quedó con nosotros esos días. Pasamos el rato dando vueltas, jugando al críquet y a otros juegos. Fueron unas vacaciones cortas y maravillosas, y la verdad es que no queríamos volver a la escuela. La noche anterior a que se reanudaran las clases, estábamos a oscuras cuando este joven amigo habló.

—Sanjiv, ¿puedo hacerte una pregunta?

—Por supuesto.

—¿Qué posibilidades hay de que mañana muera el nuevo Papa?

Fuimos educados como hindúes, que es tanto una cultura y una forma de vida como una religión. A diferencia de las principales religiones occidentales, no hay estructura formal para nuestra adoración; no tenemos que ir a un lugar concreto en un momento concreto para participar en una ceremonia específica. Vamos al templo cuando queremos. Ni siquiera hay una definición aceptada de lo que es un hindú ni ningún acuerdo de si el hinduismo es una religión, una cultura, una filosofía o una forma de vida. El presidente del Tribunal Supremo de la India dijo en cierta ocasión: «A diferencia de otras religiones del mundo, la religión hindú no reivindica ningún profeta; no adora a ningún dios; no suscribe ningún dogma; no cree en ningún concepto filosófico; no sigue un conjunto de ritos o actuaciones religiosas; de hecho, no parece satisfacer las estrechas características tradicionales de cualquier religión o credo. Podría ser ampliamente descrita como una forma de vida y nada más.»

Nos educaron en una tradición rica, una mitología llena de centenares de dioses, guerreros y cuentos morales, que nos enseñaron desde una muy tierna edad. Durante las vacaciones de verano nuestras madres leían y cantaban versos de las dos escrituras fundamentales, el Bhagavad Gita y el Ramayana, en ocasiones mientras tocaban un órgano pequeño y accionado con la mano llamado armonio indio. Muchas de estas historias eran *thrillers* elementales, y mientras nos los leían o nos los contaban podíamos visualizar las guerras, los carros, los dioses y semidioses, las hermosas heroínas y los héroes valientes. Normalmente nuestra madre dejaba de leer en un momento muy tenso: Sita ha sido secuestrada por el gran demonio y se está reuniendo un ejército para rescatarla. Deepak y yo le pedíamos que explicara la historia que nos había leído y que nos contara cómo se aplicaba a nuestras vidas. Y, por supuesto, como casi todos los indios jóvenes educados, leíamos cómics que recontaban estas historias de dioses y batallas épicas, monstruos, mitos y leyendas. Nuestra mitología era también nuestro entretenimiento popular. Había centenares de estos cómics, y todos los niños los leían. Leíamos sobre Buda, Ravana el rey demonio, Brahma, Vishnu, Shiva y Krishna. Leíamos el Bhagavad Gita. Leíamos el Mahabharata, el relato épico de India y Ganesha, el dios que elimina todos los obstáculos. Junto con todo esto, leíamos todo desde *Supermán* y *Archie* a las escrituras de Gandhi y las obras de Tolstói.

India es una nación en la que la realidad de la vida cotidiana y la influencia de fuerzas místicas son aceptadas comúnmente como igualmente ciertas. Además del karma, muchos indios también creen en el concepto de *dharma*. En el hinduismo y en el budismo, el *dharma* tiene diversas connotaciones, pero en general significa cumplir alegremente tus deberes morales y éticos. Hacer lo correcto.

En un pueblo en las colinas del Himalaya, había una familia que se negó a recibir la vacuna de la viruela. El Gobierno indio y la Organización Mundial de la Salud habían vacunado con éxito al resto de la población, pero el cabeza de familia, el señor Laxman Singh, se negó categóricamente. El Gobierno indio decidió por el bien del país que los Singh tenían que ser protegidos contra esta enfermedad terrible, así que enviaron a un equipo médico y policial a su casa.

—¿Por qué no quiere que lo vacunen? —le preguntaron a Laxman Singh.

—Dios ordena quién debe enfermarse y quién debe estar sano —respondió—. No quiero esta inyección. Si contraigo la viruela, contraigo la viruela.

El equipo lo redujo, lo sujetó en el suelo. Singh se resistió a ello mientras gritaba con todas sus fuerzas, pero lograron vacunarlo y luego hicieron lo mismo con el resto de su familia. Cuando terminaron, Laxman Singh dijo con calma:

—Ahora, por favor, siéntense en mi cabaña.

Fue a su huerto, recogió unas verduras, las limpió y las sirvió al equipo médico junto con un poco de té que preparó su esposa.

—¿Qué está haciendo? —preguntó un miembro del equipo—. Hemos entrado en su casa, hemos violado sus creencias y ahora nos trata como huéspedes, ¿por qué?

—Creo que es mi *dharma* no vacunarme, porque Dios ordena quién ha de estar enfermo y quién ha de estar sano. Obviamente, ustedes creen que su *dharma* es vacunarme. Ahora que han terminado y son huéspedes en mi casa, es lo mínimo que puedo ofrecerles.

Esta historia es la mejor demostración de *dharma* que he encontrado. Para mí la palabra *dharma* incorpora los elementos de deber, credo y ética. De niño, ciertamente nunca sospeché que mi *dharma* me llevaría a Estados Unidos y a la facultad de medicina de Harvard, pero seguí el camino que tenía ante mí. Las raíces de mi familia en suelo indio pueden remontarse a siglos; plantar nuevas en otra parte del mundo nunca formó parte de mi plan. Pero las acciones de cumplir mi *dharma* me han reportado honores en mi profesión y en la vida. Como resultado, abracé las tradiciones oriental y occidental. Hablo en jerga estadounidense con acento indio. He pasado mi vida en la medicina, confiando en las herramientas de la ciencia —experimentación, descubrimiento, pruebas y resultados reproducibles—, pero haber sido educado en mi cultura también me dejó abierto a otras posibilidades, que no pueden probarse científicamente ni son fáciles de comprender. Tengo el privilegio de dar una conferencia anual a cincuenta mil profesionales médicos de Estados Unidos y de todo el mundo, y cada vez que lo hago siento que estoy cumpliendo mi *dharma*.

Cuando mis padres viajaron por primera vez de Bombay a Londres en el transatlántico, tardaron tres semanas. Ahora puedo coger un avión en Boston y estar en cualquier lugar de India en menos de un día. Cuando estoy allí, caminando por las calles de Bombay, veo muchas tiendas de la misma cadena internacional en la que había estado horas antes en Boston. En mi infancia no teníamos televisión, pero ahora puedo llegar a India y ver algunos de los mismos programas que disfruto en Estados Unidos. En tiempos, las únicas noticias que recibíamos eran las de la All India Radio o la BBC. Ahora puedo simplemente entrar en Twitter, donde sigo a la CNN, la NBC y el *New York Times*, y recibir al instante las últimas noticias de todo el mundo. Debido a los avances en viajes, comunicaciones, entretenimiento y negocios, el mundo se ha hecho cada vez más pequeño; las culturas del mundo, antes diferenciadas, se están mezclando, quizá demasiado.

Pero siempre he encontrado un gran alivio al saber que los valores centrales que me enseñaron en mi familia como parte de nuestra cultura india siguen causando impacto. Esos valores me han permitido convertirme en un marido, padre, abuelo, médico y conferenciante de éxito en Estados Unidos.

3

Círculo encantado

Deepak

Debía de tener unos tres años y medio cuando se formaron mis primeros recuerdos. Sentirse atemorizado y abandonado es algo que no se olvida. Estaba sentado solo en un parque de la ciudad, custodiado por un círculo mágico trazado a mi alrededor en el suelo. Miré los árboles, todavía sin sentirme aterrorizado, aunque estaba seguro de que habría demonios esperando entre las sombras si salía del círculo.

La familia había contratado a una *ayah* («niñera»), para que nos cuidara a mí y a mi hermano menor Sanjiv. Una de sus tareas consistía en llevarnos al parque cada tarde para que mi madre tuviera un rato de paz. ¿Nuestra *ayah* se llamaba Mary? Es fácil olvidar los nombres, pero no los sentimientos. En Pune, donde estaba destinado mi padre (todavía no había viajado a Londres para especializarse en cardiología), las *ayahs* solían ser chicas jóvenes de Goa, una parte de la India colonizada por los portugueses, donde el cristianismo había arraigado.

Fuera quien fuese, nuestra *ayah* no dejaba de mirar por encima del hombro cada vez que llegábamos al parque. En determinado momento me plantificaba en el suelo y dibujaba una circunferencia a mi alrededor en la tierra. Me advertía que no me saliera del círculo —fuera había demonios— y acto seguido desaparecía.

¿Con el cochecito de Sanjiv o sin él? Ese detalle no lo recuerdo. Media hora más tarde, Mary regresaba con aspecto ruborizado y feliz. Entonces nos llevaba a casa, recordándome que no dijera nada de su número de desaparición. Sería nuestro pequeño secreto. Pasaron varios años antes de que entendiera lo que realmente ocurría.

Primero, el círculo y los demonios que acechaban fuera. Mary lo sacó de una historia mítica. Cuando tenía cinco o seis años, mi madre empezó a contarme cuentos de los dos grandes tesoros de historias de las escrituras indias. Uno es el Mahabharata (*Maha* significa «grande» y *Bharata* es el nombre en sánscrito de India), una saga épica de una guerra por la sucesión en el antiguo reino de Kuru. Su elemento central inmortal es la sección conocida como el Canto del Señor, el Bhagavad Gita. Si la cultura india es la más empapada en dioses de la tierra, también está empapada en Gita. Desde la infancia uno escucha versos sacados de la conversación entre el señor Krishna y el guerrero Arjuna mientras esperan en el carro de guerra de Arjuna a que comience la batalla culminante. El Gita es un cruce entre la guerra de Troya y el Nuevo Testamento, si hay que dar una descripción somera. Cuando Krishna le explica a Arjuna el significado de la vida, habla como Dios encarnado.

Pero a mi madre le entusiasmaba la otra gran colección de cuentos, el Ramayana, otro relato épico donde no falta una batalla, en esta ocasión entre el señor Rama, un príncipe atractivo que es la encarnación de Vishnu, y Ravana, rey de los demonios. Cualquier chico se quedaba cautivado con las aventuras del señor Rama. Era un gran arquero y tenía un aliado devoto en un mono volador, Hanuman, cuyo único propósito en la vida era servir al señor Rama.

Mezclar mundos humanos y míticos es algo que sale de natural a cualquier niño. En mi familia, no obstante, Rama tenía un significado especial. Rama había sido desterrado en el bosque de su padre durante catorce años; su padre no estaba enfadado con él, pero estaba obligado a mantener una promesa hecha a una esposa celosa. Dejando atrás muchas lágrimas, el príncipe fue seguido al exilio por su querida esposa Sita y, lo que captó particularmente la atención de mi madre, por su hermano menor Lakshmana.

—Tú eres Rama, y Sanjiv es Lakshmana.

Ninguna frase se nos repitió con más frecuencia, aunque tardé un tiempo en absorber sus implicaciones: situaba a Sanjiv en un peldaño inferior al mío en la jerarquía. Rama estaba tan consagrado a su hermano menor como Lakshmana lo estaba a él. Pero estaba claro quién daba las órdenes y quién las obedecía. Esto estableció un precedente de egoísmo en la familia Chopra. Mi madre estaba añadiendo una nota religiosa a nuestra relación, como si una madre le dijera a sus hijos: «Tú eres Jesús, y tu hermano es Simón Pedro.»

Yo me sentía protector con Sanjiv, pero no dudaba en jugar la carta de Rama cuando me venía bien. En uno de esos incidentes me salió el tiro por la culata. Yo tenía diez años y la familia vivía en Jabalpur. Mi hermano y yo estábamos en el patio, practicando con un rifle de aire comprimido; era un gran regalo que mi padre nos había traído de Londres. El objetivo era una lata vacía situada sobre un poste de un metro y medio de alto.

Tuve un capricho. Me puse justo detrás del poste y le dije a Sanjiv que disparara a la lata.

Él dudó.

—Es como Guillermo Tell —le dije—. Adelante. Nunca fallas.

En la escuela había aprendido la historia de Guillermo Tell, que disparó con una ballesta a una manzana colocada sobre la cabeza de su hijo. En ese momento, estar detrás de un poste mientras Sanjiv disparaba un rifle de aire comprimido en mi dirección me parecía casi lo mismo. Cuando finalmente lo convencí de hacerlo, Sanjiv estaba tan nervioso que accidentalmente me dio con un perdigón en la barbilla. Empecé a sangrar, pero estaba más preocupado por meterme en problemas con mis padres que por una herida menor.

—Hemos de mentir —decidí—. Ya sé... iremos a casa y diremos que me he caído escalando una valla. Un alambre de púas me ha arañado la barbilla, eso es todo.

—¿Mentir? —Sanjiv parecía inquieto. Puso cara de terco.

—Has de hacerlo. Yo soy Rama y tú eres Lakshmana.

Sanjiv, todavía inquieto pero menos terco, aceptó a regañadientes seguir adelante con mi plan, y nuestros padres aceptaron la historia inventada. Pero mi herida no se curaba y al cabo de unos días, mi abuela me palpó la barbilla e hizo un descubrimiento sospechoso.

—Hay algo ahí —anunció.

Una carrera al hospital militar reveló que el perdigón estaba alojado en mi barbilla. Me lo quitaron sin dejar cicatriz (no obstante, en la leyenda familiar, fue así como adquirí el hoyuelo en la barbilla). Me enviaron a casa con antibióticos y una severa reprimenda de papá sobre los peligros del tétanos. De hecho, me sentía aliviado de que me hubieran pillado. Este incidente fue un paso en un proceso que se convirtió en parte de mi carácter al crecer: una vacilación al enfrentarme a la autoridad. Un deseo de complacer a mi padre mezclado con un deseo aún mayor de no decepcionarle. Pero estaba en mis primeras etapas de ese rasgo.

Volviendo al acto de desaparición de nuestra *ayah*. Puede que fuera cristiana, pero Mary conocía uno de los cuentos más familiares de la amada consorte del señor Rama, Sita (los dos son un modelo de siglos del romance ideal en la tradición india). Un día Rama parte para irle a buscar a Sita un magnífico ciervo de oro que atisbó en el bosque. Toma juramento a Lakshmana para que cuide de Sita, diciéndole a su hermano que no se separe de su lado bajo ningún concepto.

Pero cuando pasan las horas y Rama no regresa, Sita ruega a Lakshmana que busque a su hermano. Lakshmana está indeciso. Al principio se niega a romper su voto, pero cuando Sita lo acusa de no amar a Rama lo suficiente para rescatarlo del peligro, Lakshmana accede a ir a buscarlo. Usa sus poderes mágicos para dibujar un círculo encantado en torno a Sita, diciéndole que estará a salvo siempre y cuando no salga del límite. Cualquier mortal o demonio que intente entrar en el círculo será automáticamente consumido por las llamas. Dicho esto, Lakshmana desaparece en el bosque.

Sita espera ansiosamente, y la siguiente persona que ve es un monje errante que le pide limosna. Es una visión lamentable y Sita es demasiado buena. Sale del círculo para poner su ofrenda en el cuenco de pedir y en ese instante el monje se transforma asumiendo su identidad real como el feroz demonio Ravana. Coge a Sita en brazos y se la lleva raptada a su reino en la isla del sur, empezando otra aventura de la saga.

Mi círculo en la tierra era más poderoso que el dibujado por Lakshmana; yo nunca me atreví a salir. Pero resultó que las desapariciones misteriosas de Mary eran por una razón mundana: un novio secreto al que solo podía ver en el parque cuando llevaba a los niños que cuidaba.

No lamento que usara un mito para engañarme. La anécdota tiene un timbre exótico y encaja en un patrón. Viaje adelante hasta 1987, en un momento decisivo en que estaba saliendo de una crisis personal. Mi frustración con la medicina convencional se estaba convirtiendo en rebelión personal. Estaban en juego una floreciente consulta profesional y mi posición como médico fijo en algunos hospitales prestigiosos. La medicina de Boston estaba deseando abandonarme si yo quería abandonarla.

Había tomado la decisión de dejarlo. En ese momento, la gente estaba enganchada a una serie documental sensacional, *The Power of Myth*, donde Bill Moyers entrevistaba a Joseph Campbell, autoridad eminente en el mundo de la mitología. Yo estaba paralizado. Era como respirar aire de un mundo olvidado. En India, los taxistas crean minitemplos dentro de sus vehículos para invocar protección. No faltan efigies de plástico de Ganesha, un dios querido con cabeza de elefante y estómago redondo. Los salpicaderos están llenos de fotos de gurús, y los camiones de larga distancia llevan estampado un eslogan que invoca a Lakshmi, diosa de la prosperidad: *Jai Mata Di* («alabada madre diosa» en punjabí). Un nuevo multimillonario podría situar estatuas de piedra de diversos dioses y diosas en el vestíbulo de su mansión de varios pisos antes de pedir a un diseñador parisino que decore los interiores. La mitología viva de la India moderna proporciona color local, pero es también un símbolo de significado profundo.

Campbell era un narrador nato que podía revestir las leyendas con el romance fragante que evocaron tiempo atrás. Recordé que una vez estuve envuelto por ideas e ideales míticos de los que me había desprendido como una serpiente de su piel vieja. El romance no era la verdadera cuestión. Campbell presentaba la mitología como una presencia viva, el apuntalamiento de la vida cotidiana. Sin darse cuenta de ello, un hombre de negocios que espera en la esquina de una calle a que cambie el semáforo era un héroe disfrazado. Su vida tenía el potencial de ser una búsqueda. Debajo de los detalles mundanos de sus días, una visión estaba pidiendo a gritos nacer.

Me vi a mí mismo a través de los ojos de Campbell; creo que millones de otras personas lo hicieron entonces. Yo estaba en la esquina esperando al semáforo. Solo que nadie me había prometido que iba a ponerse verde. Estábamos muy unidos a la familia Rao. El doctor Rajindra Rao tuvo la primera máquina de rayos X en Jabalpur. Su consulta principalmente examinaba pulmones de personas en busca de tuberculosis, que era galopante en ese momento. También formaba equipo con mi padre, confirmando con rayos X lo que las agudas capacidades diagnósticas de mi padre habían detectado en un paciente. Su mujer, Mallika, también era doctora y se había convertido en la ginecóloga más destacada de Jabalpur. Su clínica combinada los hacía destacar en la ciudad. A Shobha, la hija de los Rao, la apodaban Ammu, el término casero usado en el sur de la India para referirse a una niña pequeña. Ammu era dos años menor que Sanjiv. La aceptamos como nuestra hermana. En el festival del *Rakhi*, una hermana ata un brazalete trenzado en torno a la muñeca de su hermano, mientras este promete protegerla. Como crecimos juntos, hicimos el ritual con Ammu; y aún lo hacemos, con algún lapso ocasional (Ammu también tiene un hermano de verdad llamado Prasan, dos años mayor). Hoy ella vive a las afueras de Boston, siguiendo los pasos de su padre como radióloga.

Por ser el mayor, yo era el líder del grupo, y llegué hasta el extremo de asignar a cada uno de nosotros un rango militar, conmigo de capitán. (Al mirar atrás me emociona y siento una punzada de culpa por la confianza que tenían mis tropas al seguirme, escuchando con embelesada atención mis órdenes, que eran más bien caprichos férreos.) Jugábamos a todo juntos, y Ammu, un poco chicote, incluso accedía a formar parte del equipo solo de niños de críquet que formé en el barrio.

El padre de Ammu era dueño de una preciada posesión que asombraba a todos los que pasaban: un Chevrolet Impala granate. El coche originalmente era propiedad de un hombre que había hecho fortuna fabricando *bidis*, los cigarrillos baratos envueltos en hoja de ébano y atados en un extremo con un hilo. Los trabajadores más pobres podían costearse el *bidis*, y ese era un olor constante en las calles. (El *bidis* sigue siendo un riesgo horrible para la salud, pero lo divino debe tener un sentido del humor. Nisargadatta Maharaj, uno de los gurús más reverenciados del sur de la India, tenía una tienda de *bidis* en Bombay, encima de la cual ofrecía su orientación espiritual.) Los *bidis* habían hecho del anterior propietario del Impala un multimillonario lo suficientemente rico para importar un gran vehículo norteamericano, antes de cansarse de él.

Un día, con una boda a la que asistir lejos de Jabalpur, nuestras dos familias, los Chopra y los Rao, se apilaron en el Impala en un estado de gran excitación. Éramos ocho, pero se hizo sitio para meter al criado manitas de los Rao, que cocinaba para nosotros por la noche y se presumía capaz de arreglar el coche si se estropeaba en ruta. El viaje desde Jabalpur a Delhi era de ochocientos kilómetros. Rompimos el tedio parando a dar una vuelta por la famosa mina de diamantes de Panna. La mina es una cicatriz en el paisaje, excavada en gradas como un pozo de carbón a cielo abierto y lleno de residuos de agua verde brillante en medio.

El doctor Rao había cedido el volante a mi padre. Al salir de la población, un ruidoso coche negro que escupía humo por el tubo de escape parecía estar siguiéndonos. Al girar en la carretera principal, se quedó detrás de nosotros. *Dacoits*. Eso era lo que mi padre suponía que eran: bandidos locales. Los *dacoits* debían suponer que cualquiera que sale de la mina de diamantes en un coche estadounidense grande tenía que llevar diamantes. Todavía era en los tiempos turbulentos que siguieron a la independencia de India. En algunas regiones cundía la violencia racial y religiosa. El enfrentamiento entre hindúes y musulmanes que empezó en 1947 con la separación de la noche a la mañana entre India y Pakistán había conducido a una enorme purga que condenó incluso al Mahatma Gandhi a una bala asesina.

Mi padre trató de despistar al sedán negro, pero después de unos minutos la tensa situación se había convertido en una persecución de coches en toda regla. Nuestros perseguidores trataron de echarnos a una zanja. Mi padre pisó a fondo para poner cierta distancia entre nosotros y ellos, pero al cabo de un momento el sedán negro nos alcanzó de nuevo. Se puso a nuestro lado, lo bastante cerca como para que pudiéramos ver a los tres hombres temibles que iban en su interior. Pero no recuerdo estar asustado. De hecho, Sanjiv y yo estábamos entusiasmados.

Una aclaración sobre los bandidos y su peculiar estatus en India. Cualquier intento de ordenar la vida cotidiana parece fracasar allí. Si envías tu mejor vestido a la lavandería y hay una mancha en una manga puede que te corten ambas mangas (como le ocurrió a un amigo estadounidense indignado hace unos cuantos años). O en lugar de un producto de lavado en seco podrían usar queroseno, un olor que nunca se va. Aprendes a poner cinta sobre el paquete postal cuando envías una carta, para desalentar que los trabajadores de correos roben los sellos y tiren tu carta. En un hotel de tercera clase, una familia podría cansarse de esperar a que se lleven los platos de la cena —suponiendo que una gran familia haya estado durmiendo en una habitación en la misma cama—, así que ¿por qué no guardar la vajilla sucia en una cajón de la cómoda? El siguiente huésped podría sorprenderse un poco al encontrarlos allí al abrir el cajón (eso le ocurrió a otro amigo de visita), pero no tanto. Detrás del caos aparente, cada distinción social es conocida hasta el más fino detalle.

El orden oculto que rige en India es una forma de preservar la vida cotidiana. Hay líneas divisorias por todas partes. La gente es silenciosamente consciente de las castas incluso ahora, décadas después de que se ilegalizara la discriminación en función de la casta. El nombre de una persona revela de inmediato dónde nació y por lo general el *dharma*, u ocupación familiar, que sigue. Cuando has oído el nombre de un extraño, has captado su acento y valorado su dialecto y vocabulario, quizás ha pasado un minuto, pero en ese minuto se ha revelado una autobiografía condensada, y con ella todo un fardo de prejuicios. La modernidad unió a gente que nunca quiso respirar el mismo aire. Han de sentarse juntos en estrechos vagones de ferrocarril y ningún país junta tanto a su población en ferrocarriles como India. Las estrictas viejas reglas, como la que exige que un *brahmin* de la casta sacerdotal vaya a casa y se bañe si la sombra de un intocable cruza su camino, ya no eran prácticas. ¿Era realmente viable, bajo el mandato británico, que una persona nacida en una casta superior tirara toda la comida de la casa y la limpiara de arriba abajo después de que llamara un extranjero?

La caótica danza de India entre el caos y el orden cristalizaba en los *dacoit*. Desde principios de la década de 1930 y mediados de la de 1950, un famoso bandido llamado Man Singh superó de lejos a cualquier legendario gángster estadounidense como John Dillinger. Se calcula que en toda su carrera delictiva Dillinger robó docenas de bancos y asaltó cuatro comisarías, en el curso de lo cual solo mató a una persona, un policía. Man Singh cometió más de 1.100 atracos a mano armada y mató a 185 personas, sin contar los numerosos secuestros por rescate y tiroteos con la ley: mató a 32 policías.

Singh nació en el valle de Chambal en el estado central de Madhya Pradesh, en terreno donde se entrecruzan barrancos profundos y monte bajo, lugares perfectos para esconderse. Ocupaba una posición social segura donde vivía; nunca lo detuvieron pese a la elevada recompensa ofrecida por su cabeza. Era el sostén de su familia. Su banda estaba formada por su familia extensa, más de una docena de hermanos y sobrinos, y cuando habló en público, en un acto descarado de rebeldía de su estatus de forajido, Singh fue amable y respetuoso. Después de que lo abatieran soldados *gurkha* en 1955 cuando estaba sentado con su hijo bajo una higuera de Bengala, se erigió un templo en su honor. Se dice que los *dacoits* veneran hoy ese templo y rezan para mantenerse a salvo en su siguiente asalto.

Es una historia complicada, tan entretejida de contradicciones como la sociedad entera o la naturaleza humana. Los forajidos de cada cultura están idealizados, pero ¿en qué otro lugar aparte de India tienen su propio templo? ¿Dónde más podría la bandida más famosa, Phoolan Devi, rendirse a la policía con diez mil espectadores vitoreándola al dejar su rifle ante una foto de Gandhi? (Después de cumplir una condena de prisión, la «reina de los bandidos» fue elegida parlamentaria, solo para ser asesinada ante la puerta de su casa antes de cumplir cuarenta años. Mi buen amigo el director Shekhar Kapur se elevó a la fama internacional con su película de 1994 *La reina de los bandidos*. Contenía una escena gráfica de una agresión sexual a la joven Phoolan Devi que subrayaba por qué se convirtió en una especie de mártir feminista.)

Suspiramos por las deficiencias de la naturaleza humana; todos hacemos la paz con nuestros demonios personales. En India los demonios se festejan cuando es necesario. La creación es el juego de luz y oscuridad, ambos divinos; incluso Ravana, rey de los demonios, suplica una forma de acceder a la iluminación después de ser derrotado por el señor Rama. El señor Rama no condena a Ravana al infierno, sino que le concede su deseo. En la escritura está el cuento del ladrón del templo que alcanza la liberación final, o *moksha*, inmediatamente después de robar una lámpara de aceite. Espiritualmente, ser un criminal es una forma de sufrimiento, así que este fue el último gesto de expiación que necesitaba antes de que Shiva, señor de buscadores espirituales, quedara satisfecho de que el ladrón merecía la iluminación. El santo de hoy fue un pecador ayer, representando miles de vidas de karma. El secreto del orden oculto es imponer las reglas de lo que está bien y lo que está mal al tiempo que se sabe secretamente que al final se funden en lo mismo, son peldaños a una gracia eterna.

Llegando a India, un visitante no tiene elección de o lo uno o lo otro. O el caos es tu enemigo o es tu amigo. Escapar es imposible. Volverse loco es una perspectiva inmediata.

Volviendo al Impala granate, la persecución de los *dacoits* se convirtió en algo más grave. Se colocaron en paralelo e intentaron sacarnos de la carretera. ¿Se arrepintió mi padre en ese momento de no seguir las advertencias de no conducir después de anochecer en malas carreteras de dos carriles? Probablemente ni siquiera estaba nervioso. Él y el doctor Rao eran ambos médicos: hombres seguros y educados acostumbrados a manejar las emergencias.

Mi madre y la señora Rao empezaron a rezar por nuestra seguridad. Sabían que los peores de estos bandidos rurales llevaban pistolas, que eran altamente inusuales en India en ese momento. Sanjiv y yo sabíamos que teníamos que guardarnos nuestra excitación. Ammu siguió nuestro ejemplo. Aceleramos por la carretera hasta que alcanzamos un desvío a la siguiente población de tamaño decente. En el último momento, mi padre viró con fuerza al camino de tierra que se separaba de la carretera principal. Los *dacoits* iban demasiado deprisa para hacer el giro. Cuando frenaron y dieron marcha atrás, mi padre ya había encontrado la comisaría local, y nuestros perseguidores huyeron. No tengo ni idea de cuánto duró realmente la persecución; existe en el lazo continuo que crea la memoria de nuestras emociones más grandes, nuestros mayores traumas y momentos de suspense insoportables.

Mi hermano y yo compartíamos una infancia que nos unió al tiempo que modelaba a dos personas muy diferentes. Nuestros caminos mostraban signos de separarse muy pronto. Yo siempre estuve más interesado por mis estudios que Sanjiv, mientras que él destacaba como deportista. Quizá por ese motivo no había rivalidad entre hermanos. Nuestras personalidades se mezclaban bien en el equipo de críquet que formamos en Jabalpur.

En la cima del Imperio había un inmenso sufrimiento estoico entre los británicos, que insistían en mantener las costumbres patrias, lo cual resultaba especialmente fatal en la forma en que se vestían. Gruesos uniformes de lana en la plaza de armas no tenían sentido en el Raj bajo un sol que fulminaba a los soldados. No existía un tratamiento adecuado de las enfermedades tropicales. Los colonos morían de fiebre tifoidea y tifus con la misma frecuencia que los nativos a los que despreciaban por primitivos y paganos. El único alivio del calor infernal era enviar a las mujeres y los niños a los acantonamientos de las colinas en el norte, cerca de las estribaciones del Himalaya. Esos oasis fríos eran duplicados melancólicos de un pueblo inglés: casas victorianas con sus vallas ornamentadas para que se subieran los loros y los monos y chillaran durante la noche.

Esas anomalías surrealistas persistían, como los pesados pantalones de franela que los jugadores de críquet indios llevaban con naturalidad bajo el sol abrasador. Sanjiv y yo enseguida nos apasionamos al juego. Después de ver un partido entre un equipo visitante de las Indias Occidentales y el equipo de nuestro estado de Madhya Pradesh, decidí que deberíamos organizar un equipo del barrio. Me nombré capitán e hice de Sanjiv segundo capitán. Reclutamos niños de los criados y ordenanzas. (¿Nos consideraban igual que los británicos que solían dar órdenes a sus padres? Si ese era el caso, el amor por el juego silenció su resentimiento.) Preparamos un campo detrás de nuestra casa y jugamos contra otros equipos de niños de la ciudad.

Los deportes son prueba viva del paraíso para los niños de esa edad, una idea de libertad deliciosa recordada con nostalgia donde el sol brillaba sin fin.

Aunque el capitán era yo, nuestro equipo dependía de Sanjiv para ganar los partidos. En el juego del críquet, un *century* (marcar cien puntos en una sola entrada) se considera un éxito notorio. Sanjiv en una ocasión consiguió doscientos en una entrada, un doble *century*. Nos asombraba a todos.

Yo también era un buen deportista, solo que no estaba al nivel de mi hermano. Pero yo era más imprudente corriendo riesgos para ganar. Un incidente en particular fue mi perdición. Asistíamos a una escuela privada para niños dirigida por hermanos cristianos irlandeses. (Con la esperanza de convertir a sus estudiantes al cristianismo, los padres cristianos habían desarrollado un prestigioso sistema escolar en toda India que estaba entre los mejores del país.) Un hermano en particular me había ordenado no dar efecto al palo exterior del *wicket* cuando lanzaba, un tiro similar a una bola curva en béisbol que es difícil de ejecutar correctamente. Si no lo haces bien, el bateador puede sacar la bola del campo. Viendo el partido desde la distancia, mi profesor me gritó que no lanzara al palo exterior. Pero me sentía gallito, y me negué a dejarme intimidar. Sabía que si lo hacía bien eliminaría al bateador.

Los dos primeros intentos fueron un desastre: el bateador la sacó del campo (que no es el equivalente al *home run* porque sigue bateando). Las órdenes gritadas desde las líneas laterales, que eran cada vez más furiosas, solo me convencieron más. Era imprudente experimentarlo en medio de un partido, pero la fortuna me sonrió. La tercera vez, lo eliminé. Había demostrado que podía hacer lo que creía que podía hacer. Por desgracia, mi profesor no lo veía de esa forma. Durante un descanso me llevó a las habitaciones, me ordenó que me bajara los pantalones y me dio con la fusta por negarme a cumplir sus órdenes. En India un resto importante del mandato británico era el respeto absoluto por la autoridad, con una humillante dosis de castigo corporal si desobedecías a esa autoridad. ¿La lección? Cumplir con las reglas es más importante que el resultado. Era lo que hacía funcionar al sistema.

Ya he mencionado que dentro de mí se estaba construyendo de manera invisible un rasgo de carácter en torno a la autoridad. Me veía tratando de complacer a la autoridad, pero con una vena de resentimiento. No puedo decir si el hecho de que me dieran con la fusta me hizo más fuerte. Un rebelde no se crea de la noche a la mañana. La mezcla de influencias en la psique es demasiado sutil.

Pero años después, cuando estaba haciendo una residencia en Boston, preferí la rebelión airada a la perspectiva de otra dosis de humillación. Siendo un médico joven de veintitantos años, una beca me situó con uno de los más destacados endocrinólogos del país. Mi pasión por el estudio no había menguado. Ya había terminado una residencia de dos años y superado las pruebas de medicina interna. En ese momento, a principios de los años setenta, un residente necesitaba una buena beca solo para llegar a fin de mes, y yo tenía una familia joven a la que mantener. Pero no estaba contento en mi trabajo. Mi supervisor era autoritario, y todo mi tiempo lo pasaba en su laboratorio, o bien inyectando tintura de yodo a ratas o diseccionándolas para ver cómo las había afectado la tintura de yodo.

La endocrinología, que es el estudio de las hormonas segregadas por el sistema endocrino, es una especialidad precisa y técnica. Yo tenía más entusiasmo por ver a pacientes que por trabajar en el laboratorio, pero aun así me fascinaba el trabajo detectivesco. Cuarenta años más tarde, la investigación de las tres hormonas segregadas por la glándula tiroides parece muy básica, pero en ese momento el hecho de que mi supervisor fuera uno de los pioneros en estudiar la hormona rT3 era una gran noticia. Trabajábamos en una atmósfera de estar por encima de los demás, compitiendo con otros equipos de investigación en ese campo: se suponía que el tiroides tenía que ser todo nuestro mundo.

Yo era un inmigrante que había abrazado la medicina de Boston por su prestigio y potencial, pero las asociaciones con India revoloteaban en torno a mí. Un colega de la facultad de medicina en mi país, que casualmente se llamaba Inder Chopra, había desempeñado un papel fundamental en identificar la rT3. Y la rata es sagrada para el dios Ganesha. No es que quede un resto de lo sagrado cuando diseccionas escalpelo en mano. No echaba de menos su ausencia entonces.

Mi descontento llegó a un punto crítico durante una reunión de rutina del equipo. Mi supervisor me interrogó sobre un detalle técnico delante del grupo.

—¿Cuántos miligramos de tintura de yodo inyectaron a las ratas Milne y Greer en su trabajo de mil novecientos cincuenta y nueve?

Se refería a un trabajo experimental de referencia, pero yo respondí con brusquedad, porque en realidad él no quería la información sino solo ponerme en la picota.

—Quizá dos coma un miligramos. Lo miraré.

—Es algo que deberías tener en la cabeza —espetó, irritado.

Todo el mundo en la sala se quedó en silencio.

Yo me levanté, me acerqué a él, y le tiré una gruesa carpeta de papeles.

—Ahora ya lo tiene en la cabeza —dije, y me fui.

Mi supervisor me siguió al aparcamiento. Yo estaba agitado, pugnando por arrancar mi Volkswagen Escarabajo, el vehículo insignia de los profesionales jóvenes luchadores. Se inclinó hacia mí, hablando con control estudiado para disfrazar su rabia.

—No lo hagas —me advirtió—. Estás tirando por la borda toda tu carrera. Puedo hacer que eso ocurra.

Lo cual era bastante cierto. Correría la voz, y con su desaprobación no tendría futuro en la endocrinología. Pero en mi mente no me estaba apartando de una carrera. Me estaba enfrentando a alguien que había tratado de humillarme delante del grupo. Mi rebelión impulsiva fue instintiva e impropia de mí. En un momento decisivo tan precipitado, creo que nadie busca en su interior para encontrar un almacén de recuerdos que llevaron a ese momento. Construimos razones para nuestra conducta después de que ocurra el hecho, añadiéndolo a la historia de nuestras vidas de manera arbitraria. Pero por erráticas que sean nuestras razones al marcarlas en nuestras cabezas, siempre son interesadas. El yo se sumerge de manera impulsiva en una situación, después de la cual la parte en sombra de la psique empieza a aflorar, llevando consigo esas cosas inseguras que llamamos reconsideraciones: culpa, lamento, alivio del pasado, autorrecriminación, pánico, alarma sobre el futuro. El yo ha de reagruparse en torno a estos atacantes sutiles pero persistentes. Empieza un proceso sobre el que nadie tiene control, negociando entre todas las fuerzas psíquicas que hacen preguntas sobre nosotros. Algunas personas son introspectivas; se comprometen de manera consciente en todo el proceso y lo afrontan de frente. La mayoría de la gente hace lo contrario. Tratan de distraerse y consiguen escapar a la guerra subterránea que se desarrolla en su interior: salvo en las inexorables últimas horas de la noche cuando el sueño no llega y las sombras de la mente vagan sin control.

Yo pertenecía al segundo grupo. Conseguí arrancar el Volkswagen y dejé a mi supervisor plantado en el aparcamiento del hospital, echando chispas y vengativo. Se corrió la voz y me enfrenté a la perspectiva de no tener trabajo salvo algún empleo por horas que pudiera encontrar, los trabajos más pesados y peor pagados de la medicina en Boston. Habría dolor. Lo supe al cabo de menos de cinco minutos de circular por la carretera. Eso me hizo parar en un bar antes de ir a casa para darle la devastadora noticia a Rita.

Lo que más me desconcertaba era ese giro completo que acababa de dar. Todo en mi educación me había instilado respeto por la autoridad: el círculo encantado, la duda de Rama para proteger a su hermano menor, la fusta después del partido de críquet. Los rasgos más difíciles de cambiar son los que han ido calando tan a fondo que se han convertido en parte de nosotros. El hecho de que hayas absorbido un rasgo no lo hace normal, pero incluso los aspectos más insidiosos de la mente se sienten normales; eso es lo que los hace insidiosos.

En religión hay un viejo dicho: nadie es más peligroso para la fe que un apóstata. La medicina de Boston era la verdadera fe. No tenía intención de renunciar a ella. Si me lo hubieran preguntado el día antes de plantar una carpeta en la cabeza de un eminente doctor, habría jurado lealtad. Francamente, no tenía ninguna razón para cambiar de bando, al menos racionalmente. No sales de una iglesia cuando no hay ninguna otra iglesia a la que ir. Pero la única manera de ver si hay demonios acechando fuera del círculo es salir del límite que te protege. Ese fue el verdadero inicio de una vida reveladora. No puedo enorgullecerme de ninguna de las revelaciones, pero una fuerza oculta en mi interior estaba preparando el camino invisiblemente.

4

Sari de la suerte

Sanjiv

Mi abuela paterna era una mujer sin educación y más bien dócil, pero también era muy sabia, y batalladora cuando era necesario. Aunque nunca se graduó en el instituto, nos enseñó que la educación no es solo cosa de los libros. Mi padre nos contaba con frecuencia a Deepak y a mí una historia memorable: una tarde, cuando él tenía cinco años, estaba en la cocina comiendo con su hermano menor y el mejor amigo de este, Ilyas, que era musulmán.

En su casa, la cocina estaba al lado de la sala de oración. De manera inesperada, un sacerdote local, un *pundit*, pasó a hacer una visita, como hacía con frecuencia. Cuando este *pundit* vio a Ilyas en la cocina, se sintió ultrajado.

—Simulas ser muy religiosa —le contó a mi abuela—, sin embargo, tienes a un niño musulmán en tu cocina, al lado de los dioses y las diosas hindúes. Dios nunca te perdonará.

Deepak y yo nunca oímos a mi abuela levantando la voz, pero aparentemente lo hizo en esa ocasión. Al menos así fue como mi padre contó la historia.

—¿Cómo te atreves a hablarme así? —dijo—. Ilyas es el amigo de mi hijo, así que es como mi hijo. ¿Qué es todo este asunto entre hindúes y musulmanes? Mi Dios no sabe de eso. Sal de mi casa ahora mismo y llévate a tu dios contigo. Y no vuelvas a entrar nunca más en esta casa. —Y lo echó.

Aunque mi padre nos enseñaba el valor de la educación y se aseguraba de que asistíamos a las mejores escuelas británicas posibles, fueron las mujeres de nuestra familia las que nos enseñaron a reconocer y apreciar nuestro lado espiritual y quienes nos mostraron el significado del respeto y la compasión. Mi abuela paterna era medio sij y nos enseñaba los valores de esa religión. Para explicar el sijismo nos contaba historias de su fundador, Gurú Nanak.

Un día Gurú Nanak estaba haciendo una siesta en un carro. Un imán musulmán se fijó en que sus pies señalaban directamente a una mezquita. Lo despertó enfadado.

—¡Cómo te atreves! —le reprendió el imán—. ¡Te has quedado dormido con los pies señalando a Alá. ¡Blasfemia!

—Por favor, perdóname, hombre sabio —respondió con amabilidad Gurú Nanak—. Me disculpo por mi pecado. Por favor, apunta con mis pies adonde no esté Alá.

Con historias como esta, nuestra abuela paterna nos enseñaba los peligros de creer que un dios, cualquier dios, es en modo alguno superior a otros dioses, lo cual es la base del respeto por todas las creencias. Era su forma de recordarnos a Deepak y a mí que nos mantuviéramos abiertos a los valores de otras personas.

Esto lo reforzó mi madre, por supuesto, que vivía su vida creyendo que ningún ser humano era mejor que otro. Se negó categóricamente a aceptar el sistema de castas. Mi madre simplemente tenía fe. En realidad no hay ninguna otra forma de describirla, aunque esta historia se acerca mucho. En 1957, mis padres estaban viviendo en Jabalpur, y el primer ministro de la India independiente, Jawaharlal Nehru, iba a venir a la ciudad para reabrir una fábrica de armas que a partir de ese momento produciría camiones Mercedes-Benz para el ejército.

La mayoría de los estadounidenses son conscientes de las contribuciones de Gandhi, que condujo a una gran revolución mediante la resistencia pasiva, pero en India Nehru era igual de querido. Juntos habían liberado al país del servilismo a los británicos.

Nehru era un hombre extraordinariamente carismático y un líder brillante que trazó cuidadosamente el camino que ha conducido a la India moderna. La India de hoy es el resultado de su visión. Para muchos en India, era tanto como George Washington o Martin Luther King.

Semanas antes de su llegada a Jabalpur, la gente empezó a hacer preparaciones para un recibimiento trascendental. Mi madre se preocupaba constantemente sobre qué sari llevaría para la ocasión. Mi padre no podía comprender el alboroto.

—¿Qué importancia tiene? —preguntó—. Habrá millones de personas en las calles. No va a fijarse en tu sari.

Pero ella insistió en comprar un sari nuevo de todos modos.

—Va a fijarse en mí —dijo ella—. Va a saludarme.

Por supuesto, eso no iba a ocurrir. Nehru no conocía a mi madre, pero ella tenía fe en que eso sucediera.

La ruta del desfile de Nehru pasaba por delante de nuestra casa en Narbada Road. A las cuatro y media de la mañana, estábamos todos vestidos y de pie en la calle. Mi padre vestía su uniforme militar, con todas sus medallas brillantes. Deepak y yo llevábamos nuestras chaquetas y corbatas de la escuela. Y mi madre lucía su sari nuevo. A las siete de la mañana, cientos de miles de personas se congregaban en la calle y la policía había levantado barreras para contenerlas. Esperamos mucho rato, pero de repente un pequeño convoy dobló la esquina. El primer ministro iba de pie en la parte de atrás del *jeep*, saludando ocasionalmente a todos. La multitud estaba gritando.

—¡Larga vida a Nehru! ¡Larga vida a Nehru!

Cuando el *jeep* de Nehru pasó lentamente por la calle, el rugido se hizo ensordecedor. La gente que nos rodeaba estaba gritando, chillando, estirando los brazos para tocarlo; él continuó saludando. Nehru de repente cogió la rosa que siempre llevaba en la solapa y la lanzó justo delante de mi madre. Ella la recogió y miró a mi padre.

—¿Qué te había dicho?

Volvimos a casa, pusimos esa rosa en un florero y luego sacamos el resto de objetos de esa sala. Durante tres semanas vino a nuestra casa gente de toda la ciudad solo para ver la rosa que el señor Nehru había dado a la señora Chopra. Al final de ese período, mi madre organizó una fiesta y regaló un pétalo a cada uno de los asistentes. Para algunas personas se convirtió en una reliquia familiar para ser traspasada de generación en generación.

Pero la parte que no olvido es que mi madre nunca dudó ni por un instante de que el primer ministro iba a saludarla. Por irracional que eso pareciera, ella tenía fe.

Hubo al menos una situación en la cual su fe fue un poco demasiado lejos. Mi madre era una entusiasta del críquet. En 1959, el poderoso equipo australiano llegó a India para jugar con un equipo indio débil. Los partidos internacionales de críquet eran extremadamente importantes. Todo el país se detenía de repente: la gente se saltaba el trabajo, los niños dejaban de ir a la escuela, el tráfico desaparecía de las calles. Nadie daba a India muchas opciones de ganar ese partido. Pero en lo que todavía se conoce como el milagro de Kanpur, un jugador de críquet entrado en años llamado Jasu Patel se convirtió en una leyenda nacional al lograr unos extraordinarios nueve *wickets* de diez. Eso sería como hacer cuatro *home runs* en una entrada. Mi madre estaba sentada junto a la radio, escuchando el partido en la All India Radio. Parecía que llevaba su sari favorito ese día, como muchas aficionadas al deporte, porque estaba convencida de que lo que ella llevaba daba buena suerte. Así que durante los cuarenta años siguientes, cada vez que India jugaba un partido internacional de críquet se ponía ese sari. El hecho de que India perdiera la mayoría de esos partidos no la inquietó. Cuando Deepak y yo nos burlábamos de ella por eso, se quedaba impertérrita.

—Decid lo que queráis. Voy a seguir llevando ese sari.

Y así lo hizo. Incluso en la tintorería sabían cuándo se avecinaba un partido internacional.

Nuestra madre demostraba a diario su compasión con los pacientes que llegaban a la consulta de mi padre en nuestra casa. Ella misma los recibía en la puerta.

—¿Cómo habéis venido? —preguntaba.

Las respuestas iban desde en «un coche con chófer» a «caminando muchos kilómetros».

—Hemos oído que el doctor Chopra está en nuestro pueblo. Hemos venido en autobús para que pueda hacer su diagnóstico.

En ocasiones, en lugar de cobrarles nada, les daba veinte rupias para el viaje de vuelta.

La historia que mejor ejemplifica los valores que me enseñó mi madre ocurrieron después de que Deepak y yo nos hubiéramos ido de casa y nos hubiéramos convertido también en médicos. Pero sus acciones en esta situación no fueron diferentes de lo que nosotros habíamos visto durante nuestra infancia. Nuestros padres vivían en una casa que habían construido en una zona de Delhi llamada Defence Colony. Alrededor de las nueve de la noche, el cocinero Shanti estaba poniendo la comida en la mesa cuando sonó el timbre. Eso no era raro por sí mismo, pues los pacientes venían a casa por la noche con frecuencia.

Shanti fue a abrir la puerta y al cabo de un minuto mis padres oyeron ruidos inusuales. De repente, tres hombres jóvenes empujaron a Shanti al comedor. El cocinero estaba cubierto de sangre por un corte en la cabeza. Los tres intrusos llevaban cuchillos y uno de ellos también empuñaba una pistola. Empezaron a gritar a mis padres, profiriendo toda clase de amenazas. Mi madre se enfrentó a ellos.

—Sé lo que queréis —dijo—. Dinero y joyas. Os daremos todo lo que hay en la casa. Vuestra necesidad parece mayor que la nuestra. Aquí está. —Se quitó las joyas que llevaba y se las entregó.

—Esto no basta —dijo el cabecilla.

Exigió las llaves de la caja fuerte y los obligó a entrar en su dormitorio.

Mi madre les dio las llaves y empezó a ayudarles a abrir la caja, cuando se dio cuenta de que uno de los atracadores todavía estaba golpeando a Shanti. Eso fue lo que la enfadó finalmente.

—¡Basta! —les gritó—. Tiene dos hijos pequeños. Si queréis matar a alguien, matarnos a mi marido y a mí. Nosotros hemos tenido una buena vida y nuestros hijos están bien situados. Pero no te atrevas a pegar a este joven. No te ha hecho nada y os estamos dando lo que queréis.

Los ladrones se miraron entre ellos, sin saber qué hacer. Dejaron de pegar a Shanti. De repente, el cabecilla tiró los pendientes que mi madre les había dado a la cama, luego se inclinó y tocó los pies de mi madre, un gesto de gran respeto por la gente mayor y una forma de pedir su bendición.

—Os perdono —dijo mi madre—, y espero que cambiéis vuestras maneras.

—Has sido muy amable —dijo el ladrón—. No está bien que nos llevemos todo. Tu cara parece desnuda sin los pendientes. —Se volvió hacia los otros ladrones—. Y reconozco a este hombre. Es el médico que trató a mi padre hace siete años. Vámonos.

Ataron a mis padres y a Shanti y los encerraron en el cuarto de baño. Antes de irse, no obstante, el cabecilla de la banda les advirtió que no los identificaran a la policía, amenazando con volver a hacerles daño si lo hacían. Mi madre les dio su palabra de que no lo harían.

Mi madre, que entonces tenía cincuenta y tantos, desató las cuerdas de mi padre con los dientes y luego llamaron a la policía. Los atracadores eran torpes y dejaron muchas pistas, entre ellas sus huellas dactilares, y enseguida los detuvieron. Pero cuando le dijeron a mi madre que para recuperar sus joyas tendría que identificar a los atracadores en una rueda de reconocimiento, ella se negó, explicando que había hecho una promesa y que su palabra era más importante que sus joyas.

Al cabo de unos meses el cabecilla escapó de prisión y murió en un enfrentamiento con la policía.

Mi madre también cuidaba nuestros modales, enseñándonos la conducta adecuada. Estas lecciones las recuerdo muy bien. A Deepak y a mí se nos inculcó que cuando se nos ofrecía algo no teníamos que cogerlo simplemente; tenían que ofrecérnoslo tres veces antes de aceptarlo. Tres veces, mi madre fue muy clara en eso.

Mi postre favorito era un dulce llamado *rasgulla*. Cuando tenía cinco años, mi familia estaba cenando en la casa de mi tío, y mi tía me ofreció *rasgulla*. Yo recordé mi lección.

—No, gracias —dije. Eso era una.

—Vamos —dijo—. ¿No te gustan los dulces?

—No, gracias —repetí. Eso eran dos.

Pero entonces, en lugar de ofrecérmelo por tercera vez, pasó a la siguiente persona. Espera un momento.

—Tía —la llamé—. ¿Puedes venir y ofrecérmelo otra vez?

Al crecer, Deepak y yo teníamos intereses muy diferentes. Deepak siempre fue más erudito que yo; yo era el mejor deportista. Mientras él estaba leyendo periódicos y libros y tratando de entender cuestiones filosóficas, yo estaba jugando al críquet, al fútbol, al hockey sobre hierba o al ping pong, o corriendo maratones, o haciendo salto con pértiga o de altura; si había una competición, yo quería participar, aunque solo se tratara de lanzar dardos. De hecho, mi mejor amigo y yo solíamos hacer carreras entre nosotros; el trabajo de Deepak consistía en hacer sonar el silbato para poner en marcha la carrera y cronometrarnos.

Así que mientras Deepak conseguía sus honores académicos, yo estaba llenando un arcón de trofeos de atletismo. A Deepak siempre le preocupaba que yo no estudiara lo suficiente o que no terminara mi trabajo. Incluso se quejaba a nuestra madre:

—Sanjiv no ha hecho sus deberes y no vendrá a casa.

Déjale jugar, decía ella, déjale jugar.

Como mi hermano, yo tenía una poderosa memoria visual, y en India nos enseñaban de memoria. Gran parte del trabajo escolar simplemente requería aprender a repetir lo que había en la página, y eso nunca fue difícil para mí. Siempre podía hacer mi trabajo y sacar buenas notas. Tenía disciplina; estaba concentrado y era organizado. Desde una tierna edad, me ponía objetivos y trabajaba hasta que los cumplía.

Dicho esto, mi mente ocasionalmente vagaba en la escuela. Si nuestros maestros nos pillaban despistados, nos daban en los nudillos con una regla. Decían que nos estaban imponiendo disciplina por nuestro bien. Debo reconocer que yo fui más de una vez el objetivo de su benevolencia.

Por supuesto, sin televisión, ordenadores ni videojuegos había menos distracciones. De hecho, cuando yo tenía diez años gané un premio en la escuela y el premio era un libro sobre la televisión de Estados Unidos. Yo nunca había visto la televisión, pero me encantó ese libro. Durante horas me limité a mirar las fotografías en blanco y negro de esa caja con gente. Fue asombroso para mí. Conocí a las estrellas de la televisión como Jack Benny y Milton Berle. Mientras Deepak estaba leyendo sobre política y filosofía, yo me quedé fascinado por este dispositivo asombroso.

Al crecer, Deepak hacía las cosas como se suponía que había que hacerlas. Quizás era así porque era mi hermano mayor y por consiguiente sentía un mayor grado de responsabilidad. ¿Yo? Siempre estaba probando cosas nuevas e infringiendo las reglas. Desde luego era un espíritu más libre de lo que mi hermano fue nunca.

Pero era seguro para mí ser de ese modo: sabía que Deepak estaría cuidándome.

5

Milagros ocultos

Deepak

Los milagros son resbaladizos. Todos queremos que existan, pero, si existen, ponen el mundo ordinario patas arriba. Imaginemos que los aviones necesitaran un milagro para mantenerse flotando en el cielo. Todos los pasajeros estarían rezando, no solo los que tienen un extremado temor a volar. Un aterrizaje con éxito mostraría la gracia de Dios; un choque desastroso, la ira divina. Es mucho más seguro saber que los aviones vuelan por un principio de la física, el principio de Bernoulli, que permite que el flujo del aire levante un ala. Millones de personas confían en que los aviones funcionen sin comprender el principio de Bernoulli, porque saben que la ciencia es más fiable que la fe. Los milagros son llamativos, pero no apostarías tu vida a que ocurra uno de ellos en el aeropuerto.

Durante mi educación en India, todavía no había asimilado todo este plan de lo racional y lo predecible. Del mismo modo que en Occidente los milagros se consideran poco firmes, en Oriente se adoran. Un milagro no desafiaba las leyes de la física ni hacía que todo fuera incierto, sino que demostraba la existencia de Dios (de la cual de todos modos nadie dudaba). Más que eso, un milagro justificaba el mundo entero de mis antepasados. En su realidad, Dios estaba metido en todo. Ese hecho era profundamente tranquilizador. Dios te veía. Se preocupaba por tu existencia, y el hecho de que los milagros fueran tan resbaladizos —siempre le ocurrían a alguien al que no conocías o que estaba convenientemente muerto desde hacía cientos de años— solo contribuía a la gloria del misterio divino.

Mi padre, como médico formado en Occidente, era uno de los que destrozaban el misterio. Estaba rodeado de personas que se aferraban a una realidad milagrosa. Uno de sus hermanos, viajante de negocios de material de hockey, estaba orgulloso de visitar a todos los hombres santos que podía encontrar. Creía firmemente que el mero hecho de estar sentado en presencia de un santón lo acercaba a Dios. A ojos de mi padre, esta conducta era un vestigio de la India antigua y supersticiosa que tenía que desaparecer. En consecuencia, se sentía más que avergonzado cuando los pueblerinos pobres lo reverenciaban. Estaban mostrando su ignorancia sobre la medicina moderna, y él se pasó la vida tratando de combatir esa ignorancia.

Pero todavía había cosas de las que maravillarse, a las que venerar incluso, en el esquema mental de mi padre. Una tarde, cuando yo tenía siete años, llegó del trabajo en un estado que apenas contenía la excitación. Creo que esa fue la primera vez que lo vi apartarse de su reserva habitual.

—Deprisa, hijo. Lávate la cara, arréglate la ropa. Nos vamos en dos minutos.

Cuando estuve preparado, mi padre ya estaba en la bicicleta fuera.

—Vamos. ¡Date prisa!

Dio unos golpecitos al manillar y yo me subí. Partimos juntos bajo la luz del crepúsculo, dejando a mi madre y a Sanjiv, de cuatro años, en casa; mi hermano era demasiado pequeño para esta aventura, la que fuera, y mi madre tenía que cuidar de él. Papá pedaleó con furia a través de las calles calmadas de Pune, negándose a contarme adónde íbamos.

—Ya lo verás. Tú espera.

Su secreto y su excitación juntos dispararon mi imaginación, o lo habrían hecho si no hubiera tenido que concentrarme en no caerme del manillar cuando él doblaba en las esquinas. Nos colábamos entre la misma variedad de vehículos y animales que todavía se encuentra fuera de las principales ciudades: coches, motos, *rickshaws*, otros ciclistas y carros de bueyes. Solo que en mi infancia había menos coches y más carros. Pasamos a toda velocidad a través de los bazares de la ciudad y recuerdo —añadiendo romanticismo a nuestra aventura— que rogué a mi padre que parara y me dejara observar a un encantador de serpientes instalado a un lado de la carretera. Estaba a punto de enfrentar a una cobra con una mangosta en una lucha letal.

Pero la memoria hace de las suyas después de tanto tiempo. Yo era un niño de siete años con mucha adrenalina que había visto más de la cuenta de esos combates fatales. Es poco probable que un encantador de serpientes estuviera actuando después de anochecer en esas calles tenuemente iluminadas.

Eso sí, la multitud que nos esperaba era inimaginable. Fue decepcionante: un gran grupo de hombres bien vestidos sentados en una sala de reuniones. Sin mujeres ni niños. Mi padre encontró de las últimas sillas libres que quedaban y saludó a algunos de los otros hombres. Estábamos en los barracones del ejército británico donde trabajaba. Esa sala formaba parte del pequeño edificio de ladrillo conocido como la sala de incidentes militares, donde los médicos trataban toda clase de enfermedades y heridas.

La única esperanza que me quedaba era que me hubieran sacado en plena noche para ser testigo de una monstruosidad médica. En cambio, un caballero inglés con levita y gafas se subió al escenario entre un fuerte aplauso. Saludó inclinando ligeramente la cabeza y empezó una conferencia con diapositivas borrosas proyectadas sobre una pantalla improvisada, manteniendo la voz en su sitio y monótona. Las diapositivas mostraban cantidad de puntos blancos con halos en torno a ellos.

Mi padre estaba embelesado. Yo era un niño de siete años sobreestimulado. Enseguida me quedé dormido apoyado en el costado caliente de mi padre.

Papá todavía estaba eufórico cuando me despertó y me subió

otra vez al manillar de la bicicleta. Pedaleó despacio hasta casa, manteniendo una mano en mi hombro para equilibrarme.

—¿Sabes quién era? —preguntó—. Es Fleming, el hombre que descubrió la penicilina.

—¿Dónde está la penicilina? —Sonaba más lejos que Pondicherry e incluso Londres.

Al oírlo mi padre rio. Me contó la historia de los puntitos blancos y las vidas salvadas por los poderes curativos del moho del pan común. Durante siglos, explicó, la gente había tirado las rebanadas mohosas de pan sin que nadie sospechara los milagros que se escondían en el desarrollo verde que hacía que el pan no fuera apto para comer. Fue un gran impulso para la humanidad que sir Alexander Fleming se hubiera tomado el tiempo de observarlo con atención en lugar de tirar unas placas de Petri que se habían «estropeado» por el mismo moho.

Todos están de acuerdo en que los milagros están ocultos. Un yogui medita en una cueva remota del Himalaya; la penicilina está debajo de nuestras narices. La pregunta es: ¿qué es lo que hace que los milagros salgan a la luz? Parece que solo hay dos opciones. O bien la gracia de Dios revela milagros o la mente racional los descubre al profundizar en la construcción del mundo físico. Curiosamente, al hacerme mayor, yo parecía pertenecer al pequeño campamento que se negaba a elegir entre una cosa y la otra. ¿No podía un milagro estar bajo nuestras narices, tejido en la tela de la naturaleza, y aun así ser prueba de Dios? Imaginemos un mundo donde sir Alexander Fleming muestra diapositivas de un yogui que levita con un halo a su alrededor. Eso se acercaría mucho a mi ideal.

Nunca oí ninguna queja de mi padre sobre la superstición que se extendía en su propia familia. Él evitaba lo irracional con silencio educado y estaba ciego a cualquier cosa que no pudiera explicarse mediante la ciencia. A su alrededor, no obstante, la naturaleza humana seguía su curso, enamorándose de cualquier cosa que fuera lo más irracional e inexplicable posible. Un foco especial de nuestra credulidad —yo formé parte del grupo irracional durante mucho tiempo— era mi tío Tilak, que era cinco años menor que mi padre.

A los cuatro años, Tilak empezó con recuerdos vívidos de una vida pasada. Describió con detalle cada aspecto, incluido dónde había vivido y los nombres de su familia. Un suceso así no es raro en India. (De hecho, décadas más tarde, investigadores de la Universidad de Virginia, que empezaron a trabajar en 1989 bajo la dirección del doctor Ian Stevenson, descubrirían que no es raro en ninguna parte del mundo. Se ha documentado a cientos de niños, normalmente de edades entre los dos y los ocho años, que tenían detallados recuerdos de una vida anterior.) La familia de mi padre, que ya consideraba a Tilak un niño raro, decidió investigar sus nuevos recuerdos. Naturalmente, esto significaba consultar con un astrólogo.

Podíamos traer a un astrólogo del barrio para que le dijera a una chica el día más propicio para su boda o para predecir si un chico viajaría al extranjero (un giro calamitoso de los acontecimientos en la sociedad india tradicional). Pero hay una clase especial de astrólogos que se especializan en vidas pasadas, conocidos como lectores de Bhrigu. De perdidos al río, porque Bhrigu viene del mundo puro de los milagros. Cuando consultas a un lector de Bhrigu, este no te hace él mismo la carta astral, sino que encuentra la carta exacta que ya estaba escrita para ti hace siglos, incluso milenios. En esencia, un astrólogo que vivió en el tiempo de Shakespeare o incluso de Jesús, quizá, sabía que ibas a llegar para pedir una lectura de Bhrigu en cierto día del futuro y, para mostrar su absoluto dominio del tiempo y la fortuna, preparó una carta para responder las mismas preguntas que tú habías venido a preguntar.

El desarrollo de este arte nos lleva a la época de los mitos. Cuando el dios Brahma creó el mundo, tuvo siete hijos deseados, que cobraron existencia desde su mente. El mundo estaba concebido en sabiduría, y estos *rishis* primigenios, o profetas, fueron enviados a guiar a la humanidad recién nacida. Un día, los más sabios de estos primeros humanos se reunieron en un gran festival religioso. Pronto empezarían a discutir sobre cuál de los tres dioses —Brahma, Vishnu o Shiva— tenía que ser adorado como el superior. Para zanjar la discusión, se envió a Bhrigu a preguntar a los dioses mismos.

Primero llegó a la morada de Brahma, su padre. Pero cuando planteó su pregunta, Brahma lo despidió con impaciencia, diciendo:

—Estoy ocupado creando el mundo. No tengo tiempo para ti.

A continuación Bhrigu fue a la morada de Shiva, que fue incluso más desdeñosa y arrogante.

—Estoy ocupada destruyendo la creación mientras se está haciendo —dijo—. No tengo tiempo para ti.

En la tercera morada, cuando llamó a Vishnu, Bhrigu encontró al dios durmiendo de costado con su consorte, Lakshmi, a sus pies. Impulsivamente Bhrigu dio una patada a Vishnu en el pecho para despertarlo. Fue una patada dura que dejó una huella que todavía se aprecia en las imágenes del dios. Vishnu se incorporó, frotándose el pecho.

—¿Te has hecho daño, mi querido Bhrigu, por darme una patada? —preguntó Vishnu—. Yo soy lo bastante fuerte para aguantar cualquier herida, pero tú no.

Esta muestra de compasión más que de arrogancia hizo que Bhrigu decidiera inmediatamente que Vishnu, el dios que sostiene el cosmos, era más poderoso que los dioses que lo creaban y lo destruían. Pero antes de que pudiera irse, Lakshmi se enfrentó a él, indignada de que alguien pudiera herir a su marido. Allí mismo maldijo a Bhrigu para que olvidara su conocimiento inmortal. Bhrigu, que era de armas tomar, la maldijo a su vez.

—Tú, Lakshmi, eres la diosa de la prosperidad, pero a partir de hoy nunca podrás estar con ningún hombre.

Que es la razón por la cual nadie puede contar con la buena fortuna durante toda su vida.

Este mito acompaña a un cuento que se aplica a la capacidad de los astrólogos de predecir el futuro. Cuando regresó a casa, Bhrigu se desesperó de perder su conocimiento. Así que su hijo devoto Shukra concibió un plan secreto. Cuando su padre estuviera en el *samadhi*, el estado de meditación que alcanza la conciencia pura, Shukra susurraría el nombre de uno de sus amigos al oído de Bhrigu. En ese momento, Bhrigu vería y revelaría toda la serie de nacimientos y muertes de su amigo, que fueron secretamente anotados por Shukra. Uno tras otro, el hijo recibió las cartas de todos sus amigos, y continuaron adquiriendo un conocimiento profundo, convirtiéndose en los primeros astrólogos de la estirpe de Bhrigu. Su poder para predecir la vida de alguien que nacería en el futuro lejano tenía una fuente divina. (Para la mayoría de los indios el hijo Shukra es mucho más conocido que el padre. Su nombre se refiere a una luz brillante y se convierte en el nombre indio del planeta Venus.)

La familia de mi padre necesitaba recurrir a ese poder para ver si los recuerdos de Tilak de sus vidas anteriores eran correctos. Viajaron al *sthan*, o sede, de Bhrigu en Hoshiarpur, en el extremo noreste del Punjab, donde se almacenaban las cartas. Allí los lectores confirmaron que el niño tenía razón: en la carta aparecían los mismos pueblos que él había visto y los mismos nombres de familiares. La carta tenía algunos aspectos oscuros. Tilak, predijo la carta, oscilaría entre ser un hombre y una mujer. Se casaría, pero no tendría hijos, y luego moriría prematuramente a los cincuenta y tantos.

Todo esto ocurrió cuando mi padre solo tenía ocho o nueve años, así que solo tenía un vago recuerdo del viaje a los lectores de Bhrigu. Pero cuando yo era joven pensaba que Tilak era el más extraño de mis tíos. Tenía un cuerpo afeminado, con caderas anchas y andares bamboleantes; debajo de la camisa se adivinaban claramente unos pechos. Luego ocurrió que se casó y no tuvo hijos, y aunque estaban advertidos, a la familia de mi padre le sorprendió descubrir que el pobre Tilak había muerto de repente por causas desconocidas. Solo tenía cincuenta y tantos años.

Yo tenía mis dudas respecto a hacerme médico, y estuve a punto de no serlo. Mi padre pasó una crisis similar cuando era joven. Venía de una familia religiosa conservadora. Desde temprana edad se acostumbró, como muchos indios, a que sus padres tomaran decisiones por él. En ocasiones, las decisiones eran triviales. No le permitían ir al cine, por ejemplo, a menos que la película tuviera temática religiosa. Pero las grandes decisiones tampoco estaban en sus manos. A mi abuela se le concede el mérito de fijar el camino de mi padre en la vida. En lugar de luchar contra las dudas de su hijo, dijo:

—Estoy de acuerdo. El camino es largo. No espero que quieras trabajar tanto de todos modos.

Si se pretendía que esto activara la vena de llevar la contraria de un joven, o el rasgo familiar de los Chopra de no hacer nunca lo que nos decían, la táctica funcionó. Después de servir en la Primera Guerra Mundial, mi abuelo había cobrado su pensión y se había retirado a una parcela a las afueras de Rawalpindi, la ciudad de Pakistán que hoy se llama Islamabad. La única facultad de medicina en muchos kilómetros a la redonda era el Colegio de Medicina Rey Eduardo de Lahore. Mi padre se licenció allí y se convirtió en el sustento económico de su familia hasta que sus hermanos menores pudieron terminar su educación en Rawalpindi.

Mi padre en ningún momento se planteó interesarse por la medicina tradicional de India, el Ayurveda, pese a que entonces en todo el país la gente confiaba en la medicina ayurvédica. Esto nos lleva a una coyuntura que todavía es incómoda para una India que se apresura en superar el empobrecimiento y ocupar su lugar en la mesa de banquete del mundo. ¿La modernidad exige la extinción de las formas antiguas? Es un dilema agotador. En la cima del Imperio, la confianza de los británicos en sí mismos era completamente desconcertante para la gente que estaba siendo colonizada. Como la India tradicional había sido derribada sin apenas escaramuzas y había abierto sus puertas a la Compañía de las Indias Orientales sin luchar, eso debía demostrar que el destino favorecía a Occidente. Eso se pensaba. El propio Dios sonreía a los invasores, lo cual era enormemente deprimente para una sociedad inmersa en Dios.

La derrota de la cultura tradicional se extendió con insidiosa rigurosidad. Los textos espirituales más honrados, como el Bhagavad Gita, empezaron a despreciarse, no entre gente ordinaria o los sacerdotes, pero sí entre las clases educadas y progresistas que cayeron bajo el influjo de Occidente. Hubo incluso un renacimiento religioso en líneas cristianas. Los hindúes fueron a la iglesia pensando que si los cristianos podían conquistar India, Jesús debía tener más *shakti* —poder divino— que la misma diosa Shakti. En estas iglesias, los cantos y rituales del hinduismo se fusionaron extrañamente con los oficios anglicanos propios de la época victoriana.

Para entonces la marea de la modernidad era imparable. Los indios educados estaban tan convencidos como los colonizadores de que la tradición equivalía a ignorancia y superstición. La mayoría de los occidentales no comprendían el *shock* que representó que Gandhi, que había empezado su carrera como abogado en Sudáfrica, se despojara de su grueso traje de mezclilla y cuello almidonado para vestir el *dhoti*, la prenda tradicional que la gente común se envuelve en torno al cuerpo. Por una ironía del destino, la generación de Gandhi tenía tan poco conocimiento tradicional que los niños leían antes el Gita en las traducciones inglesas, y el Partido del Congreso, que finalmente lograría liberar el país, se fundó bajo los auspicios de una mujer inglesa llamada Annie Besant. Hubo que esperar a que los extranjeros se enamoraran de la India antigua para que un grupo selecto de indios nativos se autorizaran a mirar atrás.

Se quedaron anonadados cuando lo hicieron y los invadió una sensación recién hallada de respeto por ellos mismos. Pero la filosofía de Gandhi de hacer girar las agujas del reloj en sentido inverso, como simbolizaba la rueca manual que tenía a su lado y que utilizaba (la misma rueca que después se convertiría en el emblema central de la bandera nacional), era claramente un idealismo sin esperanza. Superar tu estatus en la vida significaba occidentalizarse, y la generación de mi padre, aunque adoraba a Gandhi y la libertad, no miraba atrás.

Krishan Chopra era desinteresado y generoso con sus pacientes. Aceptaba la responsabilidad de cuidar de toda una comunidad y no pedía que le pagaran nada más que el salario del ejército. Eso parece sumamente contrario a lo occidental. Pero no había ciencia en el Ayurveda, y los *vaidyas* de las aldeas que ofrecían remedios populares y consejos caseros no eran médicos verdaderos a sus ojos. Como cocodrilos prehistóricos que flotan con holgazanería en el río y braman a sus parejas de noche, los *vaidyas* eran reliquias que sobrevivían porque India mide el cambio en épocas, no en décadas. (¿Le irritaba a mi padre que mi abuela materna tuviera fe en los remedios homeopáticos o que cuidara nuestros cortes y arañazos infantiles con emplastos de hierbas? En ese caso, fue silenciosamente tolerante. Mis abuelos de ambos lados recurrían a cualquiera que tuvieran a mano, incluidos los *vaidyas* y los sanadores por la fe, cuando necesitaban curación.)

Mi padre era tan devoto de la ciencia representada por Fleming y los grandes cazadores de microbios que no se me ocurrió que también podría haberlo motivado la rebelión. Su padre, al que todos llamaban Bau-ji, era un soldado disciplinado que imponía disciplina en su familia. Mi abuela le dio catorce hijos, aunque solo sobrevivieron ocho. Bau-ji esperaba que sus vástagos caminaran, hablaran, comieran y actuaran como él. Tuvo que ser una situación opresiva para mi padre. Además de mi padre, mis dos tíos de Bombay tuvieron éxito, uno como destacado periodista y el otro como director de Bollywood. (Un tío que es hermano menor de tu padre se llama Chacha en hindi, y uno de estos hombres, Rattan Chacha, se convertiría después en una de las mayores influencias de mi vida después de la de mi padre.)

Mi padre reaccionó a esta educación estricta de forma afortunada para Sanjiv y para mí. Experimentamos un padre encantador y de mentalidad abierta, incapaz por temperamento de imponer disciplina. Cuando yo tenía alrededor de ocho años, mi hermano y yo nos metimos en una pelea con unos primos. Mi madre se enteró y exigió una explicación. Bajando las cabezas, nos defendimos diciendo que los primos nos habían insultado.

—¿Y entonces qué? —preguntó.

Los insultamos también, explicamos. Ella volvió la cara y su silencio significaba que algo malo se avecinaba. Le contó la pelea a mi padre a la mesa de la cena, pero él no se enfadó.

—Es culpa mía —dijo con obvio pesar—. Debería haberos enseñado mejor. —Dejó el tenedor y se limpió la boca con una servilleta—. No voy a cenar. Ayunaré para expiar mis errores.

Mi padre fue sincero hasta el punto de la inocencia durante toda su vida, así que yo sabía que no era una treta. Pero como táctica psicológica, era devastadora. Papá se levantó de la mesa mientras Sanjiv y yo le rogábamos que se quedara. Él ordenó que vaciaran su plato y no nos escuchó. Aprendí muy pronto lo inquietante que es traicionar al dios de tu casa, más todavía si es un dios amable.

Los mundos separados en los que vivimos están construidos artificialmente. Vivimos detrás de barreras mentales, porque estamos convencidos de que queremos o debemos hacerlo. Una prueba sencilla es que nadie se aleja nunca de India. Estar separado de ella es como ser un niño que juega fuera sin ver a su madre observándolo desde la ventana del piso de arriba. En mi caso, Bhrigu debía estar observando. Estaba sentado en la oficina de mi clínica en La Jolla hace unos años cuando sentí el impulso de hacer algo que mi madre me enseñó de niño. Ella abría el Bhagavad Gita al azar y reflexionaba sobre el verso en el que caía su dedo. (Creo que algunos cristianos hacen lo mismo con la Biblia, y como mi madre, probablemente tratan de descubrir un mensaje concebido especialmente para ellos.)

Mi dedo aterrizó en un verso famoso del libro diez, donde Krishna describe sus cualidades superlativas al guerrero Arjuna («Entre ríos soy el Ganges. Entre montañas soy el Himalaya»), y donde tocó mi dedo: «Entre *rishis*, soy Bhrigu.» En ese momento sonó el teléfono. Era mi amigo el profesor Arvind Sharma, que llamaba desde Canadá. Tenía un aclamado y erudito lector de Bhrigu visitando desde la India que también era un *pundit*, un *brahmin* que mantenía viva la tradición de Bhrigu. Mi nombre se había iluminado en la mente de Arvind. Me preguntó si estaba interesado en dar una conferencia. Sentí un cosquilleo en la columna, pero por desgracia había conflictos de calendario y era imposible reunirme con el *pundit*. El *pundit* me pidió que recitara algunos mantras especiales, y a través del correo recibí una pequeña efigie de Bhrigu. Hice un esfuerzo para utilizar los mantras, pero al cabo de una semana aproximadamente volví a mi meditación normal y me olvidé del incidente.

Cierto tiempo después me encontraba en Delhi con mis padres y mencioné a Tilak Chacha y su extraña historia. Por la razón que fuera, mi padre actuó como si solo tuviera el más vago recuerdo de su hermano. Alguien más insistió en que recibiera la lectura astrológica que me había perdido. Yo dudaba. Incontables indios consultan con astrólogos de manera regular, pero no en mi familia, y en todo caso mi interés era menor que el de mis padres. Pero ¿por qué el nombre de Bhrigu no dejaba de aparecer? ¿Tenía algo que decirme? El mejor lugar para averiguarlo seguía siendo Hoshiarpur. Estaba demasiado lejos para ir en coche hasta allí, pero uno de los hermanos de mi madre era un almirante retirado en la marina india. Solicitó un helicóptero militar, y en cuestión de horas descendimos como una aparición desde el cielo de Hoshiarpur, adonde mi familia había hecho un peregrinaje hacía mucho. Los habitantes del pueblo que nunca habían visto una máquina voladora nos observaron con la boca abierta.

Llegamos al *sthan* y nos recibieron dignatarios que de alguna manera se habían enterado de nuestra visita. Un anciano dio un breve discurso. Me pidieron que dijera unas palabras, y a continuación se lo pidieron a mi padre, que entonces tenía ochenta años. Él habló más de unas pocas palabras, pero enseguida llegamos a la puerta del *sthan*, donde nos flanqueó otro grupo de dignatarios, insistiendo en llevar a cabo algunas plegarias y ofrendas necesarias.

El piloto del helicóptero me sacudió el codo.

—No pueden entrar.

—¿Por qué no?

Resultó que no estaba autorizado a pilotar el helicóptero por la noche, y como ya estaba anocheciendo partimos con extrema reticencia. En cuanto alcancé un teléfono llamé al *pundit* con el que Arvind Sharma me había puesto en contacto. Escuchó en silencio mientras recontaba nuestro frustrante viaje.

—No importa —dijo finalmente—. No usaste los mantras de todos modos. Tu carta me decía que no lo harías.

Cuando un círculo está a punto de cerrarse, con frecuencia no prestamos atención. Pensaba que había terminado con Bhrigu, pero me equivocaba. Sentado solo en mi oficina, se me cruzaron los cables. Cogí un teléfono móvil y llamé a mi padre.

—Tilak —dije con cierta excitación—. Debía de tener el síndrome de Klinefelter.

Todo encajaba médicamente: su afeminamiento, la combinación de pechos de mujer y partes sexuales masculinas. El síndrome de Klinefelter es una rareza genética, el resultado de un bebé varón que tiene un cromosoma X extra. Normalmente una niña nace con dos cromosomas X y un niño con un cromosoma X y uno Y. Pero Tylak, junto con tal vez un embrión en un millar, nació XXY. Algunas personas con el síndrome de Klinefelter crecen manifestando pocos síntomas o ninguno, pero él tenía la mayoría de ellos, incluyendo la baja fertilidad y una muerte prematura.

Después de una pausa, mi padre mostró su acuerdo.

—Encaja.

Era reticente a decir nada más sobre su malhadado hermano, pero le insistí. ¿Pensaba que Tilak de verdad había tenido conocimiento de una vida pasada?

—No me gusta hablar de cosas que no puedo explicar —repuso papá.

Nuestra charla derivó a otras cosas, pero hubo un silencioso clic cuando dos mundos encontraron una forma de encajar. La ciencia y el misticismo, Bhrigu y Klinefelter. Cada uno de ellos estaban más a gusto afirmando ser la única realidad «real». Pero en India se dan las dos en un abrazo retorcido, y casi de manera invisible yo había alcanzado el punto donde también lo hice.

6

Rama y Lakshmana

Sanjiv

Mi madre nos contaba a Deepak y a mí la historia del señor Rama y su hermano menor, Lakshmana. Deepak y yo los conectábamos con nuestra propia relación como se esperaba que hiciéramos. Lakshmana es respetado en gran medida en la tradición india por su lealtad a su hermano mayor, incluso a costa de su propia felicidad. En la mayoría de estas historias, Lakshmana es mucho más emotivo que su hermano. Sin embargo, después de que Sita, la mujer de Rama, es secuestrada, Rama se enfada tanto que casi da rienda suelta a un arma capaz de causar una devastación tremenda en el mundo. Lakshmana lo detiene, convertido por una vez en la voz de la razón.

En nuestra infancia, Deepak era ciertamente más responsable que yo, aunque en ocasiones se aprovechaba de su liderazgo. Deepak y yo jugábamos con nuestros mejores amigos, Ammu y su hermano mayor Prasan. Estábamos tan unidos que cada año celebrábamos el *Rakhi*, una fiesta en que una hermana ata un cordel en torno a la muñeca de su hermano para celebrar su relación y reza por su salud. Además de atar un cordel ceremonial en torno a la muñeca de Prasan, Ammu ató un cordel en torno a mi muñeca y a la de Deepak. Así que cuando Deepak ordenaba a Ammu, Prasan y a mí que corriéramos un centenar de veces de aquí para allá mientras él nos cronometraba, eso era exactamente lo que hacíamos, obedecer felizmente. Deepak era mayor que nosotros, y por lo tanto creíamos que tenía que saber más. Si nos decía que subiéramos a un árbol en nuestro patio, subíamos a ese árbol, y cuando Deepak nos decía que saltáramos de ese árbol, saltábamos. Por suerte, nadie se hizo daño.

Confiábamos el uno en el otro. Deepak tenía tanta fe en mis aptitudes que cuando yo disparé mi rifle de aire comprimido a una lata encima de un poste, él se puso detrás del poste y me pidió que continuara.

Yo bajé el rifle. Mi puntería era buena, pero no perfecta, y no quería correr el riesgo. Sin embargo, Deepak insistió, contándome la historia de Guillermo Tell y su hijo. Eso me puso en un brete: ¿disparaba y me arriesgaba a herir gravemente a mi hermano mayor o desobedecía?

Disparé y le di en la barbilla.

Quería ir corriendo a casa a pedir ayuda, pero Deepak, cuya barbilla estaba sangrando, me ordenó que me quedara callado. Enseguida se inventó una historia de que había caído en una alambrada: quería que mintiéramos a nuestros padres para evitar una reprimenda. Eso era difícil para mí, pero, como siempre nos contaban, él era Rama y yo era Lakshmana. Demostré mi lealtad siguiéndole la corriente.

Durante los dos días siguientes, a Deepak se le hinchó la barbilla. Nuestra abuela se fijó y llamó la atención de mi padre durante la cena.

—Tú eres el doctor brillante —dijo—, pero no creo que hayas diagnosticado bien el estado de tu propio hijo. Probablemente tiene un trozo de alambre en la barbilla. Llévalo a que le hagan una radiografía mañana para descartarlo.

A la mañana siguiente, Deepak fue con nuestro padre al hospital. En casa yo caminaba nervioso por la galería, esperando el regreso de mi hermano y mi padre. Cada pocos minutos entraba a hablar con mi madre.

—¿Aún no han llamado del hospital?

Ella me miraba con suspicacia.

—Pareces muy preocupado.

Justo entonces sonó el teléfono y mi padre le contó a mi madre que la radiografía mostraba un perdigón del rifle de aire comprimido alojado en la barbilla de Deepak. Habían llamado a un cirujano para extraerla. Nos reprendieron por no decir la verdad, pero no nos castigaron.

Con el paso de los años, a Deepak se le hizo un hoyuelo en la barbilla. Creo que le confiere un aspecto digno y noble, pero también me recuerda el episodio cada vez que lo veo.

Aunque Deepak y yo éramos muy amigos, también éramos muy competitivos. Nunca fuimos auténticos rivales, pero nos retábamos de vez en cuando. Tratábamos de determinar quién podía nadar un centenar de largos más deprisa, quién era mejor en el ping pong o en el ajedrez, quién podía dejar atrás al otro con unos patines, quién tenía el vocabulario más fuerte. Yo quería ganarlo siempre, y a Deepak le pasaba lo mismo. Aunque yo era su hermano menor, no recuerdo que él me dejara ganar nunca. Creo que aprendimos que competir al máximo de nuestra capacidad imprime carácter, mucho más que dejarse ganar. Y en lo que respecta a los deportes, normalmente podía ganarle pese a la diferencia de edad.

Deepak finalmente se desquitó de que le disparara. Estábamos jugando con espadas de madera un día, cuando mi hermano accidentalmente me cortó en la nariz. Me quedó una ligera cicatriz allí, pero no era ni tan perceptible ni tan digna como el hoyuelo de Deepak.

Mi familia instilaba gran seguridad tanto en Deepak como en mí. Estábamos rodeados de personas de éxito: nuestro padre, el famoso doctor; nuestro tío, el almirante heroico; otro tío, famoso y respetado periodista; etcétera. Nos dijeron, repetidamente, que éramos capaces de alcanzar por nosotros mismos los objetivos que nos propusiésemos. Como resultado, ninguno de los dos se echó nunca atrás en un reto, que yo recuerde. Para Deepak los retos eran normalmente académicos; para mí, solían ser físicos. Los niños pelean, y los niños indios no son una excepción.

Por ejemplo, cuando íbamos a la escuela en Jabalpur, todos teníamos que enfrentarnos con un compañero de clase duro al que llamábamos Roger *el Matón*.

Durante el descanso del almuerzo jugábamos a canicas. Los jugadores ponían un número determinado de canicas en el círculo y luego todos tenían que sacar del perímetro el máximo número de ellas con la canica de pegar, que era ligeramente mayor que el resto.

Un día uno de los chicos vino a la escuela con unas canicas de pegar chinas muy bonitas. Hicimos un trato: le cambié tres de mis canicas por una de sus canicas chinas especiales. Yo era bueno jugando, y ese día las gané todas en menos de veinte minutos, toda una hazaña. Me sentía muy orgulloso de mí mismo, hasta que oí la voz de Roger *el Matón* a mi espalda.

—Dame la mitad.

Ese fue el momento que todo niño teme, no importa el mundo en el que se encuentre: el matón exigiendo su parte. En la escuela todos tenían miedo de Roger, incluso Deepak. Pero yo me volví a mirarlo.

—No te voy a dar ninguna canica —solté—. Son mías. ¿Por qué tendría que dártelas?

Debo reconocer que si hubieran sido canicas comunes podría habérselas dado para evitar un conflicto. Roger era un año mayor que yo y me sacaba al menos cuatro dedos de alto, pero esas canicas chinas eran preciosas. Yo había hecho un trato justo, había ganado las partidas de canicas y quería quedarme con todas mis ganancias.

Cuando reté a Roger, inmediatamente se puso en posición de boxeo, como si fuera a darme una paliza. Así que me levanté y me enfrenté a él. No me paré a pensarlo, solo le di un puñetazo en la barbilla y lo tumbé en el suelo.

El chico mayor me miró con miedo en los ojos. Y entonces, para sorpresa de todos los que estaban en el patio, Roger *el Matón* se echó a llorar.

Ese incidente fue el final de las bravuconerías de Roger, y me convirtió en héroe de la escuela. Y sorprendentemente, Roger *el Matón* y yo nos hicimos amigos.

Nos habían enseñado a defendernos por nosotros mismos desde muy temprana edad. Nuestros padres siempre nos preguntaban qué opinábamos de las cosas que afectaban a nuestra familia y se tomaban muy en serio nuestras respuestas. Nos alentaban a decir lo que pensábamos, una lección que tanto Deepak como yo obviamente aprendimos. Una vez, cuando yo tenía unos cuatro años y estaba en primer grado, mi padre me llevó al mercado para recoger una caja de Coca-Cola. En ese momento tenía la costumbre de chuparme el dedo; mis padres habían intentado todo para que dejara de hacerlo, pero sin suerte. Al doblar una esquina, vimos un coche en el lado de la calle con la rueda pinchada.

—¿Sabes por qué ese coche tiene la rueda pinchada? —me preguntó mi padre.

—No.

—Porque el niño que está sentado a mi lado se está chupando el dedo.

Me saqué el dedo de la boca y lo miré. Al seguir circulando, pensé en lo que había dicho y, de manera un tanto extraña, comprendí lo que mi padre estaba tratando de explicar.

Yo era un tanto precoz para tener cuatro años, aprendía deprisa, y nuestro padre tenía una costumbre que me molestaba: durante más de veinte años había fumado dos paquetes de cigarrillos al día.

Un poco más adelante, llegamos a un camión volcado. La policía y el personal médico ya estaban allí. Yo miré la escena al pasar, iluminada por las luces destellantes de la ambulancia.

—Papá, ¿has visto ese camión? —pregunté—. ¿Sabes por qué ha ocurrido?

Mi padre sonrió y me preguntó por qué.

—¡Porque el padre que tengo a mi lado fuma!

En los años transcurridos desde entonces, he aprendido el placer agridulce de que tu propio hijo use las lecciones que le has enseñado contra ti. En este caso mi padre pensó en ello varios segundos, bajó la ventanilla del Hillman azul que estaba conduciendo y lanzó su cigarrillo a la calle. Yo sonreí con petulancia. Entonces él fue más lejos. Sacó su mechero Ronson que era regalo de un oficial británico. Me miró y lo tiró por la ventanilla. Al cabo de un par de semanas había dejado de fumar por completo y nunca volvió a hacerlo. Naturalmente, yo también dejé de chuparme el dedo.

Mi padre escribió en su libro *Your Life is in Your Hands* [La vida está en tus manos] que «los padres deben fomentar una relación afectuosa y amistosa con sus hijos y alentarlos a desarrollar intereses diversos». Mis padres aplicaron muy bien esa máxima y Deepak y yo los admirábamos mucho por eso. Ambos tenemos elementos de sus personalidades, sus valores y principios fundamentales, que a su vez hemos tratado de transmitir a nuestros hijos.

Crecer en India como hijo de un médico respetado nos permitió disfrutar de muchos privilegios. Una vez, después de que mi padre hubiera tratado a un príncipe de un estado indio, nos invitaron a su palacio.

Deepak y yo nos levantamos muy temprano y salimos al balcón del palacio. Miré al patio y no podía creer lo que veía. Literalmente me froté los ojos para asegurarme de que no estaba soñando. Allá abajo estaba el animal más majestuoso que había visto: un tigre hermoso completamente blanco. Era, de hecho, el primer tigre vivo que veía. Se llamaba *Mohan*. Había sido capturado por el príncipe siendo un cachorro y lo educó él mismo.

Esa era la India de nuestra infancia: mendigos a las puertas de altos muros que protegían a los ricos, el sonido de los mercaderes pregonando sus artículos, mientras que dentro un tigre blanco permanecía plácidamente sentado en un césped cuidado a la perfección. Pero lo que aprendimos Deepak y yo fue que nos habían dado mucho, y que a cambio nuestro *dharma* nos exigía comportarnos de manera responsable, respetar a otras personas, y devolver a cada oportunidad concebible.

Ese, en esencia, es el camino que ambos hemos seguido.

7

Laus Deo

Deepak

No puedo decepcionar a Jesús. Debería amarlo. Todos dicen que él me ama. ¿Qué hará si yo no recompenso su amor?

Pensamientos como ese pasaban constantemente por mi mente cuando era adolescente. Preocuparse por Dios a esa edad es un tema común. Pero en India, preocuparse por Jesús no lo es. No obstante, mi situación era inusual. Los profesores de la escuela, que eran todos misioneros católicos, nos vigilaban. Se trataba de un escrutinio suave, y siempre había una sutil expectación que salía a la luz de formas extrañas. Un sacerdote irlandés, alguien que se había convertido en un amigo y había jugado al críquet con los chicos en el patio, te llevaría aparte. Te pondría una mano en el hombro y sonreiría para tranquilizarte.

No pasa nada, muchacho, no te preocupes. Solo te necesitamos para Cristo. ¿Puedes hacer eso por mí?

Todos los chicos nativos a los que admitían en esa escuela sabían que les esperaba el discurso de reclutamiento. A diferencia de mis devotas madre y abuela, yo no estaba completamente seguro de saber a qué Dios debía rezar. Jesús había llevado muy lejos a los británicos. ¿Shiva estaba haciendo algo al respecto?

Una escuela católica privada era la opción de elite en India en los años cincuenta; si la franela del críquet era una anomalía en el trópico, ¿qué decir de los calcetines hasta las rodillas, un *blazer* verde y una corbata escolar? Fuera donde fuese que viviéramos, yo todos los días me ponía un uniforme para coger el autobús de las seis treinta que cruzaba Delhi o caminaba por la colina con las plantaciones de té en Shillong o le daba un beso de despedida a mi madre en Jabalpur. El aspecto religioso nunca se sacó a colación en casa. La intención de mi padre solo era brindar a sus hijos la mejor educación. Él había recibido una buena educación, pero consideraba un acto de nobleza obliga que lord Mountbatten le allanara el camino. La fortuna había sonreído a mi padre de manera extravagante, pero él no quería correr riesgos con nosotros. Todos sabíamos que la mejor educación la proporcionaban las escuelas jesuitas dirigidas por los hermanos cristianos, así que nos apuntó en una tras otra de esas escuelas al cambiar de destino: St. Aloysius, St. Edmund's, St. Columba's. No eran simplemente nombres de santos. Eran billetes de los compartimentos de primera clase que se dirigían al futuro.

En toda mi vida solo recuerdo dos humillaciones aplastantes. La segunda ocurrió en la facultad de medicina, años después. La primera se produjo en Shillong, una de las hermosas poblaciones coloniales situadas en una colina, en el estado de Assam. Era un paisaje lo suficientemente verde y frío para que la mujer de un sargento mayor derramara una lágrima o dos por Shropshire y Kent. La población estaba a mil quinientos metros de altitud y los pliegues de la tierra que lo rodeaban anticipaban el salto al Himalaya, que se extendía al norte. Cada mañana iba caminando a una escuela situada en una colina, St. Edmund's, con fragantes plantaciones de té que extendían un manto de follaje suave hasta donde alcanzaba la vista.

La única serpiente en este edén era que St. Edmund's era una escuela mucho más dura que a la que había asistido antes en Jabalpur. Cada mes, el director entregaba las notas en una ceremonia formal, con los niños alineados por orden de mérito. La calificación más alta que podías recibir era una tarjeta dorada, que solo recibían uno o dos niños. Si te concedían una, el director te estrechaba la mano afectuosamente y te invitaba a tomar el té y a ver una película. Con una tarjeta azul podía estrecharte la mano y darte un abrazo amistoso. Si te habías hundido tanto como para merecer una tarjeta amarilla, el director apartaba la mirada con desdén, como si te empujara. Era una forma devastadoramente eficaz de adoctrinar a los chicos, y yo no podía soportar la idea de sacar otra cosa que tarjeta azul o dorada. Sudé para ganarme una, pero después del primer mes sufrí el calvario de observar que todos los chicos se acercaban a recibir el apretón de manos hasta que a mí me entregaron una tarjeta amarilla y una expresión de desdén.

Llorar de manera incontrolada cuando tienes once años parece conmovedor desde la perspectiva distante de un adulto. En ese momento, en cambio, tu mundo se derrumba. Pensaba que esa humillación me acompañaría de por vida, y la cuestión no es que estuviera equivocado. El hecho de pensar que tenía una cicatriz de por vida era lo que ardía en la humillación. Me permití el melodrama a solas en mi habitación. Jesús había tropezado en el camino del Calvario y en ese momento yo también. Antes, yo había recorrido un camino de gloria. La aprobación estaba en el aire que respiraba, y por supuesto era imposible que viera que mi camino estaba sembrado de vanidad, ambición y miedo. ¿No son la moneda común en la escuela cuando consideras el lado oscuro?

El lado oscuro de la vida podría ser universal, pero no afecta a todos por igual. Puedes maldecirlo por arruinar tu futuro o sentir una suerte de gratitud mezquina: por las lecciones transmitidas o por protegerte de peligros mayores. Estoy seguro de que algunos de mis compañeros de clase crecieron lamentando profundamente la presión que les imponían los valores cristianos occidentales. Años después, cuando leí los ensayos de George Orwell, me encontré con una opinión deprimente. Orwell escribió que la peor propaganda del cristianismo son sus fieles. Eso no era cierto cuando yo iba a la escuela. Por fortuna, yo nunca experimenté personalmente el abuso de sacerdotes depredadores que ha salido a la luz, aunque la práctica de la vara, que los misioneros trajeron consigo desde Irlanda, ha caído justamente en desgracia.

Teníamos algunos compañeros de clase intensamente devotos, llamados seminaristas. Empezaban a estudiar para el sacerdocio a los doce años y vivían en el seminario mientras asistían a clase con el resto de nosotros. Algunos eran cristianos de nacimiento, porque venían de Goa y tenían apellidos portugueses como Da Silva y Da Souza. Yo estaba desconcertado con esa devoción y le pregunté a un chico por qué quería hacerse sacerdote. Sus ojos se ensancharon.

—Te llevan a Roma y el Papa te ordena sacerdote. El Papa en persona.

Entonces ¿era por el viaje? Mi sueño era viajar a Londres y ver la casa de Baker Street donde vivía Sherlock Holmes. Los seminaristas tenían sueños mayores. Estaba impresionado.

En nuestra escuela también había algunos católicos convertidos; procedían de familias pobres y asistían gracias a becas. Cada día, los niños católicos iban a clase de catecismo. Al resto de nosotros, los paganos variopintos, nos daban la elección de elegir entre el catecismo o asistir a una clase llamada ciencia moral.

«Ciencia moral» parece un concepto peculiar para mí ahora. En realidad era más bien lógica moral. Las lecciones tenían el objetivo de demostrar sistemáticamente que la moralidad cristiana era lo correcto. Si comprendíamos la lógica, sabríamos que las enseñanzas de Jesús eran universales e irrefutables. Yo ya estaba fascinado por la historia de la Pasión en el Nuevo Testamento, que en sangre y poesía era inmejorable. Ante todo, amaba a Jesús como un héroe de acción y de aventura. ¿Qué podría ser más aventurero que luchar por Dios contra el diablo hasta que tus enemigos despiadados te clavaran en una cruz?

La ciencia moral condenaba la iniquidad de la masturbación y la homosexualidad, ambos abordados de manera cautelosa y de soslayo. Te ibas de clase con la certeza de que algo era espantoso, pero sin saber exactamente de qué se trataba. Esas lecciones solo tuvieron un efecto temporal. ¿Qué fue lo que permaneció durante toda la vida? Una confianza perdurable en que el amor es la base de la verdadera moralidad. (Una vez leí una acertada definición de la ley como conjunto de reglas establecidas después de que desaparece el amor.) Alguien de una familia donde no hubiera tanto amor como en la nuestra lo habría pasado mal para absorber esta enseñanza. Recordaba un debate sobre la existencia de Dios a la que asistí años después. Por un lado había un ateo científico, que estuvo machacando con ahínco a Dios durante una hora con una andanada de argumentos racionales. Se sentó con aplausos aislados, y su oponente, un sacerdote católico corpulento y sonriente, subió al atril.

—¿Por qué creo que Dios es real? —preguntó—. Porque mi madre me lo enseñó y yo la creí. —Se sentó en medio de un aplauso atronador.

En St. Columba's había una escuela de niñas adjunta, el convento de Jesús y María. Como la nuestra, era una escuela sin internado, fundada en 1919 por una orden de monjas francesas. Los dos terrenos estaban separados por un muro y en ocasiones mis amigos y yo lo saltábamos. Las chicas nos atraían, pero la ciencia moral nos había dejado muy mal parados en cuestión de chicas. Apenas parece creíble que los adolescentes pudieran temblar ante la idea de darse la mano con una chica durante diez minutos bajo la mirada de una suspicaz carabina. Las chicas eran un sueño lejano para mis amigos y para mí. Con toda sinceridad, saltábamos el muro con la misma frecuencia para ver la gruta llena de flores que tenía estatuillas de la Virgen María para la plegaria de las devotas.

Éramos chicos muy buenos, sin muchas argucias. No apestábamos a incienso. La piedad surge de manera natural en cierto lado de un adolescente, lleno de sueños sentimentales e idealismo ingenuo. Esas son etiquetas de la sociedad, no mías. Lo que hace que el idealismo sea ingenuo no es que lo hayas superado, sino que nadie te enseña cómo aferrarte a él.

La devoción silenciosa de la gruta de María en el convento me parecía hermosa. Un día, mirando mientras la gente se acercaba y se arrodillaba a rezar, tuve la sensación abrumadora de una presencia divina. La estatua de María me la estaba enviando sin que rezara por ello, sin que lo deseara siquiera. Este fue el primer momento en que tuve el presentimiento de lo que significa una frase famosa en la espiritualidad india: océano de dicha. Mucha gente ha tenido una experiencia similar.

El secreto consiste en qué hacer después de que la presencia te abandone. Eso no me preocupaba a los dieciséis años. Sentí que el amor de la Virgen María se derramaba sobre mí. El aire se tornó más dulce y me sentí más seguro y cuidado. Como un chico amado crece con las mismas cosas, puede sentir que es más intenso si estas emanan de un lugar sagrado, pero no hay ninguna revelación. ¿Quizá porque el contraste no es demasiado fuerte? No me desembaracé de la experiencia, que me acompañó durante cierto tiempo, pero tampoco se extendió ante mí el camino a Damasco.

En contadas ocasiones mi tío Sohan Lal venía a la ciudad. Era un viajante que vendía material de hockey sobre hierba, un deporte occidental en el que India destacaba. Sin duda aceptó el trabajo porque estaba loco por los deportes. Pero, como he mencionado, Sohan Lal sentía una fuerte atracción por los santos y se encontraba constantemente con oscuros *sadhus*, yoguis y hombres santos en general. Al viajar por el país, buscaba al santo local y se sentaba a sus pies. En ocasiones, escuchaba la sabiduría impartida por el santo, pero sobre todo Sohan Lal quería *darshan*. Esta es la bendición que se obtiene simplemente poniendo la mirada en un santo (la raíz de *darshan* es «ver» o «contemplar»). En una ocasión, no obstante, la bendición fue más allá.

Según él mismo explicó, Sohan Lal estaba visitando las enormes congregaciones de hombres santos conocidos como *mela*, donde decenas de miles de espectadores llenaban las orillas de un río sagrado para ver las lumbreras espirituales: una reunión para saludar a Dios, por así decirlo. En estos eventos suelen ocurrir encuentros destacables, y uno de ellos le ocurrió a Sohan Lal. Conoció a un yogui sentado en la postura de loto bajo un dosel.

—Sé que eres un ferviente buscador de Dios —dijo el yogui—. Dime qué desea tu corazón en este mismo momento.

—¿En este mismo momento? —repuso Sohan Lal, aturullado—. Quiero un poco de *barfi*.

El *barfi* es el dulce más común en el norte de la India; se puede comprar a los vendedores callejeros a un precio irrisorio. El yogui levantó un puño, lo abrió y le entregó a mi tío un trozo fresco de *barfi* de pistacho, que aparentemente se había creado de la nada en ese mismo momento.

Cada vez que contaba este incidente —que todos los niños creíamos sin cuestionarlo—, Sohan Lal negaba con la cabeza con tristeza.

—Podría haber pedido la iluminación o un millón de rupias al menos. Pero ¿qué podía hacer? Lo único que quería en ese momento era *barfi*.

Llegó el día del sermón de reclutamiento. En St. Columba's los chicos mayores iban a los barrios más pobres de Delhi para entregar leche a los niños. Mezclábamos leche en polvo con agua y la entregábamos desde un gran camión. Los niños nos recibían con sonrisas, y nosotros jugábamos con ellos entretanto. Era más divertido que una obra de caridad.

Un día el padre Steinmeyer —irlandés como el resto a pesar de su apellido alemán— me preguntó qué estaba leyendo. Sin televisión, leer era una gran parte de mi vida. Cuando le dije que estaba inmerso en P. G. Wodehouse, el buen padre torció el gesto.

—Cosas de niños. Pensaba que ya eras más adulto que eso.

Bajé la cabeza. Incluso una reprobación suave de un maestro calaba en mí. Según los parámetros de un chico de St. Columba's, tenía derecho a sentirme asombrado por ser tan frívolo. La educación india era principalmente de memoria. A los dieciséis años podía recitar escenas completas de Shakespeare, no solo uno o dos discursos. Había memorizado largos fragmentos de Tennyson y otros poetas románticos.

El padre Steinmeyer miró a los cuatro chicos que estaban ese día en el camión de la leche: otro niño hindú, un sindi, un parsi y yo.

—¿Alguna vez habéis pensado en tomar a Jesús como vuestro señor y salvador? —preguntó en voz baja.

Todos nos encogimos de hombros y dijimos que no en murmullos avergonzados. Era la verdad simple. El sacerdote no dijo nada más. Se volvió hacia los niños desamparados que se congregaban en torno a nosotros sosteniendo las tazas para que les diéramos más. Como charla para convertir a jóvenes, esta fue poco entusiasta. Las maquinaciones arteras de los jesuitas siguieron siendo una fábula para mí. Al cabo de unos días, el padre Steinmeyer me entregó libros que a su entender eran más adecuados a un joven maduro que Bertie Wooster y su ayuda de cámara Jeeves. Resultaron ser novelas católicas, y fuera cual fuese la impresión que me causaron, hace mucho que lo olvidé.

Lo que me lleva a una verdad poco halagüeña: que Dios esté en el aire no significa que estés respirando profundamente.

Inevitablemente llegué a admirar a los británicos. Eso me lo dio la educación. Podría recitar todo el discurso de Macbeth («Mañana y mañana y mañana avanza en pequeños pasos día a día») antes de conocer ningún verso en sánscrito, o de imaginar la debilidad espiritual que estaba matando el alma de Macbeth. Pero si mi educación era un pacto con el diablo, ambas partes lo mantuvieron. Los jesuitas buscaban conversos, pero también estaban consagrados a la enseñanza; los chicos buscábamos un billete al futuro, pero queríamos aprender seriamente. Un pacto con el diablo podía entenderse como un acuerdo entre caballeros. E hicimos lo posible por convertirnos en auténticos caballeros.

En 1962, mi último año en la escuela secundaria, Sanjiv y yo vivimos con una tía y un tío en Nueva Delhi. Después de llegar a casa y quitarnos los uniformes escolares, salíamos corriendo a la calle y nos mezclábamos en el barrio. La escena era un fárrago de lenguas, una sabrosa mezcla de inglés, hindi y punjabí. Sin pensarlo dos veces, aunque también teníamos el hindi, mi hermano y yo solo hablamos en inglés, y eso nos marcaba. El inglés era el idioma de los caballeros, no la lengua de un opresor.

No obstante, una fuerza poderosa contrarrestaba todo lo que nos estaba haciendo píos y educados, mi tío Rattan Chacha, que nos acogió a Sanjiv y a mí cuando asistimos al St. Columba's. Rattan Chacha se había convertido en un periodista importante con reputación a escala nacional, y una vez que se diversificó para ocuparse de las críticas cinematográficas, su vida se volvió insoportablemente seductora a mis ojos. Nunca había visto a nadie capaz de pontificar con un cigarrillo en una mano y un vaso de whisky en la otra.

Rattan Chacha estaba bien informado sobre las cuestiones del mundo y tenía la vena más rebelde en el clan de los Chopra. Era un rasgo con el que comerciaba de manera provechosa. Era ampliamente conocido como socialista y no creyente. Decía: «Tengo opiniones de izquierdas y gustos de derechas.» Era la combinación perfecta para alguien que jugaba a dos bandas. (Una enfermedad cardíaca asustó a Rattan Chacha al cabo de unos años, así que renunció a los cigarrillos, pero nunca al whisky.)

Jugaba a causar conmoción. Rattan Chacha hablaba incesantemente, lo cual me convencía. Quería ser él. (Cuando le pregunté a mi mujer, Rita, sobre la primera impresión que le causé, se lo pensó un momento y repuso: «Nunca había conocido a nadie que hablara tanto.») Rattan Chacha, entretenido y atractivo, dominaba cualquier terreno que pisaba, pero tenía la gracia salvadora de querer oír mis opiniones. Los grandes conversadores no pueden vivir sin público, y enseguida aprenden a echar migajas a quienes les escuchan; les dejan que hablen medio minuto de vez en cuando. Pero cuando debatía con mi tío sobre un tema candente, él realmente prestaba atención, así que en ocasiones me daba algo más que migajas.

Rattan Chacha y su mujer Karna —la llamábamos tía Karna— ocupaban la segunda planta de un apartamento en Nueva Delhi con dos habitaciones y media. Sanjiv y yo compartíamos una cama en la media habitación, que era básicamente una celda atestada con una ventana que daba a un patio sucio donde los vecinos hacían ruido y colgaban la ropa a secar. Nos encantaba estar allí.

En ese momento, mi padre estaba destinado en Cachemira, durante el conflicto armado con Pakistán. Trataba a los soldados heridos que llegaban desde la línea del frente. Mi madre iba y venía para estar con él y con nosotros. Cuando ella estaba ausente, heredábamos a Lakshman Singh, el criado fiel que había venido con su dote.

Yo estaba fascinado por la sofisticación de mi tío. Una vez vino con nosotros durante un viaje a uno de los acantonamientos de la colina. Era Dalhousie, y aunque el entorno era hermoso, no era uno de los prestigiosos acantonamientos en las colinas como Simla.

Rattan Chacha nos llevó a los chicos al cine una vez y vio un asiento vacío con un suéter echado sobre él. Rattan Chacha echó el suéter a otro asiento y nos sentó. Al cabo de un momento se nos acercó un hombre airado.

—Dejé mi suéter para reservar este asiento. Es mío —se quejó.

Rattan Chacha se encogió de hombros.

—¿Si echas tu suéter sobre el Taj Mahal, eso lo convertirá en tuyo?

Su mentor en audacia era su jefe, Feroze Gandhi, un destacado editor de varios periódicos de Lucknow que también había participado en política. En persona, Feroze Gandhi era todavía más dominador y provocativo que mi tío. Se decía que había asombrado a Nehru, que todavía no era primer ministro, cuando su hija Indira declaró que quería casarse con él después de conocerlo en un viaje a Londres. Era parsi, miembro de la secta fundada por el profeta persa Zoroastro. Los Nehru eran brahmines de Cachemira. (Si te mueves en los círculos conservadores de brahmines de Cachemira, todavía oyes chasquidos de desaprobación por el enlace matrimonial, setenta años después.)

Por encima de cualesquiera objeciones, la boda se celebró en 1942. El estilo de vida imprudente del novio finalmente pudo con él, y Feroze Gandhi murió de un ataque al corazón unos días antes de cumplir cuarenta y ocho años. Como viuda, Indira recibió su merecido reconocimiento y llegó a ser primera ministra, lo cual era casi inevitable en India, donde unas pocas familias de elite relacionadas con el movimiento de la independencia se consideraban sagradas; controlaron la política nacional durante décadas. (Solo en Occidente se confundió el nombre de casada de Indira con el de Mahatma Gandhi. Feroze no estaba emparentado con él. Gandhi es bien conocido por ser un apellido común parsi.)

Rattan Chacha tenía un lado cultivado. Trató de enseñarme

urdu, un lenguaje que él amaba por su poesía. Para mí debería haber sido natural, porque el urdu, hablado por todo el norte de la India, comparte una base común con el hindi. Tiene toda la utilidad de una lengua franca, un lenguaje *pidgin* que los comerciantes llevaban consigo allí donde iban. El suajili cumple el mismo propósito en África. No obstante, yo no presté suficiente atención y lo que recuerdo es sobre todo la tradición y el romance que a mi tío le encantaba ofrecer.

El urdu llegó a la India con la expansión del islam, al desplazarse hacia el este desde su lugar de nacimiento en Arabia. Como los abrojos y las semillas que se pegaban a los flancos de un camello, al urdu se le pegaron palabras de Turquía, Persia y otros territorios donde las caravanas musulmanas desplegaban sus artículos. La invasión mongol de India en el siglo XVI enraizó el urdu en Delhi, pero decir que India fue conquistada por los mongoles es como decir que una almohada de pluma es conquistada por un puñetazo. No puedes derrotar a alguien que no se resiste, y menos a un pueblo antiguo que ha absorbido muchos imperios. En la escuela memoricé el poema de Shelley *Ozymandias*, que empieza con la imagen de un poderoso gobernante derrocado: «Dos enormes piernas de piedra sin tronco / se alzan en el desierto. A su lado en la arena / yace semienterrado un rostro hecho pedazos...» India no cercenó a los emperadores por las rodillas. Hay más sutileza en simular ser conquistado, ofrecer un sonriente encogimiento de hombros al puño de hierro, y luego esperar hasta que el conquistador se mira en el espejo y ve a un indio devolviéndole la mirada. La notoria pasividad que ven los occidentales es en realidad un sutil arte de la guerra.

Rattan Chacha consiguió enseñarme a recitar algunos versos en urdu que no causan el mismo efecto en inglés. Mi favorito procede de un poeta que también era un emperador, nacido con un nombre larguísimo: Abu Zafar Sirajuddin Muhammad Bahadur Shah Zafar. Fue el último gobernante mongol de India, fallecido en 1862, y en la escuela lo conocimos como Bahadur Shah Zafar, el descendiente de Shah Jahan, que construyó el Taj Mahal. Los británicos se mofaron de la estirpe real mongol. La Compañía de las Indias Orientales mantuvo la charada de que no eran los gobernantes de India, sino que simplemente habían firmado los acuerdos comerciales con todos los príncipes, rajás, maharajás y shas, que en realidad eran marionetas. Para preservar su dignidad, las familias reales podían actuar como si todavía mantuvieran poder. Su codicia les hizo ceder a cualquier cosa a cambio de un estilo de vida tan lujoso que se volvió horrendo: hay fotos difuminadas de rajás engalanados por diamantes exhibiéndose con grandes rifles de caza mayor sobre sus Rolls-Royce, alardeando de los dos tigres muertos colocados en los guardabarros.

La decadencia de los últimos mongoles apenas requería presencia militar para mantener su territorio controlado. Lo que unas pocas guarniciones de casacas rojas no podían manejar era encomendado a soldados nativos, los *sepoys*. Si Zafar se hubiera situado en la torreta más alta del Fuerte Rojo de Delhi, construido por sus ilustres antepasados, habría visto los límites de su gobierno real; todo lo que quedaba detrás de la ciudad de Delhi se había debilitado. Igual que Bahadur Shah, era un gobernante lamentable y patético que dejaba los asuntos de Estado a otros mientras cobraba la pensión que los británicos le habían garantizado y encontraba refugio en su verdadero amor: la poesía.

Ojalá todavía recordara los versos de Zafar que tanto gustaban a Rattan Chacha. La mayoría eran melancólicos y románticos, adecuados al destino de Zafar. Cometió el error de contemplar, solo por un día, la fantasía de recuperar el poder. En 1857, los *sepoys* organizaron una rebelión armada contra el ejército británico, inflamada, se decía, por el rumor de que se utilizaba grasa de cerdo para impermeabilizar el papel que envolvía sus cartuchos. Como los desenvolvían con la boca, esto era una profanación para los *sepoys*, muchos de los cuales eran musulmanes. Un regimiento de *sepoys* marchó sobre Delhi y exigieron que Bahadur Shah los recibiera en una audiencia. Bahadur Shah estaba consternado por su insolencia, pero cedió a la tentación cuando los rebeldes juraron restituirle el poder. Se alineó con ellos, y mataron a cincuenta y dos prisioneros británicos, la mayoría de ellos civiles aterrorizados que encontraron escondidos, ejecutándolos bajo una higuera sagrada a las puertas del palacio. Este acto pretendía asegurarse de que Bahadur Shah no se echaba atrás.

Los regimientos de *sepoys* tenían numerosas quejas genuinas contra la Compañía de las Indias Orientales, pero los británicos despreciaron la rebelión, que consideraron causada por un arrebato religioso. El pobre y anciano emperador, de casi setenta años, nombró a su hijo comandante militar y trató de restablecer el orden civil en Delhi, el único lugar sobre el que podía mantener el control. El resultado fue el caos. Los regimientos de *sepoys* estaban completamente desorganizados y no aceptaban tener un comandante, y mucho menos el inepto e inexperto príncipe real. Después de que la rebelión fuera aplastada violentamente y los británicos acribillaran a muchos miembros de su familia, Bahadur Shah se rindió a cambio de su vida y fue llevado a juicio. Se ven fotografías de él reclinado en un diván esperando su destino: un hombre calvo con barba blanca. Sus ojos grandes transmiten tristeza, pero todavía se ve en ellos el destello de un sufí, un místico. De joven, Zafar había querido ser un hombre santo y se vestía con los ropajes de algodón basto de un sufí errante antes de asumir el trono.

El castigo de Zafar fue el destierro a Rangún, Birmania, donde sobrevivió varios años. Pensaba que estaba perdido en un sueño. En su poesía, se describe como un jardín destruido que había sido lujoso. Los versos más tristes hablan de su caída de gobernante de un imperio a un mendigo que no podía encontrar dos metros de tierra para su tumba. Solo puedo encontrar fragmentos de su poesía traducidos al inglés, pero un pareado suena como algo que Shakespeare podría haber puesto en boca de Hamlet.

> *¿Qué es un hombre que no está hecho de arcilla?*
> *Solo veo una burbuja en el agua.*

Después de que murió, el último emperador mongol fue reconocido como un gran poeta en urdu. Algunos artículos empezaron a referirse a él como un verdadero sufí, y unos pocos lo calificaron de santo. Yo soy más ambivalente. Cuando aprendí historia de India en la escuela, mis simpatías estaban con los británicos, pero cuando oía la música de los versos de Bahadur Shah, estaba del lado de los poetas.

Esta incapacidad de elegir una cosa sobre la otra iba impregnando mi carácter. Me estaba convirtiendo en una persona muy competitiva, alguien que veía la historia de India desde la perspectiva británica porque habían sido los vencedores durante trescientos años. Pero el *pathos* de mi propia gente no podía dejarse de lado. Los poetas hablaban por medio de un testigo silencioso dentro de mí. Observaba sin interferencia. No tenía exigencias para que yo cambiara, de lo contrario no le habría prestado atención. Estaba corriendo la carrera con la victoria en la mente cada vez que doblaba la siguiente curva.

El testigo silencioso era paciente. El tiempo nunca se acaba cuando la reserva es infinita.

8

Primero en la lista de espera

Sanjiv

En el pueblo de Cherrapunji pensaban que éramos dioses. Cherrapunji está en la frontera de India con Bangladesh. Es uno de los lugares con más lluvia del planeta; según el *Libro Guinness de los Récords*, ostenta los récords de más cantidad de lluvia en un año y más cantidad de lluvia en un mes. Es un lugar extraordinario con hermosas cataratas que te dejan sin aliento. Cuando tenía doce años, mis padres decidieron llevarnos a Deepak y a mí de excursión. Subimos por la ladera en nuestro pequeño coche Hillman a través de una serie interminable de curvas y más curvas, arriba y arriba y arriba. La lluvia no amainó en todo el trayecto, pero justo cuando llegamos al pueblo las nubes se abrieron y salió el sol. Había niños allí que rara vez habían visto el sol en sus vidas, así que, cuando apareció, justo al llegar al pueblo, supusieron que éramos dioses que habíamos hecho que eso ocurriera. Incluso algunos vendedores pensaron que podría existir alguna clase de conexión divina. Sonreían, nos invitaban a sus tiendas a tomar té y *samosas*, y se negaban a aceptar ningún pago.

Tuve el mismo sentimiento cuando era pequeño, sentado en un tren en la estación de Jabalpur y mirando por la ventana para ver a centenares de personas que presentaban sus respetos a mi padre, muchos de ellos llorando. Aun así, no comprendí a esa edad lo que significaba ser médico; era obviamente algo muy especial. Fue en ese momento cuando quizá pensé que yo también sería médico. Muchos años después, mi mujer Amita y yo fuimos en peregrinación a Gomukh para ver con nuestros propios ojos las fuentes del sagrado Ganges. Mientras estaba allí, una de las personas con las que había viajado, un reputado médico indio llamado doctor H. K. Chuttani, me planteó una pregunta:

—Sanjiv —dijo—, si tuvieras que vivir tu vida otra vez, ¿qué profesión elegirías? ¿Y dónde vivirías?

Levanté la mirada a la montaña, al cielo.

—Doctor Chuttani, es muy sencillo —respondí—, estaría practicando la hepatología en Boston, enseñando, escribiendo libros y siendo un buen médico. Es exactamente lo que ya estoy haciendo.

Lo consideró por un momento.

—El aire es demasiado etéreo en esta altitud —replicó—. Te lo preguntaré otra vez al nivel del mar.

Nos reunimos al cabo de una semana en una fiesta en Delhi. Mi respuesta no había cambiado. Soy muy afortunado de poder hacer lo que me gusta hacer. La práctica de la medicina era nuestro negocio familiar. Observaba que mi padre disfrutaba profundamente curando a la gente y cuidando de ella. Parecía realmente feliz cuando iba a trabajar cada día, y ya a una temprana edad comprendí que era algo muy importante. No había nada más excitante o enriquecedor para mi padre que resolver los misterios del cuerpo humano. Para él, todo empezaba con el diagnóstico correcto. Por las noches, durante la cena, hablaba con frecuencia de sus nuevos pacientes y describía sus síntomas y el tratamiento que pretendía seguir. Para mí era un poco como una telenovela, y noche tras noche seguía con atención el progreso de pacientes a los que nunca conocería. Aunque no sabía absolutamente nada de ellos personalmente, cobraban forma en mi mente y yo empezaba a preocuparme por ellos.

Mi madre, que tenía educación secundaria pero ninguna formación médica oficial, aprendió bastante sobre medicina a través de mi padre y con frecuencia planteaba preguntas perspicaces, que papá siempre respondía con gran detalle. Ella también era muy inquisitiva. ¿Lo curaste? ¿Lo solucionaste todo? ¿Qué harás a continuación? ¿Qué han mostrado las pruebas? En ocasiones, de hecho, ella misma hacía el diagnóstico.

En una cena mi padre parecía inusualmente preocupado por una paciente.

—Me preocupa la hija de esta hermana —nos contó. «Hermana» era la palabra que usaban para describir a las enfermeras entonces. Continuó—: Vive sola con una hija de trece años. —Me miró directamente a mí y dijo—: Puede que la hayas visto en alguno de los festivales.

Mi madre hizo su pregunta habitual.

—¿Cuáles son los síntomas?

—Tiene fiebre alta y un nódulo linfático inflamado —dijo—. Espero que sea faringitis estreptocócica.

—Espero que no sea la enfermedad de Hodgkin —dijo mi madre.

Mi padre lo consideró un momento.

—¿Sabes?, puede que tengas razón.

De hecho mi padre diagnosticó después a la niña como linfoma de Hodgkin. Seguimos sus progresos en las cenas durante varios años, hasta que, desgraciadamente, murió.

Mi padre nos enseñó que diagnosticar a un paciente es un arte que requiere concentración total. Rara vez resulta obvio por uno o dos síntomas. Se enorgullecía mucho de su capacidad para hacer diagnósticos difíciles y en ocasiones oscuros, un rasgo que tanto Deepak como yo heredamos. Solía contar la historia de su examen final para ingresar en el Real Colegio de Médicos.

—Son pacientes profesionales —dijo—. Son gente con enfermedades reales, algunas de ellas raras, a quienes pagan para que presenten sus síntomas a estudiantes que los examinan. Cuando el paciente vio que estaba siendo interrogado por un médico indio empezó a comportarse de forma poco cooperativa. Había una actitud desafiante en sus respuestas. Después de saludarlo con la cortesía habitual empecé a tomar un historial. Y se negó a darme una respuesta firme a ninguna pregunta.

»"—¿Tose cuando está en el hospital?

»"—Tal vez.

»"—¿Duerme bien?

»"—A veces."

»Después de responder cada pregunta se volvía al paciente profesional que estaba en la cama de al lado y preguntaba: "Mike, ¿toso?"; "Mike, ¿duermo bien?". Mike respondía "tal vez" o "a veces". Era imposible conseguir una respuesta directa.

Pero mientras mi padre escuchaba a este paciente, también estaba buscando con atención signos inusuales. Se fijó en que los ojos del paciente se movían ligeramente de lado a lado, un trastorno conocido como nistagmo. También se fijó en que había algo ligeramente fuera de lugar en su habla.

—Por favor diga «brigada de artillería británica» —dijo mi padre.

El paciente repitió la frase, arrastrando ligeramente las palabras, un síntoma conocido como habla escandida.

Mi padre pidió al paciente que cogiera un bolígrafo que él tenía en la mano y se fijó en que el paciente mostraba lo que se conoce como temblor volitivo.

—¿Cuánto tiempo hace —preguntó mi padre con confianza— que padece esclerosis diseminada?

Era la tríada clásica de síntomas —habla escandida, temblor volitivo y nistagmo— observada en pacientes con esclerosis diseminada, una enfermedad que en Estados Unidos se conoce con el nombre de esclerosis múltiple. Al paciente profesional se le iluminó la cara.

—Dios mío, doctor —exclamó—. Es uno de los pocos que ha hecho el diagnóstico correcto.

Impresionado, continuó contándole a mi padre todas las preguntas que le harían durante su examen final, y recordándole las respuestas correctas. Esa información ayudó a mi padre a aprobar con honores, un éxito extremadamente raro para un joven médico indio en ese tiempo.

A diferencia de mi hermano, yo nunca dudé de que quería ser médico, y experto en diagnóstico, como mi padre. En India hay escuelas de medicina que enseñan medicina basada en la ciencia, medicina ayurvédica y *unani*, otra forma de medicina tradicional, y los graduados de todas ellas son considerados médicos aptos. Yo, por mi parte, solo estaba interesado en lo que llamaba medicina moderna, la medicina basada en la ciencia que practicaba mi padre. Pese a que creía que otras formas de medicina tenían su lugar, sentía que la medicina occidental ofrecía a los pacientes las formas de tratamiento más sensatas y probadas. La medicina real para mí era eso, el tipo de medicina que pretendía poner en práctica.

El sistema educativo de India es diferente al de Estados Unidos. En Estados Unidos un estudiante asiste al colegio universitario antes de presentarse a la facultad de medicina. En India hay un curso de preparación para medicina justo después de la enseñanza secundaria y luego los estudiantes van directamente a la facultad de medicina. Después de completar mi curso de preparación en la Universidad de Delhi me presenté a tres facultades de medicina. Mi padre estaba enseñando en la facultad de medicina de las fuerzas armadas en Pune y mi hermano asistía al Instituto Panindio de Ciencias Médicas en Delhi, así que me presenté a esas dos facultades y también a la Universidad Hindú de Benarés.

Tenía notas decentes de mis exámenes del curso preparatorio y me aceptaron de inmediato en la Facultad de Medicina de las Fuerzas Armadas y en la Universidad Hindú de Benarés. En realidad, yo quería asistir al Instituto Panindio de Ciencias Médicas, que era (y sigue siendo) la facultad de medicina más prestigiosa del país. Por desgracia, también era la más difícil a la hora de ingresar. Solo treinta y cinco estudiantes eran aceptados cada año de entre diez mil solicitudes. El consejo de admisión reducía el grupo inicial a noventa solicitantes sobre la base de nuestras puntuaciones, luego nos llamaban a cada uno a una entrevista. Durante mi entrevista con el doctor Keswani, jefe del departamento de anatomía, este me preguntó por qué no quería ir a la facultad donde mi padre era un profesor legendario.

—Fue asignado allí por el servicio militar —expliqué—. No tuvo elección. Yo tengo elección y quiero asistir a esta gran institución. Es una escuela moderna con gente muy brillante como usted en la facultad y hay un pensamiento moderno sobre la medicina. Muchos de la facultad también se han formado en Estados Unidos. —Dije Estados Unidos específicamente, no Inglaterra. Tenía la sensación de que la formación de posgraduado en Estados Unidos era la mejor. Finalmente añadí, por si acaso—: También me gustan los edificios modernos y el hecho de que haya mesas de ping pong en el vestíbulo.

—¡Quieres jugar a ping pong y estudiar arquitectura! —repuso, sonriendo.

Me gustaría decirle a la gente que estaba en lo más alto de la lista de admisiones, pero en realidad estaba en lo más alto de la lista de espera: número treinta y seis. El número uno de toda la nación era una encantadora joven llamada Amita Desraj, que había intentado entrar en el servicio diplomático y convertirse en embajadora. Pero, como Deepak, ella también había cambiado de idea y había decidido entrar en medicina.

Por fortuna, cada año tres o cuatro de los treinta y cinco alumnos a los que se concedía plaza en el prestigioso Instituto Panindio de Ciencias Médicas decidían no asistir a la facultad porque recibían becas de otras facultades de medicina. Como resultado, fui admitido en la facultad de medicina de mi elección.

Incluso entonces hizo falta una ley del Parlamento para que me convirtiera en médico. En ese momento, para asistir al Instituto Panindio, un estudiante tenía que cumplir diecisiete el 1 de agosto de ese año. En la escuela primaria me habían pasado de primero a tercero, porque los profesores y el director pensaban que era brillante, algo que coloquialmente llamaban doble ascenso. Como no podía optar a la admisión y tendría que haber esperado casi dos años para ingresar, mi padre mencionó el problema a uno de sus pacientes, el futuro presidente de India Fakhruddin Alí Ahmed. Él solicitó que el Parlamento cambiara esa norma. Bajo las nuevas regulaciones, entré por veintiún días y me convertí en el estudiante más joven admitido en toda la historia de la institución.

La facultad no fue difícil para mí. Me había educado en el mundo de la medicina y me sentía cómodo con el lenguaje y los instrumentos. Todo fue relativamente fácil. A diferencia de las facultades estadounidenses, en India aprendíamos sobre todo memorizando información. Había escaso pensamiento analítico, solo memorización y recitación. En el curso preparatorio, nos colocábamos delante de la clase y recitábamos toda la tabla periódica. Sigue allí en mi memoria. Utilizábamos toda clase de recursos mnemotécnicos. Un síntoma de una enfermedad hepática que aprendimos en la facultad de medicina es que las palmas de las manos se enrojecen mucho. Se llamaba eritema palmar. Un segundo signo es que los pacientes desarrollan puntos rojos en todo el cuerpo, por lo general en la parte superior del torso, que tienen el aspecto de patas de araña. Para recordar eso, usábamos un poema humorístico de cuatro versos, que nunca he olvidado, acuñado por un tal doctor Bean, de Boston:

La vieja solo vivía
de ginebra todo el día:
palmas rojas y una araña
su pecado delataban.

Deepak me llevaba dos cursos de ventaja en la facultad de medicina y había marcado un camino difícil de emular. Durante mi primer año se puso muy nervioso porque, en lugar de quedarme en mi habitación estudiando, iba al cine o salía a los bares con mis amigos y regresaba muy tarde. También me gustaba participar en deportes. Fui el mejor jugador de críquet y el mejor jugador de ping pong durante años y gané muchos trofeos. Mi hermano, en más de una ocasión, le dijo a mi madre que estaba orgulloso de mis proezas atléticas, pero preocupado por mi rendimiento académico. Resultó que un tiempo después mi madre se encontró con el doctor Keswani, del departamento de anatomía, en un banco. Él se acercó a mi madre y le preguntó cómo les iba a sus hijos.

—No me preocupa Deepak —le dijo—. Es muy estudioso, pero me preocupa Sanjiv, que parece demasiado entusiasmado con los deportes.

—No se preocupe —dijo el doctor Keswani—, yo me ocuparé de él.

El compañero de la habitación de al lado siempre estaba estudiando, a la hora que fuera. No importaba a qué hora me despertaba por la mañana o a la hora que llegara por la noche, la luz de su habitación siempre estaba enfocando los libros. Dejó claro que desaprobaba mis hábitos de estudio, lo cual me molestó, así que cuando los dos estábamos a punto de ser cuestionados sobre el abdomen en el curso de anatomía del doctor Keswani, yo dije:

—Me gustaría retarte. ¡Apuesto a que saco mejor nota que tú en el abdomen!

Aceptó mi desafío. Esta vez los dos estudiamos mucho, y empatamos con la tercera mejor nota en el examen escrito. Entonces ocurrió algo interesante durante nuestro examen oral. El doctor Keswani me hizo veinte preguntas y respondí las veinte correctamente.

—Voy a darte diez puntos de cien —dijo.

Esa era su forma equivocada de alentarme a estudiar más todavía. Estaba anonadado e indignado. En India nos enseñaban que la persona por la que debías mostrar más respeto, incluso más que a tus padres, era tu profesor. El profesor siempre era infalible. Hubo muchos casos en que un profesor decía algo que claramente no era correcto, pero, en lugar de hablar, aceptábamos que debíamos estar equivocados y que el profesor, de alguna manera, acertaba. En ocasiones lo discutíamos después.

—Lo que decía el profesor no podía ser verdad, ¿no?

Todos estábamos de acuerdo en que no, y sin embargo el profesor había estado repitiendo el mismo error a sus estudiantes año tras año y nadie había tenido las agallas de decirle que estaba equivocado.

Pero esta vez hice algo que los estudiantes de India casi nunca hacen. Cuando el doctor Keswani me dijo que iba a darme solo diez puntos, le contesté.

—No me voy —dije.

Los profesores ayudantes del departamento de anatomía me observaron como si hubiera perdido el juicio.

—No me voy —repetí—. He estudiado mucho. Conozco mi abdomen. Tengo la tercera nota más alta en el examen escrito.

Doctor Keswani, hágame el favor de preguntar. Adelante, hágame más preguntas.

Fue como cuando me enfrenté con Roger *el Matón*. Nadie supo cómo reaccionar. El doctor Keswani parecía entre divertido y un poco enfadado.

—Muy bien —murmuró. Me hizo otras cinco preguntas y las respondí todas correctamente—. Muy bien —dijo—. Voy a doblarte la nota.

Con eso me puso un veinte en el examen.

Estaba furioso cuando salí del aula, pero no había nada que pudiera hacer. Así que llamé a Deepak para culparlo por haberle hablado a mi madre de mi falta de diligencia. A continuación, llamé a mi madre y le conté el resultado de su conversación en el banco. Pero en mi clase empezaron a conocerme como el estudiante que había tenido el valor de responderle al doctor Keswani.

Mi último trimestre fue el más divertido, porque finalmente nos permitieron poner en práctica nuestro conocimiento teórico, tratando a pacientes reales. El Instituto Panindio era un hospital de formación con más de mil camas y justo al otro lado de la calle estaba el Safdarjung, un hospital público que también tenía un millar de camas, además de otros doscientos pacientes que dormían en el suelo o en colchones. El rango de pacientes que veíamos en esos hospitales era extraordinario. Cuando a un paciente le diagnosticaban una enfermedad rara, todos nos entusiasmábamos en las rondas con nuestros profesores. Vimos enfermedades tropicales que rara vez se ven en Estados Unidos, tratamos toda clase de tuberculosis y vimos pacientes con rabia e incluso con lepra. La práctica real de la medicina era tan emocionante como había imaginado que sería.

Aunque mi clase era pequeña, se hacía un gran esfuerzo por dar mucha diversidad al grupo. Había más mujeres que hombres y el 30 % de las plazas estaban reservadas a extranjeros y gente de las castas protegidas. En el sistema de castas hindú, estas son las personas a las que se conocía como los intocables. Para algunas de esas personas la facultad suponía un gran choque cultural. Uno de los estudiantes de una casta protegida, por ejemplo, venía de un pueblo muy pequeño. Le escandalizaba ver a compañeras de clase vestidas con faldas o vestidos, cualquier indumentaria que mostrara sus piernas, porque eso estaba prohibido en su pueblo. Hablaba mal en inglés y era muy tímido cuando empezamos, pero cuando nos licenciamos había mejorado en inglés y nos habíamos hecho amigos. Ya no se tapaba los ojos cuando una compañera de clase entraba con una falda.

No obstante, la persona con la que más relación tenía era Amita, la estudiante número uno de nuestra clase. La conocí unas semanas después de que empezara el primer trimestre. Era tradición en el instituto que los alumnos de primer año hicieran una representación para el resto de estudiantes. A Amita le encantaba la música y para ese *show* tocó la armónica y convenció a toda la clase para que cantaran mientras ella tocaba. También tocaba la guitarra y finalmente organizó una banda en la facultad. Lo vi como una oportunidad de pasar más tiempo con ella. Por desgracia, yo no cantaba bien ni tocaba ningún instrumento. Así que cuando Amita me preguntó qué podía hacer le dije:

—Puedo tocar palmas y silbar.

En realidad podía tocar palmas.

Fui a todos los ensayos, aunque en su mayor parte solo estaba allí. El nombre de la banda era Mock Combo, y tocaban música popular occidental, desde Elvis Presley a los Beatles, o canciones *country* como *Red River Valley*. No teníamos ni idea de lo que era ese valle del río Rojo, solo algún sitio del viejo Oeste.

A Amita y a mí también nos unía el ping pong. Yo era muy bueno en el juego, pero ella también. El ping pong es muy popular en India. La hermana menor de Amita era novia del campeón nacional junior, así que Amita había jugado mucho; en la casa de Amita habían puesto una red en el centro de la mesa del comedor. Para mí eso era impresionante: ¡una joven encantadora e inteligente y además era buena jugando al ping pong! Le pedí que fuera mi compañera de dobles mixtos en el torneo de la facultad de medicina. Estuvo de acuerdo y ganamos la final contundentemente.

En India en ese momento la gente no salía en plan de cita, pero salíamos en grupo. Con frecuencia Amita y yo íbamos a cenar con sus dos hermanas e incluso con su madre, lo cual era bastante normal entonces. Pero finalmente me di cuenta de que era hora de algo más y me acerqué a Amita.

—Quiero llevarte a una cita —le dije.

Ella me preguntó qué quería hacer.

—Cenar y ver una película.

Amita me preguntó qué película quería ver. (No me lo estaba poniendo fácil.)

—Debería ser un sorpresa —dije. Y fuimos a ver *Doctor Zhivago*, que ya había visto y me había encantado.

Gradualmente nos fuimos conociendo. A Amita le encantaba India, tanto que quería unirse al servicio diplomático y viajar por el mundo educando a la gente sobre nuestro país y sus valores. En la escuela había estudiado economía, pero después de que la convencieran de hacer medicina, hizo el curso preparatorio.

Descubrí que Amita era una persona mucho más espiritual que yo. Su padre había sido ingeniero del Departamento de Obras Públicas. Construía carreteras y puentes y la familia fue alternando entre zonas urbanas y remotas del país. Igual que ocurría con mi familia, cada dos o tres años el gobierno lo enviaba a otro destino. Aunque su padre era un hombre muy pragmático, cada mañana se sentaba con las piernas cruzadas en posición de loto sobre su alfombrilla de piel de ciervo, leyendo el Bhagavad Gita y meditando. Practicaba un tipo de meditación yóguica. Al cabo de un tiempo, Amita también cerró los ojos y se sentó en silencio en esa posición de loto. No sabía lo que estaba haciendo, me dijo, pero incluso en esa tierna edad ansiaba experiencias espirituales.

Cuando estábamos preparados para licenciarnos habíamos decidido casarnos. Aunque los matrimonios concertados seguían siendo muy comunes en India, nosotros nos habíamos encontrado y nos habíamos enamorado. Nos enorgullecíamos de ser indios modernos. Acudí a mis padres y les conté que habíamos optado por una ceremonia civil en lugar de la gran boda tradicional.

Mi madre, obviamente, estaba muy decepcionada.

—No es por mí —aseguró—, sino por tu abuelo. Se enfadará mucho si no sigues las tradiciones.

—No te preocupes, mamá —dije—. Hablaré con él.

Hablé con mi abuelo y le prometí que haríamos las cosas bien. Típicamente, en las bodas indias, se invita a varios centenares de personas a la recepción. Le dije que íbamos a dar una gran recepción en el elegante Delhi Gymkhana Club, uno de los clubes más antiguos de India, y que nuestro matrimonio sería bendecido por un sacerdote. Eso fue suficiente para él; solo quería que fuéramos felices.

Todo estaba preparado. Pero cuando Amita y yo fuimos al tribunal para conseguir una licencia de matrimonio nos informaron de que éramos demasiado jóvenes. Descubrimos que tenías que haber cumplido veintiún años para un matrimonio civil en India. Así que regresé a mis padres.

—Hemos cambiado de opinión —anuncié—. Vamos a tener un matrimonio hindú tradicional.

A fin de preparar la ceremonia, mi padre y yo nos sentamos con el sacerdote que iba a oficiar. Queríamos casarnos en una fecha determinada, así que el sacerdote miró las cartas astrales y nos dijo que la fecha no era auspiciosa. Mi padre, un médico moderno, le pasó al sacerdote doscientas rupias y le pidió que echara otro vistazo. El hombre exclamó de repente que un planeta estaba en una posición diferente de la que había pensado al principio y que la fecha que mi padre había sugerido era de hecho muy auspiciosa.

Cuando el sacerdote se estaba marchando, yo salí con él y lo acompañé hasta su ciclomotor. Las ceremonias hindúes en ocasiones pueden durar horas. Todo depende del oficiante.

—Escuche —dije—, no se alargue demasiado. Si la ceremonia es corta hay otro bonus para usted.

Tuvimos una ceremonia de matrimonio tradicional hindú encantadora y breve y partimos hacia la vida moderna. Yo desde luego había obtenido de la facultad de medicina mucho más de lo que había merecido.

Al escribir esto reflexiono sobre lo afortunado que soy de estar casado con Amita, una mujer hermosa, brillante pediatra y un ser muy espiritual, y un alma gemela durante más de cuatro décadas.

9

Baja colateral

Deepak

No he mencionado lo profundamente que me afectaron los pacientes de mi padre durante mi infancia, en gran medida porque no lo hicieron. Un flujo constante de gente enferma desfilaba por nuestra casa desde los años de Jabalpur. Muchos estaban desesperados y destrozados, desconcertados por la enfermedad debido a su absoluto desconocimiento de la medicina. Formaban una imagen lamentable, pero dos obsesiones ocupaban mi mundo y bloqueaban todo lo demás: durante las horas de escuela estaba obsesionado con el estudio, y me relajaba obsesionándome con el críquet durante el resto del tiempo. En Shillong, Sanjiv y yo bajábamos por la colina hasta un quiosco del abarrotado bazar que vendía la revista *Sport and Pastime*. Contenía las últimas noticias y fotos de nuestros héroes en acción. Las recortábamos para pegarlas en nuestros álbumes de recortes. Dos obsesiones tempranas podrían haber dado forma a mi vida, salvo por el hecho de que un yo se construye con ladrillos invisibles además de con los que aparecen en la fachada.

Mi padre quería que me hiciera médico, pero no recuerdo que expresara decepción cuando puse las miras en el periodismo. Él no creía en interferir y depositó su fe en ser una influencia silenciosa. Cuando él y mi madre discutían los casos cada tarde, no me insistían para que participara. Su movimiento decisivo fue mucho más sutil. Un cumpleaños mi regalo fue un conjunto de novelas populares. No me di cuenta de que se trataba de un acto insidioso de propaganda, pero en los tres libros los protagonistas eran médicos, todos ellos profundamente inmersos en aventura, melodrama y asuntos del corazón. Era fácil creer que examinar al microscopio una muestra patológica en un portaobjetos estaba a milímetros de distancia de enamorarse profundamente o, como segunda opción, salvar al mundo. (Como las tramas están grabadas en mi memoria mencionaré que las tres novelas eran *Servidumbre humana*, *Doctor Arrowsmith* y *Sublime obsesión*.) Leyendo ficción era posible sentir que la medicina era romántica y en ocasiones trágica. En casa, mi padre era una presencia constante, así que no se me ocurrió que se había hecho a sí mismo como el Martin Arrowsmith de Sinclair Lewis y tenía el talento brillante de Robert Merrick, el cirujano protagonista de *Sublime obsesión*.

Algo cambió en mí. El hechizo tejido en esos libros me alejó del periodismo, a pesar del hecho de que a los dieciséis años había modelado ansiosamente mi vida según el modelo de Rattan Chacha. Mis padres estuvieron encantados cuando anuncié mi decisión de estudiar medicina, pero eso planteaba un problema práctico considerable. Iba a graduarme en St. Columba's en diciembre de 1962 sin ningún crédito en biología, y sin biología no podías entrar en la facultad de medicina. Sin embargo, el sistema tenía una fisura. Estaba en un camino educativo que copiaba la enseñanza inglesa hasta el extremo de que nuestros exámenes finales eran los establecidos por la Universidad de Cambridge. Los exámenes eran enviados desde Inglaterra y luego devueltos a Cambridge para que los evaluaran a mano. Este proceso engorroso se prolongó siete meses antes de saber que había aprobado con honores.

Entretanto, desde diciembre al siguiente julio, me dio clases particulares en biología un bengalí que venía todos los días a casa y me enseñaba rápidamente lo básico. Luego hice un año de curso preparatorio de medicina en Jabalpur. Después de eso ya podía presentarme a la facultad de medicina. Cuando llegó el momento de diseccionar una rana mi tutor y yo fuimos al estanque y cogimos las ranas nosotros mismos (era India). Me enseñó un truco: colocarte sigilosamente detrás de la rana y con un movimiento rápido golpearle en la columna, dejándola inmovilizada.

En casa diseccionamos el espécimen, lo que implicaba clavar una aguja en el punto de unión entre el cráneo y la columna. Esto paralizaba a la rana mientras estaba viva (también bloqueaba el dolor). Si estás preparado para convertirte en médico, el primer momento en que abres una criatura viva es fascinante: cuando posas los ojos en un corazón que late y ver al microscopio los corpúsculos de sangre roja que pasan en una sola fila a través de capilares semitransparentes. Los aprensivos se dan la vuelta enseguida. Al ir pasando los siete meses, tuve que memorizar centenares de datos taxonómicos, lo cual me proporcionó un conocimiento general sobre la clasificación de plantas y animales en latín que era completamente inútil para un médico. Pero llenar un depósito de conocimiento absurdo me sirvió de un modo peculiar y satisfactorio. En efecto, paralicé mis emociones clavando una aguja en el punto de unión donde el cerebro se encuentra con el corazón.

La formación médica elimina una porción de la naturaleza humana, especialmente las emociones. Esto es deliberado. Un médico es un técnico cuya labor consiste en localizar defectos y lesiones en el cuerpo humano. Se relaciona con ello como un garaje mecánico se relaciona con un automóvil estropeado. Cuanto más eficiente es la interacción entre médico y paciente, mejor. Lágrimas y desazón son irrelevantes, aunque sean demasiado humanos. En la consulta de mi padre, sus pacientes no habían captado cómo desempeñar su papel con eficiencia. Eran como dueños de coches que abordan a un mecánico con afirmaciones como «Me encanta mi Subaru, me parte el corazón verlo así» en lugar de «La dirección parece un poco suelta». Mi padre también era ineficiente. Se identificaba con la desazón de sus pacientes en lugar de bloquearla para poder valorar de forma impersonal qué partes estaban rotas, y había literalmente miles de partes a considerar, hasta el detalle microscópico. (En justicia, mi padre siempre nos advertía que no formáramos vínculos emocionales con los pacientes, un consejo que él mismo desobedecía por rutina.)

Estoy exagerando el contraste porque yo tendía hacia lo científico e impersonal desde una muy primera fase. No era nada más que un estudiante profesional. Podía memorizar retahílas de hechos. También veía que, si no quieres quedarte atrás, has de darte cuenta de que la medicina es ciencia. Mi padre estaba en el vértice de esa comprensión, lo cual podría parecer extraño porque Louis Pasteur había establecido el germen de esa teoría en la década de 1850. Pero la práctica no va al mismo ritmo que la teoría. En *La ciencia más joven*, el libro de memorias de Lewis Thomas de tres generaciones de médicos, el autor señala la futilidad de la medicina hasta bien entrado el siglo XX.

Un rol tradicional del médico era reconfortar mucho más que sanar. El doctor se sentaba junto al lecho de su paciente para dispensar esperanza y un generoso suministro de medicamentos patentados que a lo sumo eran panaceas. En el peor de los casos, se trataba de vehículos para sustancias como el láudano, un narcótico que se prescribía con tanta abundancia que convirtió a incontables mujeres victorianas, que creían que tomaban una cucharada de tónico al día, en adictas sin remedio. Las enfermedades de la infancia como la fiebre reumática causaban daños que duraban toda la vida. La supervivencia dependía del sistema inmunitario del paciente, no de nada que el médico pudiera hacer. En cuanto a las dolencias de adultos como cáncer, apoplejía, ataques cardíacos y heridas infectadas, eran invariablemente fatales. Lewis señala que su padre, un médico experto, no curó rutinariamente a nadie hasta el descubrimiento de la penicilina en 1928. La comercialización al por mayor de fármacos como la estreptomicina, el primer antibiótico para tratar el azote de la tuberculosis, no llegó hasta finales de los años cuarenta. (Su uso todavía no se había extendido lo suficiente para salvar la vida de George Orwell, que murió de tuberculosis en 1950, y mucho menos para salvar a D. H. Lawrence, que sucumbió a la misma enfermedad en 1930. Ninguno de los dos había cumplido los cincuenta años.)

Mi padre se unió a la gran oleada de medicina científica cuando esta llegó a India, que fue el hecho principal que absorbí. Pero se me pasó algo importante —quizá lo más importante de todo— que estaba envuelto en una anécdota de tiempo de guerra. Mi padre rara vez hablaba de sus experiencias en la Segunda Guerra Mundial, y la mayoría de la gente ha olvidado, si es que alguna vez lo supo, que los japoneses invadieron India, marchando desde Birmania hasta el estado nororiental de Manipur. Allí se libró la batalla de Kohima, un extenuante asedio de tres meses que en 1944 se convirtió en momento crucial de la guerra. Kohima fue llamada posteriormente la Stalingrado de la guerra en Asia, por el letal cerco de invierno en Rusia.

Sirviendo de oficial médico, mi padre se encontró con un sufrimiento del que nunca quiso hablar. En eso era como muchos veteranos después de volver a casa. Pero un paciente se quedó en su memoria, un soldado que de la noche a la mañana perdió la capacidad de hablar. Se supuso que había sufrido una apoplejía; la afasia —pérdida del habla— se produce cuando una región específica del cerebro, la zona de Broca, ha sido dañada. Mi padre examinó al joven soldado y coincidió con el diagnóstico. Pero un día emergieron datos nuevos.

Aparentemente, el correo había conseguido llegar al frente y este soldado había recibido la penosa noticia de que su madre había fallecido. Fue a su sargento para pedirle unos días de permiso de la línea del frente para hacer el duelo, pero antes de que pudiera acabar la frase lo echaron con cajas destempladas: no se permitían haraganes en el fragor de la batalla. Pasando por encima de su sargento, el hombre acudió al comandante del pelotón con su petición, y luego al mando del regimiento. Pero cada vez, en cuanto decía las palabras: «Necesito un permiso, señor. Mi madre ha...», lo cortaban abruptamente.

Al día siguiente perdió la capacidad de hablar.

Mi padre acudió a la tienda del angustiado soldado y se sentó a su lado. Había establecido la relación entre la muerte de la madre y el síntoma de afasia. No se debió a una apoplejía. Al soldado no le permitieron terminar su frase y eso lo traumatizó para creer que hablar es inútil. ¿Por qué no dejar de hacerlo por completo? Mi padre no reveló su pensamiento, sino que simplemente le preguntó al soldado si quería hablar de su madre. Al momento, la afasia desapareció en un torrente de palabras cargadas de lágrimas.

Cuando contaba este incidente, mi padre no trataba de evocar un escena melodramática. Estaba fascinado por su capacidad de diagnóstico. Yo tampoco puedo enorgullecerme de mi precocidad. Al escuchar la historia, no descubrí de repente la conexión cuerpo-mente. El único efecto que causó en mí quedó escondido: uno de esos ladrillos invisibles que construyen el yo. Además, tenía que memorizar el sistema de clasificación de Linneo antes de entrar en la facultad y, cuando géneros y especies eran demasiado aburridos, jugaba al tenis durante horas con la hermosa hija de un general llamada Deepika, el equivalente femenino de mi nombre. (Los juegos no fueron más allá. Nuestros nombres significan luz, pero no saltaron chispas.)

Cuando llegó el otoño de 1963, empecé el curso preparatorio de medicina en Jabalpur. Más memorización pura por delante, años de ello. No tenía conciencia de agitación interior. No veía nada insidioso en aprender a eliminar la emoción mientras aprendía a ser científico. La compasión era una baja colateral, como un civil inocente en plena guerra.

A los diecisiete años no tenía ni idea de quiénes eran Elvis Presley o Cassius Clay. Se hicieron reales, e instantáneamente excitantes, gracias a un chico rico que iba cada mañana conmigo en bicicleta al Robertson College. Sunil Jain sabía de lo que acontecía en Estados Unidos porque sus padres hablaban de ello. Me incitaba (sin éxito) a apostar sobre si Clay podría batir a un enorme muchachote como Sonny Liston, y escucharle hablar de Elvis era como escuchar a un astronauta del *Apollo* describiendo la sensación del polvo de la luna bajo sus botas. Normalmente, nos reuníamos para discutir estos temas extraños en la mansión que su familia tenía en una zona exclusiva de Jabalpur.

La única persona que conocía que en realidad había puesto los pies en Estados Unidos era uno de los hermanos cristianos irlandeses que enseñaba en la escuela. Lo que más le impresionó de Nueva York fue que había recorrido una manzana tras otras sin oír un solo pájaro y sin ver a los buitres sobrevolando. Un día anunció a la clase que Marilyn Monroe había muerto. Desde allí se lanzó en oscuras advertencias sobre el estilo de vida libertino que llevaban muchos estadounidenses y nos dijo que evitáramos dos caminos, la fama y el alcohol, si alguna vez nos los encontrábamos.

Sunil tenía muchas hermanas, pero ningún hermano. Las hermanas se quedaban en segundo plano, sonriendo y susurrando con curiosidad sobre mí. Los sirvientes entraban y salían de las habitaciones privadas de Sunil con té especiado o sopa de ajo y cebolla. Pero la riqueza no era tan emocionante para mí como *El rock de la cárcel*. En retrospectiva sospecho que Sunil, mundano como era, no conocía a los Beatles. Llegaron a mi mundo mucho después, en el equipaje de estudiantes de medicina de Estados Unidos, junto con paquetitos furtivos de LSD. Estando ya en la facultad de medicina me invitaron a fiestas donde sonaba *Sgt. Pepper's Lonely Hearts Club Band* de manera incesante mientras los chicos y las chicas permanecían sentados en sus sillas tomando Coca-Cola. El cabello trenzado de las chicas era brillante y negro, el aire estaba aromatizado con la dulzura de jazmín de una flor llamada *Raat Ki Rani*, reina de la noche.

Sunil tenía la misma ambición que yo para convertirse en médico. El curso preparatorio de medicina solo duraba un año. Yo vivía en la parte delantera de la casa de los Rao, en el mismo complejo donde la señora Rao tenía una clínica de maternidad con cincuenta camas. El lugar era como un hogar, pero también como el futuro que me esperaba. Las personas importantes de la ciudad venían a hacerse radiografías con su marido o a que ella hiciera nacer a sus bebés. La familia de Sunil era poco familiar pero atractiva: eran de religión jainita —igual que el apellido familiar— y por lo tanto vegetarianos estrictos. Mi imagen perdurable es de estudiar con él a altas horas de la noche, y de un gran columpio bajo árboles de mango donde los reclamos de las aves se mezclaban con el sonido de chicas que reían en algún lugar entre los matorrales. También fue en su casa donde un criado entró corriendo, gritando la noticia de que habían asesinado al presidente Kennedy.

Todos los indios sabían que la primera dama, Jacqueline Kennedy, era una gran amiga de la de Nehru. (Fuera cual fuese su relación, ella se tomaba el yoga lo bastante en serio para invitar a un instructor de yoga sin que la opinión pública lo supiera y recibir clases diarias en su casa durante muchos años.) Bajo la influencia de Sunil yo había aprendido a mirar más allá de Londres —el centro del universo para casi cualquier indio— y dirigir la atención al otro lado del océano, a Estados Unidos. Pero aunque eso no hubiera ocurrido, el asesinato de Kennedy parecía un suceso de importancia global, un mazazo para los corazones de los jóvenes y esperanzados.

Aprobé el curso preparatorio con las credenciales adecuadas y calificaciones para presentarme a una facultad de medicina importante. Todavía tenía diecisiete años, y como India seguía el modelo inglés de empezar muy jóvenes con la formación médica, apenas había cumplido dieciocho cuando empecé a diseccionar mi primer cadáver. Nada de eso me parecía sobrecogedor, pero el proceso de elegir una facultad de medicina fue confuso. Me aceptaron en la reputada facultad Maulana Azad de Delhi, y estoy seguro de que podría haber sido feliz allí. Una perspectiva más distante era el Instituto Panindio de Ciencias Médicas, también en Delhi. Como recibía miles de solicitudes pero solo aceptaba treinta y cinco estudiantes nuevos al año, el instituto tenía su propia batería de pruebas, en las que no se sopesaban las calificaciones del curso preparatorio. Además de un examen de ciencia, había una prueba de inglés (uno de mis puntos fuertes, por fortuna) y una entrevista psicológica que incluía, sin duda por influencia estadounidense, un test de Rorschach, el único con el que me he encontrado en toda mi vida.

Los estadounidenses participaban porque el instituto estaba financiado por la Fundación Rockefeller. No obstante, fue construido con dinero del gobierno de Nueva Zelanda en 1956, después de que los planes originales del primer ministro Nehru para construir una facultad de medicina en Calcuta se vieran frustrados por la intervención de un poderoso ministro bengalí. (El otro proyecto de Nehru en educación moderna, el Instituto Indio de Tecnología, también nació en 1956, en el lugar de un campamento de detención abandonado en Kharagpur. Se hizo más famoso que su equivalente médico. Entrar en el IIT para formarse como ingeniero se convirtió en cuestión de vida o muerte para las familias de movilidad social ascendente. Cuando le preguntaron qué haría si su hijo no entraba en el IIT, una madre suspiró y dijo: «Siempre quedan Harvard o Stanford.»)

Para mi sorpresa, me admitieron en el Instituto Panindio y continué allí para recibir una educación médica de primera, en la que destacaban visitas de profesores británicos y estadounidenses de las mejores facultades de esos países. Pero debo dar un salto adelante en el tiempo. Dije antes que solo me humillaron y aplastaron dos veces en mi vida. La primera vez ocurrió cuando me dieron la tarjeta amarilla en Shillong. La segunda, que fue mucho peor, ocurrió al final de la facultad de medicina.

Además de aprobar el curso regular, había un examen oral para los nuevos licenciados al final de todo. No era una formalidad; significaba la diferencia entre aprobar y suspender. A cada estudiante se le presentaba un caso para diagnosticar. El paciente tenía una enfermedad rara y exótica que debíamos descubrir mediante un examen físico y planteando preguntas: no se permitían análisis de sangre ni tests de laboratorio. Si hacíamos el diagnóstico correcto teníamos que prescribir el tratamiento de memoria.

Por el bien de la imparcialidad, se unía al examinador de nuestra facultad un examinador externo traído de otra facultad de medicina. Si bien el objetivo era la ecuanimidad, el resultado era rivalidad intensa. Los examinadores externos eran sarcásticos y denigrantes en sus intentos de hacer quedar mal a nuestra facultad. Ni siquiera poner cuencos de dulces delante de ellos, que se suponía que tenía que suavizar su predisposición, limaba las tensiones. Mi examinador externo, por desgracia, era un temible profesor veterano conocido por su brutalidad. Pero yo era bueno preguntando a pacientes y tenía confianza en mi memoria de oscuros datos médicos.

—¿Cuál es su diagnóstico de este paciente? —ladró el examinador externo en cuanto entré en la sala. Me pilló a contrapié. El profesor de mi facultad intervino.

—¿No quiere conocer sus hallazgos antes?

Esa era la rutina usual, porque era importante saber cómo habíamos llegado a nuestro diagnóstico. El examinador externo dejó la pregunta de lado.

—Su diagnóstico —exigió.

—Ataxia de Friedreich, señor —respondí.

El profesor de mi facultad esbozó una sonrisa de alivio, pero el examinador externo se rio con aspereza.

—¿Quién se lo ha chivado?

El hombre se negó con cabezonería a creer que no había hecho trampa. Me ruboricé. Me sentía mareado. La ataxia de Friedreich es un trastorno neurológico; es hereditario, y los síntomas típicos como la dificultad para caminar y hablar son compartidos por otros trastornos nerviosos. Logré encontrar la presencia de ánimo para argumentar que no había hecho trampas, pero en voz alta el examinador externo declaró que la única cosa que no podía soportar era a un mentiroso. Había suspendido el examen. Después de considerables ruegos, no solo por mi parte, sino también por parte de mi profesor, él cedió lo suficiente para dejar que volviera a examinarme. Pero la marca de suspenso permaneció.

La segunda vez fue ridículamente fácil en comparación. Mi paciente mostraba todos los síntomas comunes de una fiebre reumática. Aprobé sin honores cuando había entrado en esa sala la primera vez esperando recibir los honores más altos. Se me hiela la sangre al recordarlo, lo cual prueba el poder de la humillación aun cuando esta no se merece. Otro ladrillo invisible oculto para el futuro.

En la escuela de medicina diseccionas cadáveres. Todo el mundo sabe eso, y a algunas personas les asombra, porque imaginan que la repulsión les impedirá cortar la piel de una persona, entrar en ella y extraer el hígado o la vejiga. En realidad hay muy poca repulsión. En primer lugar no estás diseccionando a una persona. Todos los fluidos —sangre, saliva, líquido cefalorraquídeo, semen, secreciones mucosas y el resto— se han vaciado y se han sustituido por conservantes. El estándar es una solución de formaldehído y agua, y el olor es muy difícil de eliminar una vez que se te ha metido dentro. Comprendo esto en profundidad, porque no llevábamos guantes cuando trabajábamos con cadáveres.

Mi compañera de disecciones se llamaba Aruna, una chica atractiva que también era buena en los estudios. Estábamos demasiado concentrados en seguir el curso del nervio vago o levantando la córnea después de extraer el globo ocular de su lugar para comportarnos como dos chicos normales de dieciocho años. Pero el olor a formaldehído en nuestras manos, que pasábamos horas frotándonos neuróticamente, nos impedía salir con nadie más, ahora que lo pienso.

La medicina se ha calificado de sacerdocio y la mayor parte de la iniciación se produce en la sala de disecciones, porque, incluso sin repulsión, cortar un cadáver es un suceso trascendental. Se viola todo lo sagrado. El corazón ya no es la sede del alma, sino un puñado de músculo duro y fibroso. Si Palas Atenea nació de la frente de Zeus, sus pies quedarían empantanados en la papilla gris con textura de avena del cerebro. Una ola fría de objetividad te invade, como debe ser.

En cuanto a Aruna y a mí, toda nuestra atención estaba en la anatomía burda, un proceso mecánico de cortar, serrar y pelar. No nos guiábamos por imágenes, sino por las detalladas explicaciones escritas de nuestro manual. Eran asombrosamente lúcidas y una vez que alcanzabas el objetivo deseado, esa parte del cuerpo no se olvidaría nunca, aunque fuera uno de los tres huesecitos del oído medio, que miden dos milímetros de largo y son tan flexibles que vibran con el sonido como las alas de un mosquito. La cirugía es un acto de violencia deliberada que se convierte en moral porque el cirujano está haciendo el bien. Trocear un cadáver es igual de violento y se convierte en moral porque no hay nadie en casa. El fantasma ha salido de la máquina.

La moralidad es la mitad del asunto, y nadie la menciona nunca cuando la cuestión se reduce a empuñar un escalpelo. Más importante es que la violencia te parezca normal. No tuve un éxito completo en ello. En mi primer día en cirugía, a tres de nosotros nos asignaron a ayudar a un alto y barbudo sij a llevar a cabo una operación de riñón. Era una figura imponente que llevaba un turbante entrecruzado con cinta quirúrgica verde. La tarea que me asignaron consistía en sostener un retractor en posición, sin moverme durante todo la operación, que se prolongaría unas tres horas. No sé realmente cuánto duró, porque me echaron de la sala de operaciones.

Mis problemas empezaron al acercarme al paciente para coger uno de los retractores que sostenían su piel y el tejido conjuntivo para que el cirujano pudiera ver lo que estaba haciendo. El cirujano estaba inclinado sobre un riñón expuesto, y yo me acerqué demasiado, rozando accidentalmente la manga de su bata con un dedo enguantado. El cirujano salió sin decir una palabra y sin siquiera mirar en mi dirección. A través de una ventanita en la puerta observamos que se quitaba la bata, se lavaba los brazos y las manos y se ponía unos guantes esterilizados. Esto se prolongó durante cinco interminables minutos. Luego regresó, todavía sin decir una palabra, y volvió cuidadosamente sobre sus pasos para regresar al punto donde lo había dejado.

No se cómo, en otro intento de acercarme lo suficiente para mirar, mi mano volvió a rozar la manga de su bata.

—Quédese ahí —soltó, señalando un lugar alejado de la mesa de operaciones—. No vuelva a tocarme.

Mirándome, salió de la sala y repitió otra vez todo el proceso de lavarse, durante lo que me pareció una hora. Yo estaba terriblemente avergonzado y me quedé en silencio y casi inmóvil detrás de él cuando regresó. Estaba claro que no se podía confiar en mí para nada que no fuera observar. Pero hasta eso era demasiado. Me concentré durante unos minutos en la espalda del cirujano —la única cosa que podía ver realmente—, pero pronto mis ojos empezaron a vagar. Me fijé en un disco de goma negro en el suelo. No podía adivinar cuál era su propósito y sin pensar moví un pie y lo pisé.

Salieron chispas de las manos del cirujano. Había pisado una conexión eléctrica del bisturí especial que se usaba para cauterizar vasos sanguíneos, causando un cortocircuito y provocándole una descarga. Dejó sus instrumentos para volverse hacia mí.

—No es un estudiante de cirugía —dijo en un tono plano y letal—, es usted un elefante en una cacharrería.

Cuando dijo eso no necesité volver al quirófano, no era preciso repetir lo mismo. Ambos sabíamos que tenía razón. Durante el resto de la facultad no volví a participar en otra operación quirúrgica. Así que parece ridículo que aprobara el curso. Pero lo hice, gracias a la presencia constante de la memorización. Me sentaba con mis libros de texto de cirugía y aprendía de memoria un arte que no había practicado más que un actor que haga el papel de cirujano en la televisión. Pero me convertí en un excelente cirujano teórico. Aprendí todas las técnicas y memoricé cada uno de los instrumentos quirúrgicos y sus usos. Como nuestros exámenes solo requerían responder preguntas sobre el papel, y no operar realmente, llegué a los finales sin el menor atisbo de ansiedad por no aprobar.

¿Por qué tan pocos médicos tienen un momento de Buda? Ser llenado por la compasión es la esencia de la naturaleza de Buda, como se la llama. La leyenda cuenta que el futuro Buda, cuando era un príncipe privilegiado llamado Siddhartha, se escabulló una noche del palacio y posó sus ojos en un hombre enfermo, un hombre mayor y un cadáver. Este atisbo de sufrimiento humano le hizo renunciar a su derecho al trono, y la visión de un cuarto hombre, un monje errante, le dijo a Siddhartha cómo buscar la solución al sufrimiento.

No creo que esté siendo acusatorio si digo que la formación médica moderna prácticamente asegura que la compasión será innecesaria. La primera visión de una herida de bala en la sala de urgencias es una experiencia terrible e inquietante. La segunda es ligeramente mejor. A la centésima, en cambio, prácticamente se te ha acabado el asombro y la piedad. La repetición apaga tu respuesta, pero eso es solo superficial. Lo que realmente ocurre es adaptación, una de las maravillas del sistema nervioso humano. Cualquier cosa puede normalizarse una vez que el cerebro está preparado para aceptarlo. Entrar en un edificio en llamas o cabalgar a lomos de una ballena asesina en el Sea World: todos progresan con asombrosa velocidad desde el «¿Quiere que haga eso?» a «Es el trabajo».

La adaptación es un arma de doble filo. Me permitió encajar en el mundo especializado de la medicina suprimiendo las partes de mí que no necesitaba. En ocasiones, todavía podía dar un paso atrás y ser más humano, podía sostener la mano de una mujer agonizante con compasión verdadera o sacudir la cabeza apenado, después de llegar a Estados Unidos, ante la visión de un niño de un gueto que había sido atrapado en fuego cruzado entre dos bandas en Nueva Jersey. La adaptación no convierte tu cerebro por completo en un centro de respuesta automatizada.

A menos que lo desees. A la fría luz del día, ¿no es la compasión un estorbo cuando solo tienes diez minutos para salvar la vida de una víctima de bala? Esta lógica es lo bastante buena para practicarla en la medicina de urgencia. Cuando era un médico joven, me satisfacía. Pero hay un defecto en la lógica. ¿Y si la compasión es una forma de sanación? Si eso parece demasiado rocambolesco, digamos que la compasión es una ventana a través de la cual podemos ver un mundo diferente, donde se hace posible una forma completamente diferente de sanar. En ese mundo hay formas antiguas de medicina tradicional. Hay chamanes y sanadores. Hay trabajo con la energía, remedios herbales, rituales sagrados y oraciones. En mi formación, no obstante, no existía un mundo así, o no había que aprobarlo. La ventana debía permanecer cerrada herméticamente, y así lo estuvo para mí durante muchos años.

10

Médicos de verdad

Sanjiv

Dos años después de que Deepak concluyera su formación médica, a Amita y a mí nos destinaron al pueblo de Kurali. Como parte de nuestro internado* de un año tuvimos que pasar tres meses en un pueblo diagnosticando y tratando a los pobres que no tenían seguro médico. Se llamaba rotación de medicina social. Kurali se encontraba a solo sesenta kilómetros de Delhi, pero era completamente rural. La población, donde la electricidad se cortaba varias veces al día, tenía un taller de bicicletas, una tienda de té, otras pocas tiendas más y una pequeña escuela con un director y un maestro. Vivíamos en una habitación, más bien una cabaña, que a menudo estaba iluminada con velas. Pero esa falta de comodidades modernas no nos preocupaba en absoluto. Por primera vez estábamos practicando realmente la medicina. Tener solo veinte años y contar con la confianza de los habitantes era una sensación muy poderosa. En ocasiones, nos hacía sentir que éramos mayores, y mucho más sabios de lo que éramos en realidad.

Era una situación desafiante. Habíamos pasado cuatro años aprendiendo a usar las herramientas del médico moderno y se es-

---

* Internado es el período de un año durante el cual el licenciado practica la medicina bajo supervisión. *(N. del T.)*

peraba que practicáramos nuestra profesión sin contar con ninguna de ellas. Deepak nos había advertido de lo que nos encontraríamos, así que no nos sorprendió descubrir que el dispensario solo disponía de una cantidad de fármacos limitada y apenas había equipamiento médico. Ni siquiera teníamos una máquina de rayos X. Era medicina práctica en su nivel más básico.

Teníamos dos superiores que supervisaban a los internos asignados a los tres pueblos de nuestra zona. Rebosaban conocimiento y experiencia y los considerábamos muy sabios. Por la noche nos sentábamos con ellos a cenar y a hablar de medicina. Estábamos muy ocupados, visitando hasta ciento cincuenta pacientes al día. La mayor parte de mi trabajo consistía en coser heridas, escayolar huesos rotos y poner inyecciones antitetánicas. Amita trataba a casi todas las mujeres y a la mayoría de los niños. En India, muchas mujeres no quieren ver a un médico varón, así que ella trataba todo el rango de enfermedades femeninas.

Era trabajo duro, pero me encantaba cada minuto de él. Estaba haciendo lo que había querido hacer durante toda mi vida. Y en una ocasión pude marcar una diferencia real en la vida de un paciente. Un caballero acudió a mí con síntomas muy vagos. Había perdido algo de peso, tenía unas décimas de fiebre y una tos muy estridente y se cansaba enseguida. Incluso en esa tierna edad me encantaba el desafío de diagnosticar un caso difícil, aplicando las lecciones aprendidas en el aula a un paciente de la vida real. Le puse el estetoscopio en la espalda y le pedí que inspirara y expirara. Su latido parecía inusualmente fuerte, así que le pedí que contara «uno, dos, tres» en un susurro. Podía escucharlo con fuerza a través del estetoscopio. Esta señal se conoce como pectoriloquia susurrada. Con frecuencia indica que el paciente tiene un tumor contiguo a las vías respiratorias que conduce el sonido. No podía estar seguro, pero sospechaba que el hombre tenía un linfoma.

Le dije al supervisor que mi paciente necesitaba una radiografía. Teníamos una furgoneta que viajaba a Delhi varias veces por semana. Fue enviado al Instituto Panindio y, efectivamente, tenía una masa en el pecho. Le hicieron una biopsia y dio positivo como linfoma de Hodgkin. Lo trataron con radio y le fue bien durante varios años.

Había salvado una vida. Era una sensación extraordinaria. Fui alabado por el supervisor por haber hecho ese diagnóstico basándome solo en un pequeño hallazgo físico. Durante varios días fui un héroe local.

Algunas enfermedades que tratamos en ese pueblo no las volví a ver en toda mi carrera. Una madre trajo a la clínica a un niño al que había mordido un perro. En esa situación el mayor temor es la rabia. Uno de los síntomas de la rabia es la hidrofobia. No sé por qué ocurre eso, pero si pones agua delante de alguien con rabia se aterroriza. Siempre me había parecido extraño, pero es lo que nos habían enseñado. Así que llené una jarra de agua y, en cuanto se la puse delante de la cara, el niño empezó a gritar. Se sacudió violentamente para alejarse del agua. Su rostro estaba contorsionado de miedo. Fue una visión extraordinaria pero triste, y me permitió diagnosticar su enfermedad. El niño murió. Su rostro y su expresión están grabados de manera indeleble en mi memoria.

Aunque no había hospitales ni clínicas ayurvédicas en esa zona, había practicantes de esa antigua medicina que trabajaban en sus casas. La mayoría de la gente que vivía en Kurali respetaba ambas formas de medicina. En ocasiones, los pacientes venían a vernos después de que la medicina ayurvédica no les funcionara, y en ocasiones iban a un médico local después de nuestro tratamiento.

Nuestros días se llenaban tratando pacientes, pero por la noche teníamos libertad para hacer lo que quisiéramos. Amita y yo éramos recién casados que vivíamos en el campo, lejos de nuestras familias. Después de la presión de la facultad de medicina, en algunos sentidos era una situación idílica. Salíamos con nuestros compañeros de clase destinados en pueblos cercanos. No teníamos coche, así que Amita se sentaba en el manillar de la bicicleta y yo pedaleaba durante seis u ocho kilómetros por los campos hasta el siguiente pueblo. Bebíamos cerveza y bailábamos música moderna occidental como Elvis Presley o los Beatles. Luego volvíamos a subir a la bici y pedaleaba hasta casa bajo un cielo lleno de estrellas brillantes, bañados en un silencio perfecto.

En ese tiempo, India estaba en guerra con Pakistán y nos habíamos acostumbrado a los apagones. Había noches en que íbamos en bicicleta por esos caminos oscuros cuando se disparaban las sirenas de ataque aéreo y a continuación oíamos el sonido de un avión que nos sobrevolaba. Esos cielos hermosos eran de repente amenazadores. Levantábamos la mirada, temiendo que fueran bombarderos pakistaníes. Solo después supimos que mi tío el almirante N. N. Nanand desempeñó un papel fundamental en la victoria final de India.

Hay un regreso a casa que recuerdo bien. Habíamos estado de fiesta en otro pueblo y nuestros compañeros de clase nos sirvieron *pakoras*, un tipo de fritura popular hecha con pollo, patatas y coliflor. Estaban deliciosas, pero nuestro compañero de clase se olvidó de decirnos que en el rebozado de la fritura había puesto *bhang*, un producto del cáñamo similar a la marihuana. Yo nunca había probado ninguna droga antes y me afectó muchísimo. No fue una sensación que me gustara y me enfadé de veras cuando descubrí lo que nuestro compañero había hecho. Lo maldije, jurando vengarme; luego me tomé un café para recuperar la sobriedad lo antes posible. Pero teníamos que volver al pueblo en bicicleta. Había noches en que había pedaleado después de tomar varias cervezas, pero ese fue el trayecto más largo de mi vida. Fue la última vez que experimenté con una droga recreativa.

Cuando nuestro período en el pueblo terminó, habíamos cambiado considerablemente. Amita y yo habíamos llegado a Kurali como jóvenes licenciados en medicina sin experiencia. Nos fuimos meses después tras haber tratado a miles de pacientes, cargados de seguridad en nuestras aptitudes y perspicacia médica. Estábamos preparados para ser médicos de verdad, no solo niños con un diploma en medicina.

11

Tierra del padrino

Deepak

Fui a mi boda a caballo, con gente bailando en las calles. Todos los parientes del lado de mi padre llevaban guirnaldas de flores y tenían caras de alegría. Yo también estaba eufórico y murmuré una pequeña plegaria de agradecimiento por haber aprendido a ir en poni de pequeño; era muy poco probable que el novio cayera de su montura al llegar a la casa de la novia para saludarla. La tradicional procesión del novio para recibir a la novia se llama *Baraat*. En ocasiones el caballo es blanco; el mío era pardo, y a decir verdad no era un caballo de carreras sino un animal plácido, un veterano de las bodas durante toda su vida.

Estábamos atravesando Defence Colony hasta una casa situada no muy lejos de la nuestra. Una banda de música contratada no dejó de tocar en todo el camino. Rita tuvo que oírlos desde la distancia mientras sus tías y primas terminaban de preparar el oro y las joyas con que una novia india debe engalanarse; por lo general son reliquias heredadas de ambas familias. Me ajusté el turbante y me enderecé en la silla de montar cuando nuestra procesión danzante dobló la última esquina antes de llegar a su casa. Los *pundits* que llevarían a cabo la ceremonia estaban esperando y se había hecho sitio en la parte de atrás para el fuego sagrado.

Si añadimos las galas del caballo (y las mías), las guirnaldas de flores que las dos familias se intercambian antes de abrazarse y las luces de Navidad destellando en la casa de la novia, un occidental podría sonreír por lo chillón de la ceremonia. (Como una tía de Rita acababa de morir, no había luces destellantes en la casa.) Pero yo estaba jugando a ser maharajá por un día y Rita, mi *maharani*, estaba radiante. No había nada chillón. Era esplendor.

Habíamos llegado a este momento en febrero de 1970, después de un noviazgo que había durado dos años, durante los cuales nuestro contacto físico sumó menos de lo que ocurre en muchas primeras citas en Estados Unidos. Nuestras familias se conocían desde hacía años, desde antes de que yo naciera. El apellido de su padre también era Chopra y ambas parejas se casaron el mismo día, por casualidad. Los dos padres tenían en común las fuerzas armadas, porque el padre de Rita había servido en la fuerza aérea, tanto británica como india. En secreto, las dos madres habían tenido la esperanza de formar una pareja, pero a Rita y a mí no nos lo dijeron. Los matrimonios concertados eran comunes —todavía lo son—, pero nos dejaron tomar nuestras propias decisiones. No teníamos prejuicios contra el hecho de que los padres decidieran que cierta pareja sería buena para ambas partes. Yo conocía matrimonios felices que habían sido concertados, y Rita también. El de su hermana mayor fue uno de ellos. Pero nos enamoramos por una senda sinuosa, porque, por muy románticos que puedan ser los indios, los aspectos prácticos se tienen en cuenta. La palabra «adecuado» se usa mucho.

Aunque habíamos sido conscientes uno del otro desde nuestra tierna infancia, hicieron falta circunstancias muy tristes para que nos acercáramos más. Yo todavía estaba en la facultad de medicina. Un día estaba haciendo una ronda por las salas del hospital y al entrar en una habitación vi a una mujer muy enferma con Rita sentada junto a su cama. Me enteré de que era su tía, a la que habían ingresado por una enfermedad pulmonar que resultó ser intratable. Pasó un año hasta que falleció en el hospital, atravesando distintas fases de degeneración que le hicieron perder el habla hasta que finalmente no pudo respirar más. Rita fue a visitarla con regularidad durante ese año y empezamos a hablar.

El corazón tuvo un espacio discreto para crecer. Hablamos, pero no nos tocamos. Ella sacó a relucir a los Beatles, que ya no eran ajenos a mí. Habían seguido a un gurú a India en 1968. Los Beatles se quedaron poco tiempo —en Rishikesh, muy al norte, donde muchos guías espirituales tenían sus *ashrams*—, pero una vez que el mundo vio fotos de ellos con Maharishi Mahesh Yogi, este alcanzó la fama instantáneamente. Occidente de repente volvió su mirada hacia India; habían puesto al país en el mapa. Maharishi llevaba ropas blancas y una barba larga, que ya estaba pasando de gris a blanca. Siempre sostenía una rosa en la mano. Tenía ojos que reían y una sonrisa radiante. Cuando saludaba a alguien, le sujetaba las manos en un gesto de *namasté*, con una leve inclinación de la cabeza, y murmuraba *«Jai Guru Dev»*, un saludo a su propio maestro. (La frase entró en la letra de una canción de los Beatles, *Across the Universe*, y se lee en varios relatos que su estancia en India fue muy productiva. En sus mentes tenían más la música que la iluminación.) Nada de esto me resultaba exótico —para empezar había visitado yoguis con mi tío—, pero el halo de carisma en torno a Maharishi me hizo recordar esas fotografías de agencia.

Pese a la escasa frecuencia con la que Rita y yo nos habíamos visto en el pasado, hay un encuentro que recuerdo. Yo estaba en el St. Columba's, esperando el autobús delante del colegio de monjas de las niñas. Empezó a llover y paró un coche. La madre de Rita me llamó y se ofreció a llevarme, y cuando subí agradecido al asiento de atrás me encontré a Rita a mi lado. Para dos adolescentes, sentarse tan juntos tenía un impacto romántico. No lo olvidé. Ese encuentro, junto con otro, bastaron para que empezaran los susurros de romance. Yo era la mitad del equipo de debate formado por dos hombres que patrocinaba mi facultad de medicina, y resultó que tuvimos un debate en el Lady Shri Ram College, el colegio para mujeres de Delhi donde Rita estaba estudiando literatura inglesa. Rita apareció y, lo que es más, se sentó en la fila delantera, justo a mis pies. Estoy seguro de que estaba nervioso y de que traté de sacar pecho. El debate me había hecho destacar. No solo ante Rita. Un hombre se me acercó después de que nuestro equipo ganara una competición y me dijo que tenía buena voz para la radio. Eso se me había ocurrido, pero muy pronto estuve leyendo las noticias de medianoche de un programa para el extranjero que llegaba a los indios en otros países, sobre todo en África.

Fue desgarrador para Rita ver que su tía empeoraba y que nadie podía ayudarla. (Esta fue la tía que murió justo antes de nuestra boda, añadiendo una nota sombría al día.) Yo empecé a buscar razones para estar de guardia cuando Rita iba a estar allí. En esa época, los teléfonos privados eran muy difíciles de conseguir en India. Había lista de espera de dos años, e incluso entonces obtener uno normalmente requería un buen soborno. Así que la única oportunidad que teníamos de estar juntos era cuando Rita visitaba a su tía en el hospital.

No salíamos, porque nuestras familias se habían conocido desde hacía mucho, pero se nos permitía socializar. Pasaron dos años y hubo varios momentos decisivos antes de la boda. Yo me licencié sin distinción de la facultad de medicina gracias a la debacle con el examinador externo. Con el apoyo de mi padre decidí ir a Estados Unidos para mi formación avanzada; Londres era el lugar al que acudir cuando él era joven, pero había dejado de serlo. Los estadounidenses iban de triunfo en triunfo en la investigación médica.

India no quería que sus mejores licenciados huyeran a Occidente, de manera que había prohibido el examen que Estados Unidos exigía antes de que los médicos formados en el extranjero pudieran entrar en el país. Yo tuve que viajar a Ceilán para hacer ese examen, que era mínimo. Una vez que llegara a Estados Unidos todavía tendría que pasar las mismas pruebas estatales que cualquier doctor nativo. Estando en Ceilán iba recorriendo el bazar y un hermoso collar captó mi atención. Me lo llevé a casa, y cuando vi a Rita se lo di y le pedí que se casara conmigo. Ella dijo que sí y se echó a llorar. Cuando se lo contamos a nuestras madres, se entusiasmaron tanto que estuvieron tratando de llamarse con tanta insistencia que no dejaron de oír tono de línea ocupada durante varias horas.

Con la ayuda de una fundación estadounidense que proporcionaba médicos extranjeros para hospitales e incluso pagaba el vuelo, aterricé en un trabajo de interno en Plainfield, Nueva Jersey, en el hospital Muhlenberg. Se trataba de una institución privada, muy bien equipada, con cuatrocientas camas. Recién casados, nuestro viaje a Estados Unidos fue también nuestra luna de miel, con ochenta dólares para gastos de viaje, todo lo que el Gobierno indio permitía que sus ciudadanos sacaran del país. Por fortuna, mi tío Narendra, que era almirante en la marina india, había sido cadete naval en Inglaterra. Todavía tenía el equivalente a cien dólares guardado en el extranjero, y nos los dio como regalo de boda retrasado. El número cien es propicio, lo cual se sumaba al gesto amable.

Después de aterrizar en el JFK, Rita y yo nos registramos en un motel en algún lugar perdido de Nueva Jersey. Estábamos exhaustos, pero demasiado excitados para dormir. Fui pasando de canal en canal, fascinado con la televisión en color, que ninguno de los dos habíamos visto nunca. Aterricé en un reportaje del torneo de tenis de Wimbledon, que fue interrumpido por un boletín de noticias local. Durante un intento de atraco habían disparado a dos personas. Las víctimas eran trasladadas en camillas a una sala de urgencias. Me dio un vuelco el estómago y me derrumbé en la cama.

—Dios mío —exclamé—. Los están llevando a mi hospital.

Por primera vez en mi carrera médica me sentí aterrorizado. No tenía preparación para tratar con pacientes en una situación de vida o muerte. Nunca había visto una herida de bala. Me senté en el borde de la cama, mirando al teléfono, temiendo que me llamaran de urgencias. Por suerte, el teléfono no sonó.

Empecé a trabajar la noche siguiente. Estaba a cargo de toda la sala de urgencias en el turno de noche. Tenía instrucciones estrictas de no despertar al jefe de residentes a menos que fuera absolutamente necesario, y aun así no le haría gracia que lo llamara un interno nervioso en plena noche. Yo estaba decidido a no dejar que eso ocurriera. Todo estaba bajo control, porque tenía que estarlo.

Nuestro tiempo en Plainfield duró un año, desde julio de 1970. Cuando entré en la sala de urgencias en mi primer turno, los médicos que me mostraron mi taquilla y me dieron una vuelta por la sala de agudos no eran estadounidenses. Había un alemán, pero el resto tenían rostros asiáticos como el mío, de India, Pakistán, Filipinas y Corea. Las enfermeras, entre las que había algunas en formación de la escuela de enfermería adyacente, eran chicas locales, con frecuencia con apellidos italianos. Lo que había reunido a tantos médicos extranjeros era la guerra de Vietnam. Se había producido una grave escasez de médicos, porque el ejército se llevaba a licenciados de facultades de medicina mientras otros jóvenes, que podrían haber querido ser doctores, eran llamados a filas.

Pese a mi nerviosismo, no hubo ninguna amenaza en mi primer turno. No era como una sala de urgencias de una ciudad interior con su constante flujo de pacientes de las calles. Hacia el final de una noche monótona, apareció una de las enfermeras de guardia diciendo que me necesitaban para una expiración. Nunca había oído ese término antes, pero no quise avergonzarme, así que no pregunté. Me condujo por un pasillo solitario hasta una habitación de hospital donde un paciente yacía en la cama con la mirada fija en el techo. Ah, eso era lo que significaba expiración.

—¿Qué espera que haga? —pregunté—. Está muerto.

—Un médico tiene que declararlo antes de que podamos trasladarlo —dijo ella.

Esa enfermera debía de haber presentado la jerga estadounidense a un buen número de doctores extranjeros. Busqué a ver si tenía pulso; no había. No había traído una linterna médica para examinar los ojos del hombre; que sus pupilas no reaccionaran a la luz era uno de los signos críticos de muerte.

—He olvidado mi antorcha —dije—. ¿Tiene una?

—Queremos que lo declaré muerto, no que lo incinere.

Al parecer, que un indio usara el término británico para referirse a una linterna* no formaba parte de su experiencia. No po-

---

* *Torch* («linterna» en el inglés británico) significa «antorcha» en inglés estadounidense. (*N. del T.*)

día hacer nada más, así que empecé a salir, pero la enfermera me detuvo. Había que decírselo a los parientes del hombre, que estaban reunidos en la sala de espera. Era mi responsabilidad dar la noticia. En India no es trabajo de nadie, porque la familia del paciente siempre está en la habitación con él.

Fui a donde me dijeron a regañadientes. Habría unas ocho personas en la sala de espera. Se levantaron cuando yo entré, con expresiones silenciosas y solemnes. Empecé a hablar y me di cuenta de que no conocía el nombre del muerto. Sus familiares aguardaban con expectación, y descubrí que las únicas palabras que se me ocurrieron fueron:

—Lo siento, pero hemos tenido una expiración.

Algunos de los familiares se echaron a llorar. Un hombre me estrechó la mano y me agradeció profusamente todo lo que había hecho. Yo asentí, tratando de preservar mi dignidad, y me fui. Me quedé con una sensación de absoluta impotencia y pensé en lo extraño que era estar en un país donde un hombre está conectado a una batería de máquinas y desconectado de su familia cuando más la necesita.

El centro de atención de agudos se convirtió en un caos en Plainfield después de un grave accidente de tren con múltiples víctimas. Esto fue justo al principio de la medicina de trauma como especialidad —otro campo donde Estados Unidos era pionero— y aprendí a trabajar a un ritmo frenético. La tasa de criminalidad local era alta para mis estándares, incluso en las zonas residenciales. Las pistolas eran fáciles de obtener, y cada viernes por la noche veía la llegada de al menos dos o tres ambulancias con hombres jóvenes, generalmente negros o italianos, con una herida de bala en el pecho. La presión del tiempo era intensa.

Me enorgullecía de convertirme en un doctor-máquina cuando las víctimas iban llegando. Con la ayuda de una enfermera de urgencias, nuestro equipo trataba de evitar que las víctimas fallecieran y sacar de ellos una historia de lo que había ocurrido. Conseguir un historial médico útil resultaba prácticamente imposible. Entretanto, yo, el doctor novato, examinaba sus heridas, tomaba sus constantes vitales, los conectaba a un monitor cardíaco, les ponía una sonda intravenosa y un tubo de oxígeno, comprobaba que no hubiera daños críticos en las arterias principales, pericardio y bazo (causas de muerte rápidas si no actuábamos pronto), me aseguraba de que el paciente no estaba sangrando internamente, empezaba una transfusión de solución salina y las primeras unidades de sangre si la necesitaba, extraía la bala, cerraba la herida, llamaba a un cirujano si la herida era especialmente horrenda y cumplimentaba mis notas mientras el paciente, gruñendo semiinconsciente, era conducido a la siguiente parada de la sala. Había muchas probabilidades de que esos mismos jóvenes aparecieran más adelante con otra herida de bala, pero trabajábamos a un ritmo de vida o muerte, sin pensar en eso.

No todo era trauma relacionado con la violencia. Me tocó tratar las repentinas urgencias médicas de la vida cotidiana: borrachos que habían caído y se habían abierto la cabeza, niños con fiebre alta, una mujer que empezó a tener una hemorragia al tratar de abortar por sí sola, un profesional que sufría un ataque al corazón. Con frecuencia, un incidente implicaba una historia que la persona estaba demasiado avergonzada para revelar. Otro de los internos guardaba una colección de radiografías para sacarlas en el apogeo de las fiestas de médicos y enfermeras. Las radiografías revelaban algunas de las cosas más asombrosas y maravillosas que la gente pierde en orificios insospechados.

Las pausas entre urgencias eran un tiempo muerto. Yo había estado leyendo *El padrino* de Mario Puzo, y pregunté a una de las enfermeras locales sobre los rumores de que la mafia tenía una considerable influencia en esa zona de Nueva Jersey y que incluso tenía participación económica en nuestro hospital. Ella me sonrió y no pude interpretarlo.

—Solo digamos que si mi padre supiera que estaba saliendo con un médico coreano, mañana tendrían algo que sacar del río.

Después de dos meses, sentía que controlaba completamente la situación cuando la calma de la noche se rompió en una locura organizada durante media hora. No sé si mi petulancia estaba fuera de lugar. Estaba tan cansado de turnos largos, conduciendo mi Volkswagen Escarabajo a casa al amanecer en un estado de agotamiento terminal, que no podía pensar en lo que me esperaba. Entonces, una noche, una ambulancia trajo a un hombre joven que ingresó cadáver, y yo llamé al forense del condado. Era después de medianoche.

—No tengo que ir —dijo el forense por teléfono—. Solo firme en la causa de la muerte.

—Hay un problema —dije—. No veo nada malo en él, ni heridas ni marcas obvias.

—Bueno, pues ponga ataque cardíaco.

Estaba desconcertado. El muerto era solo un chico, de veintitrés años a lo sumo. Prácticamente nadie de esa edad muere de un ataque al corazón.

—¿No quiere hacer una autopsia? —pregunté.

Ya le había dicho al forense lo joven que era el fallecido. Quizá lo habían envenenado o era víctima de una enfermedad peligrosa que podría ser contagiosa. ¿Y el riesgo para su familia y amigos?, pensé.

La voz al otro lado de la línea se hizo más cortante.

—¿Quién se cree que es? Ponga paro cardíaco.

Hubo un momento de silencio tenso y entonces me negué. A la mañana siguiente me llevé una bronca de uno de los médicos que era mi supervisor.

«Te pida lo que te pida el forense, tú lo haces», fue el mensaje claro que recibí. Era una cuestión de obedecer las reglas, no de descubrir la verdad. El hombre muerto era pobre; nadie pondría problema por la forma en que había muerto. Pero mi insolencia no podía desdeñarse con tanta facilidad. Nuestros médicos fijos eran todos estadounidenses. Típicamente consideraban que alguien formado en Asia no era un médico de verdad. Incluso el único interno estadounidense del equipo, que había estudiado la carrera en Bolonia (Italia), era sospechoso. Los médicos tenían tacto para ocultar sus prejuicios, pero la implicación nunca estaba lejos.

Mi supervisor empezó a hablar con más claridad. Me recordó que necesitaba ese trabajo, y más con una mujer joven en casa y un bebé en camino. Yo sabía lo que me convenía, ¿o no? No queríamos que nada fuera mal. (Inquietantes imágenes de *El padrino* destellaron en mi cabeza.) Hacia el final, no obstante, su tono se suavizó. Me puso una mano en el hombro.

—Eh, quién sabe, si haces un buen trabajo aquí, a lo mejor puedes llegar a Boston.

Dudo de su sinceridad al mirar atrás, pero sus palabras pusieron en marcha los engranajes de mi cabeza. La medicina en Boston era el santo grial para un doctor joven y ambicioso. Mi compañero de debate en la facultad de medicina, un musulmán llamado Abul Abbas, era un estudiante espléndido. Nos habíamos hecho muy buenos amigos y su brillantez lo llevó directamente de India a cumplir con su año de internado en el Peter Bent Brigham, uno de los hospitales más prestigiosos afiliados a Harvard. Abul Abbas se mantuvo en contacto, llamando de manera regular para contarme historias envidiables sobre el paraíso que era Boston e instándome a llegar allí lo antes posible.

No tardé mucho. Cuando completé mi internado de un año en Nueva Jersey, conseguí un puesto de residente en un buen lugar de Boston, gracias a la ayuda de Abul. Durante los siguientes dos años estuve trabajando en la clínica Lahey. Era un hospital privado que Abul llamaba la clínica Mayo del Este. Tenía vínculos con Harvard, aunque no era un hospital afiliado como el Brigham. Rita y yo nos instalamos en la zona predominantemente negra de Jamaica Plain, que tenía inquietantes índices de delincuencia, pero también era la única lo bastante barata para un residente luchador. Lo que tenía por delante era el trabajo más duro de mi vida, más duro de lo que podría haber imaginado, aunque me consideraba incansable; tienes que serlo si quieres continuar jugando a ser un héroe.

Para aumentar los mil dólares al mes de Lahey, que sobre todo iban a parar al alquiler, trabajaba en la sala de urgencias de una zona residencial por cuatro dólares la hora, lo que significaba que podía pasar tres o cuatro días sin dormir. La formación médica en Estados Unidos era brutal. Se suponía que nuestros largos turnos tenían que hacernos pensar con independencia y tomar las mejores decisiones bajo tensión. Como todavía tenía el carácter de obedecer a la autoridad sin cuestionarlo, no preguntaba qué bien le hacía a un paciente que su doctor estuviera semicomatoso y dando órdenes entre dientes a la enfermera jefe. El agotamiento no era excusa. La ansiedad respecto a cometer el más leve error era un incentivo poderoso.

Un día, cerca del final de mi residencia de dos años —me encontraba entonces en el Boston VA, un entorno mucho más frenético y tenso que la elegante clínica privada a la que me había acostumbrado—, estaba haciendo mis rondas matinales. Cuando era interno no podía hacer ningún movimiento sin el permiso de un médico adjunto, pero los residentes podían practicar la medicina de forma independiente una vez que obtenían una licencia médica estatal. Yo la había obtenido después de mis primeros seis meses en Massachusetts, añadiendo horas de estudio al extenuante ritmo de trabajo.

Esa mañana llegué a la cama de un paciente que había sufrido un ataque cardíaco el día anterior. Examiné el gráfico y llamé a una de las enfermeras.

—¿Reconoces su caligrafía? —pregunté, señalando al gráfico del paciente.

Me miró raro.

—Es suya, ¿no?

Lo pensé un momento.

—Sí.

Según el gráfico, había recuperado al hombre mediante reanimación cardiopulmonar después de su ataque cardíaco, lo había intubado, le había abierto el pecho y le había puesto un marcapasos.

No es que no reconociera mi caligrafía; simplemente no podía recordar haber hecho todas esas cosas, ni siquiera haber estado allí. Era muy inquietante, pero no podía revelarlo. Con una sonrisa tranquilizadora, me alejé de la enfermera y solo mostré mi consternación a otro residente, que había estado haciendo los mismos turnos agotadores. Se encogió de hombros.

—Tranquilo, tío. De eso se trata. Si sobrevives a la locura, puedes hacerlo bien mientras duermes.

Cuando mis padres se enteraron de que Rita estaba embarazada, estuvieron encantados, pero yo tenía otra noticia menos buena. Ella iba a viajar a India para tener el bebé. Mi padre estaba desconcertado por el hecho de que un médico que había llegado a la meca de Boston no pudiera permitirse tener al bebé allí. Pero cuando nos trasladamos a Massachusetts, el embarazo de Rita se consideró un «trastorno preexistente». El seguro no lo cubriría, pero por 450 dólares —menos de la mitad de lo que costaba el parto— podíamos comprar un billete de Air India de ida y vuelta a Delhi. No quería pedir prestado dinero a mis padres, y así, cuando Rita estaba en su noveno mes, a apenas una semana de ponerse de parto, conduje hasta Nueva York y la despedí en el JFK. Fue un momento difícil. No dejé de mirar por la ventana hasta que el avión se perdió de vista. Las ecografías para mujeres embarazadas no se utilizaban mucho entonces, pero nos habían hecho una, y el médico que hizo la prueba estaba razonablemente seguro de que sería una niña.

Yo había tenido un susto antes. Cuando Rita fue a hacerse un test sanguíneo de rutina, el patólogo me llamó y me dijo que sus glóbulos rojos parecían anormales, mostrando signos de anemia. No era la anemia ordinaria, sino un trastorno genético llamado talasemia, y si Rita lo había heredado también podía hacerlo nuestro bebé. Sabía que los niños con talasemia mueren a menudo antes de alcanzar la edad adulta. Traté de controlar una sensación de pánico. La biblioteca médica más cercana estaba en Nueva York —todavía no nos habíamos instalado en Boston—, adonde fui con la intención de sumergirme en libros de referencia hasta que supiera todo sobre esa amenaza en ciernes.

Los glóbulos rojos de Rita parecían algo anormales, pero eso no significaba que ella o el bebé estuvieran en peligro. La talasemia la causa un gen recesivo, y hace falta que ambos padres sean portadores para que el trastorno completo se presente. Aun entonces, las posibilidades de que un niño estuviera infectado eran del 25 %. Empecé a calmarme. Las estadísticas indicaban que solo entre el 3 y el 8 % de los indios de nuestra región padecían talasemia. Como Rita había crecido con normalidad, sin problemas de desarrollo lento, deformaciones óseas u otros signos de talasemia, nuestro bebé estaba a salvo. Rita probablemente tenía talasemia como un rasgo de sus genes, pero no la enfermedad en sí. El rasgo no necesita tratamiento, porque no causa ningún daño.

Una vez que la amenaza se desvaneció, aumentó mi curiosidad. La palabra griega que significa mar es *thalassa*, y esta daba nombre a la talasemia: afecta a pueblos del Mediterráneo. (Existe otra cepa en África occidental y bolsas en distintas zonas del mundo.) ¿Cómo llegó a India una enfermedad del Mediterráneo? La hipótesis más probable es que acompañara a Alejandro Magno en su larga marcha de conquista hacia el este. En el verano de 325 a. C., Alejandro se plantó a orillas del río Indo como el hombre más poderoso del mundo. Había tardado ocho años y había marchado con su ejército desde Macedonia hasta allí, cinco mil kilómetros. Según la leyenda, se sentó a orillas del Indo y lloró porque ya no había más mundo que conquistar. (La verdad es que sus tropas probablemente se sublevaron y le exigieron dar la vuelta.)

Un cambio cultural formidable estaba en marcha. Occidente se filtraría en India en muchas oleadas, una invasión tras otra. Alejandro se llevó consigo a algunos indios: astrólogos, yoguis, médicos del Ayurveda. Los médicos contribuyeron a la medicina occidental, se supone, porque Grecia era la cuna de la medicina antigua y medieval de Europa. Al parecer, los astrólogos y yoguis asombraron al joven emperador con su conocimiento. A Alejandro solo le quedaban dos años más de vida hasta su fallecimiento antes de cumplir los treinta y tres en el palacio real de Babilonia, todavía planeando más campañas militares. Había puesto sus miras en Arabia. Se debate si murió envenenado o víctima de una enfermedad misteriosa, pero es casi seguro que su ejército y una caravana de seguidores dejaron la talasemia tras de sí. Las tasas de la enfermedad eran las más altas allá adonde fueron, declinando progresivamente a medida que el ejército se alejaba del Mediterráneo y mezclaba sus genes con otros pueblos. La familia de Rita procedía de la parte noroccidental de India, después Pakistán, que estaba justo en el camino de Alejandro. Ella llevaba historia en su sangre, lo cual en cierto modo me hizo sentir un escalofrío de asombro.

Después de que se produjera el nacimiento en Moolchand, el hospital de mi padre, este me llamó para decirme que todo había ido bien. Teníamos una niña. Rita iba a quedarse en Delhi seis semanas para garantizar una recuperación plena antes de que ella y Mallika —cuyo nombre significa flor— se reunieran otra vez conmigo en el JFK. Fuimos en coche hasta Jamaica Plain, con un entusiasmado nuevo padre aferrado al volante y creando un peligro en la carretera porque no podía apartar los ojos de su bebé.

Nuestra manzana en Jamaica Plain había visto una invasión de médicos indios, todos alojados en una fila de casas de ladrillo de dos pisos en estado casi ruinoso. Una cultura compartida y alquileres bajos nos convertían en una comunidad unida. Yo estaba contento de que Rita se salvara de la dolorosa soledad de la mujer de un residente que rara vez pasaba tiempo con su marido agobiado. También ayudaba que tuviéramos la resistencia de la gente joven. (No estoy de acuerdo con la famosa ocurrencia de Oscar Wilde de que la juventud se desperdicia en los jóvenes. Yo no podría haber sobrevivido sin ella.)

Es casi un hábito de los nuevos inmigrantes no dejarse ver mucho. Cuando atraes la atención sientes que te estás convirtiendo en un objetivo. En este sentido yo era muy diferente de la norma; envidiaba en secreto a uno de nuestros vecinos que decidió exhibir su ascenso en el trabajo comprándose un Mustang nuevo. Causó la impresión deseada. Las mujeres estaban de acuerdo en que era un coche hermoso; los maridos echaban humo en silencio, sabiendo que sus propios coches habían bajado dos escalones en orgullo. Pero vivíamos en una zona famosa por sus robos de coches. Robaron el Mustang, no una sino varias veces en un mes.

Mi tarea consistía en llevar al propietario a la comisaría después de que encontraran el Mustang. Inevitablemente era así. Los ladrones se lo llevaban para dar una vuelta y en ocasiones faltaban los tapacubos. Después de la quinta vez en un mes que llevé a mi vecino al aparcamiento del depósito municipal dije basta. Él ya estaba de mal humor, pero yo respiré hondo y le dije que no iba a llevarlo más. Una última vez. Lo cual resultó profético: cuando llegamos al depósito, habían robado el coche de allí. Ese era su destino.

Tratamos de pasar por alto lo tenue que era nuestra seguridad personal. Una noche estaba volviendo a casa desde la clínica Lahey, que entonces estaba en Mass Ave., y en una parada estaba demasiado cansado para moverme deprisa cuando el semáforo se puso verde. El coche de detrás tocó el claxon, y mi reacción debió de ser demasiado lenta para el conductor porque se asomó por la ventanilla y empezó a gritar. Intercambiamos gestos obscenos —había aprendido eso en Estados Unidos— y yo me alejé. Pero vi por el retrovisor que me estaba siguiendo. Al principio solo era una sospecha, pero cuando llegué a Jamaica Plain se convirtió en una certeza.

Aparqué en nuestro apartamento, preparado para una confrontación. Mi perseguidor se detuvo en medio de la calle, salió y se acercó a mi coche. Se me heló la sangre. El hombre había sacado una escopeta. Sin tiempo para pensar empecé a hacer parpadear las luces y a tocar el claxon. Era primera hora de la mañana. De repente, se abrieron ventanas en toda la manzana. En cada una de ellas una cabeza india miraba a la calle.

Mi aspirante a agresor se detuvo y miró a su alrededor. Estaba lo bastante cerca para que yo pudiera oírle murmurar algo antes de que volviera a meterse en el coche y se marchara acelerando.

—Es tu día de suerte, cabrón.

De hecho tuve suerte de ser indio en ese momento. Mi bienvenida a Estados Unidos era completa.

12

Primeras impresiones

Sanjiv

Seguí los pasos de Deepak a Occidente para completar mi formación médica. La generación de nuestro padre había ido a Inglaterra a completar su formación, pero allí se habían encontrado con un techo. A los médicos indios en Inglaterra solo se les permitía ascender hasta cierto nivel, y cuando regresaban a India estaban por detrás de sus compañeros de clase en veteranía y rara vez se ponían al día. Como médico militar, mi padre no estuvo sujeto a los mismos desafíos. En la facultad de medicina, Amita y yo vimos que todos los que nos precedían se licenciaban y se dirigían a Estados Unidos. Cuando la gente nos preguntaba por nuestros planes cuando termináramos la facultad, Estados Unidos era la respuesta obvia. Era más o menos automático: licenciarse, aprobar el examen y viajar a Estados Unidos.

Para Amita y para mí había una consideración añadida. Durante nuestros estudios Amita había dado a luz a nuestra hija, Ratika Priya Chopra, una niña preciosa. Sabíamos que nuestro internado sería muy difícil y nos consumiría mucho tiempo. Ambos íbamos a estar de guardia en el hospital un día de cada tres y un fin de semana de cada tres. Cuando llegó el momento de partir a Estados Unidos, Priya, como la llamábamos, tenía más de un año. O podíamos renunciar a la oportunidad de estudiar en Estados

Unidos o podíamos dejarla con sus amorosos abuelos. Mis padres la adoraban. Aunque Deepak era mayor que yo y se había casado un mes antes que Amita y yo, Priya fue su primera nieta. Accedimos a la opción más sensata. Priya se quedaría en casa con mis padres y se reuniría con nosotros en Estados Unidos lo antes posible.

Deepak había viajado dos años antes de que pudiéramos hacerlo nosotros. Como las llamadas de teléfono de larga distancia entre Estados Unidos e India eran tan prohibitivamente caras —hasta cuarenta y cinco dólares por tres minutos—, rara vez teníamos noticias suyas. En alguna ocasión llamaba a mis padres para tranquilizarlos de que estaba bien. Sí vimos a Rita cuando regresó a casa para dar a luz, pero ella no nos contó mucho sobre la vida en Estados Unidos.

La mayor parte de lo que yo sabía de Estados Unidos procedía de los libros de cómics de *Archie* y *Peanuts*. A través de ellos supe que a los estadounidenses les gustaban las hamburguesas y los batidos y que los jóvenes iban a esos antros de hamburguesas en descapotables. En la escuela teníamos una asignatura llamada conocimiento general. Igual que nos enseñaban matemáticas y ciencia, nos enseñaron los conocimientos generales que cualquier persona educada debería tener. Fue en esa clase donde gané el libro sobre la televisión que había leído y releído antes de ver ningún televisor. Pero en conocimiento general también se estudiaba Estados Unidos y Canadá, y, sinceramente, tenía la impresión de que Canadá era un país mejor. Me daba la impresión de que en Estados Unidos la gente trabajaba mucho y era muy rica. Un libro que leí sobre Canadá describía hermosas granjas, gente joven que jugaba al hockey sobre hielo y personas que siempre eran amables. A lo mejor no había tantos coches o televisores como en Estados Unidos, pero la forma de vida parecía más pacífica y menos agobiada. Simplemente, desde lejos no me parecía que los estadounidenses fueran muy felices. Ya a una edad temprana pensé que sería divertido ir a Canadá, pero no había pensado seriamente en irme a ninguna parte. Me consideraba muy indio. Estaba orgulloso del hecho de que estaba recibiendo una educación maravillosa en las mejores escuelas en un país excitante e independiente. India estaba cambiando y yo esperaba desempeñar mi papel en ese cambio.

Aprendí algunas cosas de Estados Unidos, eso sí. Conocía a Pat Boone y John Wayne. Me encantaba Elvis Presley por sus películas *El rock de la cárcel* y *Piso de lona*. Nos enseñaron un poco sobre la esclavitud y que también existía la segregación. Compararon a Abraham Lincoln con Gandhi. Supimos de una mujer llamada Rosa Parks que se negó a sentarse en la parte de atrás del autobús. Cuando hablamos de esto en la escuela, algunos de mis compañeros de clase me preguntaron por qué los estadounidenses eran racistas, y tuvimos que recordarles que nosotros también lo éramos: teníamos un sistema de castas. Y desde luego, conocíamos al presidente Kennedy. A la gente educada de India le encantaba JFK. Una de las primeras películas americanas que vi fue *Patrullero PT 109*, la historia de John Fitzgerald Kennedy salvando a su tripulación durante la Segunda Guerra Mundial. Recuerdo estar en un autobús un sábado yendo a la escuela para un partido de críquet cuando alguien escuchó en un transistor que cinco generales indios habían muerto en un choque de helicóptero en la frontera con Pakistán y se especulaba con que se trataba de un caso de sabotaje. Nos preocupaba que ese accidente pudiera conducir a una guerra con Pakistán, y todo el mundo estaba callado y deprimido. Al cabo de unos minutos, esa misma persona oyó en su transistor que habían asesinado al presidente Kennedy. La gente empezó a llorar de inmediato, incluido yo. Se canceló el partido y nos fuimos a casa. India se paralizó, e igual que el resto del mundo escuchamos las noticias procedentes de Estados Unidos.

Estando en la facultad de medicina, Amita y yo aceptamos el hecho de que iríamos a Estados Unidos durante cinco años para terminar la formación en nuestras respectivas especialidades. Yo planeé pasar tres años haciendo medicina interna, dos años en mi especialidad, gastroenterología, y luego volver y quizás unirme a mi padre y a Deepak en una consulta. Amita quería estudiar pediatría, la elección preferida de las mujeres médicas en India.

Amita sabía incluso menos que yo de Estados Unidos. En su

familia, siempre que se hablaba de salir al extranjero se trataba de Europa e Inglaterra. Nuestras instituciones eran británicas, nuestras escuelas eran británicas. Éramos indios en primer lugar, pero sin duda Gran Bretaña formaba parte de nuestra herencia. La primera impresión que Amita tuvo de Estados Unidos la recibió de una niña que había venido desde allí cuando Amita estaba en séptimo grado. Amita nunca había oído un acento tan extraño y le preguntó a la niña de dónde era.

—Dijo que de USA —recordó Amita—. Nunca había oído eso. Le pregunté cómo USA podía ser el nombre de un país si eran solo unas letras mayúsculas. Entonces me dijo que significaba Estados Unidos de América. Aunque había visto mapas de América del Norte y del Sur cuando estudiaba geografía, no comprendí muy bien que «América» era un país hasta varios años más tarde.

Como ocurre con la mayoría de los indios, las impresiones de Amita más fuertes sobre Estados Unidos procedían de la música y las películas, sobre todo películas como *Cleopatra* y *Cuando llegue septiembre*. Le encantaban Elizabeth Taylor, Doris Day y Sophia Loren. (Puede que Sophia Loren fuera italiana, pero las películas que Amita veía de ella estaban hechas en Hollywood.) En cuanto a la música de *Cuando llegue septiembre*, puede que no fuera tan popular en Estados Unidos, pero durante años parecía que todas las bandas de Delhi la tocaban en cada recepción de boda hasta que la gente se hartó de escucharla.

Mientras Deepak viajaba a Ceilán para hacer el examen del Consejo Educativo para Licenciados en Medicina en el Extranjero, Amita y yo fuimos a Hong Kong. Aunque nos considerábamos relativamente sofisticados, nuestros ojos empezaron a abrirse al mundo durante ese viaje. Hubo dos experiencias que me asombraron: primero, fuimos a ver una película que empezaba a medianoche. Nunca habíamos hecho eso en India. Y luego, cuando salimos del cine, los dos teníamos hambre y a las dos y media de la mañana había mercaderes y vendedores en la calle. Uno de ellos vendía pescado y patatas fritas. Las puso en un cono de papel de periódico y me las pasó. Todo formaba parte de una aventura: delicioso pescado y patatas fritas en un periódico a las dos y media de la mañana.

La tarde siguiente, estábamos caminando por una calle principal y había una fila de prostitutas chinas, malayas, japonesas e inglesas. Me llamaban en cuatro idiomas. Si alguna vez había visto prostitutas en India, era demasiado joven para comprender lo que estaban vendiendo. Tenía veinte años entonces y caminaba con mi nueva mujer, pero seguían preguntándome si quería ir con ellas.

—Estoy casado —les decía—. Esta es mi mujer.

—No pasa nada —dijo una—. ¡Puede venir también!

Ya no estábamos en Delhi.

Después de aprobar el examen, Deepak nos contó que la Ventnor Foundation, que lo había enviado al extranjero, garantizaría que nos juntaran en el mismo hospital donde él estaba haciendo su internado. Nos presentamos y nos enviaron al hospital Muhlenberg, en Nueva Jersey. Una vez más estaba siguiendo a mi hermano. Nos dieron a cada uno ocho dólares para el viaje y Deepak nos envió otros cien sugiriendo que los necesitaríamos porque nuestro itinerario tenía paradas en Roma, París y Londres.

Nuestro viaje no empezó bien. Amita resbaló caminando por una calle de Roma y se le rompió la tira de las sandalias nuevas que se había comprado en India. No pensábamos que esto fuera un gran problema hasta que entramos en una zapatería. Las sandalias menos caras de esa tienda costaban unas siete mil liras, el equivalente a cien dólares estadounidenses.

Amita se echó a llorar. Yo le pregunté por qué.

—Si los zapatos son tan caros en el extranjero no creo que podamos sobrevivir con los salarios que ganamos. A lo mejor deberíamos parar y volver a India.

Yo la tranquilicé, diciéndole que nos iría bien, aunque secretamente yo también estaba aprensivo. Era mucho dinero por un par de sandalias.

En Londres nos quedamos en una encantadora casita con un compañero de la hermana de Amita que estaba trabajando allí para el Servicio Administrativo Indio. Desde luego que nos parecía una posición impresionante. Una noche nos contó que había comprado entradas para que asistiéramos a una de las obras más populares de Londres. Estábamos contentísimos. Ambos habíamos leído sobre el teatro británico y queríamos ver una representación.

—¿Cómo se llama? —pregunté.

—*Oh! Calcutta!* —dijo.

Por el nombre supusimos que nos gustaría. Creíamos que sería simplemente una obra británica sobre nuestro país. Nuestro anfitrión nos dejó en el teatro y dijo que nos recogería después. Teníamos unos asientos maravillosos en segunda fila. Cuando empezó la obra y salieron al escenario actores desnudos, Amita y yo nos quedamos completamente anonadados. Vamos, boquiabiertos. El pudor era un elemento central en la cultura india y nos habían enseñado lo importante que es mantener nuestra intimidad. Muchos consideraban inapropiado que dos jóvenes se tocaran en público. Allí, actores y actrices estaban actuando completamente desnudos. En India habría sido escandaloso; en Londres era entretenimiento.

Recuerdo la experiencia vívidamente. Hacia el final, un actor desnudo se volvió hacia otro y le preguntó por qué la obra se llamaba *Oh! Calcutta!*

—Por casualidad, podría haberse llamado *Oh! Bangkok!*

Amita y yo teníamos mucho que aprender sobre la vida en Occidente.

Después de aterrizar en Boston y pasar unos días con Deepak y Rita, fuimos a Nueva Jersey. Nuestra presentación real a Estados Unidos empezó en el hospital Muhlenberg. Nos dieron una buena orientación, enseñándonos cómo comprar en un supermercado y cómo abrir y usar una cuenta bancaria. Mi madre estaba preocupada por cómo manejaríamos el dinero que ganábamos. Nos dijo que la tradición exigía que diéramos el primer mes de salario a Deepak, igual que habíamos dado lo que ganábamos a nuestros padres cuando estábamos en India. Eso tenía perfecto sentido para nosotros, pero cuando tratamos de dar nuestros cheques a Deepak, él no los aceptó. Insistió en que era hora de que aprendiéramos a manejar nuestras propias finanzas.

El hospital nos entregó a cada uno de nosotros una bolsa negra de médico con un estetoscopio, un martillo y un oftalmoscopio. Pero los uniformes causaron nuestros primeros problemas. A mí me dieron unos pantalones blancos y una camisa tipo bata, que me quedaba bien. Pero a las mujeres doctoras del hospital les daban faldas y batas. En India, Amita llevaba un Salwar Kameez de dos piezas, una especie de túnica sobre pantalones muy cómodos. Cuando quería parecer mayor —para poder entrar en el cine, por ejemplo— se ponía un sari. Cuando la estaban midiendo para el uniforme preguntó si podía llevar pantalones. No, le dijeron, las doctoras llevaban faldas. No le gustó, pero no había nada que pudiera hacer al respecto. Ella les pidió que las hicieran lo más largas posible. El mayor problema era que tenía que llevar pantis.

Las mujeres en India no llevaban pantis. Ni siquiera estoy seguro de que hubiera pantis allí; no habrían servido de mucho, porque las mujeres decentes no enseñaban las piernas. Amita tenía problemas para acostumbrarse a la forma en que se le ceñían a la cadera, y cada día terminaba con dos o tres carreras y tenía que tirarlos. Estaba frustrada y enfadada; llevaba unos pantis nuevos cada día y cada día se le enganchaban o desgarraban. Se quejaba de que estaba gastando la mayor parte de su salario comprando pantis. Una de las cosas más útiles que aprendió en el hospital Muhlenberg fue que, en cuanto viera una carrera, tenía que poner una pequeña cantidad de laca de uñas incolora al final para pararla.

Mi primer día en el hospital me presentaron a los otros internos y miembros del equipo. En torno a mí había médicos de Inglaterra, Hungría, Italia, Australia, Filipinas, Pakistán e India. Algunos de ellos habían ascendido a jefes de una división o departamento. No había ninguna barrera tácita que les impidiera ascender. Había oído que Estados Unidos era una tierra de oportunidades, pero allí tenía la prueba viviente.

Durante esa orientación también nos explicaron cómo funcionaba el hospital. Nos dijeron que era muy importante llamar a la operadora para decirle que nos íbamos cuando termináramos nuestro turno para que no nos llamaran al busca.

Una noche, al llegar al trabajo, un compañero interno, también de India, estaba terminando su turno y me preguntó si podía prestarle diez centavos. Se los di y vi que iba al teléfono público, los depositaba y marcaba una vez. Al cabo de un momento lo oí hablar.

—Hola, operadora. Soy el doctor Rao. Estoy saliendo del hospital. —Y colgó.

Ahora yo era el experto.

—Has de llamar a la operadora del hospital, no a la operadora de Nueva Jersey.

Sinceramente, Amita y yo no éramos tan sofisticados. Después de salir de trabajar nuestra segunda o tercera noche, sugerí que ella llamara a Deepak y Rita a Boston para decirles que estábamos bien.

—Buena idea —coincidió. Y entonces cogió el teléfono y le dijo a la operadora del hospital—: Me gustaría hacer una llamada PP a mi cuñado el doctor Deepak Chopra en Boston.

Amita no podía comprender por qué la operadora se echó a reír. En India una llamada PP significaba una llamada persona a persona, pero descubrí que tenía otro significado allí.

Todo lo estadounidense nos sorprendía. Por supuesto, estábamos encantados con la televisión. Me cautivaban las hermosas jóvenes y los atractivos hombres que cantaban en *The Lawrence Welk Show*. Mi programa favorito era *Sanford and Son*, protagonizado por el cómico Redd Foxx. Recuerdo bien que en un episodio había un calabozo y un poli banco y un poli negro que iban a investigar. Pidieron a Sanford que describiera a los ladrones y él lo hizo. Entonces el agente blanco preguntó:

—¿Era de color?

Sanford lo miró a los ojos.

—Sí, era de color blanco.

Nos echamos a reír y continuamos repitiendo el chiste una y otra vez a los médicos extranjeros del hospital. Todos pensaban que era asombroso que pudieras hacer un chiste así.

Una de nuestras experiencias más memorables se produjo solo dos días después de que nos instaláramos en Plainfield. Cuando habíamos estado en Boston con Deepak, habíamos visto a Rita yendo al supermercado Stop & Shop mientras nosotros esperábamos el coche. En Muhlenberg nos dieron a cada uno doscientos dólares de anticipo, así que decidimos usar una parte para comprar comida. Sabíamos que podíamos comprar comida en un Stop & Shop. Caminamos casi un kilómetro hasta el centro de Plainfield buscando uno. Mientras caminábamos vimos a una mujer joven en la puerta de un aparcamiento con un bebé en un brazo y un niño pequeño sosteniendo su otra mano.

—¿Puede decirme dónde está el Stop & Shop? —pregunté con educación.

—¿Es un supermercado? —preguntó.

—Sí. Venimos de Boston y fuimos a uno.

Ella asintió.

—No hay Stop & Shop aquí, pero hay un Pathmark. Yo voy allí ahora. ¿Por qué no vienen conmigo?

Así que subimos a su viejo Oldsmobile y ella nos llevó hasta allí. Estaba a varios kilómetros de nuestro apartamento, pero no pensamos en cómo volveríamos con la compra. Fue el primer gran supermercado en el que estuve. Nunca habíamos visto nada parecido. Tenía una asombrosa variedad de comida enlatada y quesos, comida para animales, flores, leche y queso *cottage*, sardinas, decenas de variedades de helado Baskin-Robbins. Había un estante tras otro llenos de productos y con nuestros anticipos podíamos comprar mucho más de lo que queríamos. Estábamos cautivados. Podríamos haber caminado por esos pasillos durante horas.

Cuando terminamos, cogimos nuestras bolsas y salimos, esperando ir caminando a casa. Éramos jóvenes, pensamos. Podíamos hacerlo. Pero la señora que nos había traído nos estaba esperando en el Oldsmobile.

—Les vi comprando un montón de comestibles y estaba preocupada por cómo van a volver. Así que he pensado en acercarles.

Hablamos de camino a casa y expliqué que éramos internos en el hospital y acabábamos de llegar. Al dejarnos, preguntó:

—¿Están libres el Cuatro de Julio?

—¿Qué tiene de especial el Cuatro de Julio?

—Es el día de la Independencia, una fiesta nacional.

Resultó que estábamos libres y ella nos recogió y nos llevó a su casa para una barbacoa donde conocimos a su familia. Comimos *hot dogs*, hamburguesas con queso y pollo a la parrilla. Jugamos a la herradura. Fue la primera vez en mi vida que comía esa clase de comida. Disfruté del *hot dog*, pero no me gustó tanto la hamburguesa con queso. Pasamos el día con esa gente maravillosa y gentil que apreciaba verdaderamente los dones que Estados Unidos ofrecía. La mujer se llamaba Mary y su marido, Andy, era un húngaro que había escapado desde el otro lado del telón de acero. En su primer intento le habían disparado en la pierna, pero en cuanto se recuperó lo volvió a probar y tuvo éxito. Se había enrolado en el ejército de Estados Unidos y se había hecho boina verde. Ser recibidos en Estados Unidos por gente como esa, gente que había arriesgado sus vidas para llegar allí mientras que yo había hecho un examen, realmente nos hizo ver este país de otra manera. ¿Qué tenía Estados Unidos que era tan diferente de nuestro hogar?

Todo, resultó. En la barbacoa nuestros anfitriones nos sugirieron que comprásemos un coche.

¿Comprar un coche? Cuando le recordamos a Mary que acabábamos de llegar y que no teníamos dinero dijo algo que empezó a describirnos dónde estábamos.

—No hace falta dinero para comprar en este país. Los dos sois internos y tenéis el salario garantizado.

Ella nos explicó el concepto de crédito. ¿Comprar sin dinero? ¿Quién había oído una cosa así? Pero al cabo de unos días Mary nos llevó al concesionario Volkswagen de Plainfield. En 1972 solo había un coche en Estados Unidos que se vendía por menos de dos mil dólares: el Volkswagen Escarabajo. Nos entusiasmamos y compramos el Super Escarabajo, que tenía radio AM/FM, no solo AM, y costaba dos mil cien dólares. Luego compramos una tele en color. Llevábamos menos de dos semanas en el país y ya estábamos endeudados, pero nos sentíamos ricos.

Estaba fascinado por las cosas que los estadounidenses daban por hechas, sobre todo McDonald's. Parecía que había arcos dorados en cada esquina. Estábamos asombrados. En ese momento, McDonald's se anunciaba con carteles que decían: «Más de ocho millones vendidos.» Luego dijeron: «Más de nueve millones vendidos.» Amita y yo observamos con asombro mientras la cifra crecía y crecía. ¿Cuántas van esta semana? ¿Cuántas hamburguesas vendieron el mes pasado? Con nuestro presupuesto comíamos en McDonald's con regularidad y siempre pedía hamburguesa con queso y patatas fritas.

Había algunas cosas que requerían hacer un ajuste. Nos encantaban las cafeterías. Las cafeterías son una experiencia americana completamente única. Había una cafetería en la ruta 22, el Scotchplain Diner, donde comíamos con frecuencia, sobre todo cuando volvíamos de conducir nuestro Escarabajo nuevo por Nueva York. Una noche estábamos saliendo de la cafetería cuando nos paró un policía. Yo era un conductor cuidadoso, así que no podía imaginar qué había hecho mal. Acabábamos de salir de la cafetería y sabía que no había ido muy deprisa. Sabía que había puesto el intermitente al incorporarme al tráfico. Así que no imaginaba por qué me había parado.

—¿Ha estado bebiendo cerveza? —me preguntó.

—Nada. Solo Coca-Cola.

—¿Está seguro de que no ha tomado unas cervezas?

—No —insistí.

—¿Se da cuenta de que estaba conduciendo por el otro lado de la carretera?

Oh. Eso. Le pasé mi carnet.

—Agente, lo siento mucho, pero crecí en India y allí conducimos por la izquierda. Durante el día hay pistas. Cuando veo otro coche me doy cuenta de que estoy en el lado equivocado. Pero acabo de salir de la cafetería y no había coches...

Fue comprensivo. No solo no me multó, sino que se ofreció a escoltarnos a casa. Aunque le dijimos que no era necesario, estábamos impresionados. Míralos aquí, nos dijimos uno al otro. Son muy eficientes, pero también son amables.

También tuvimos que acostumbrarnos al clima. En India, como en gran parte del mundo, no se experimentan realmente las cuatro estaciones. Había poco aire acondicionado. En verano, hacíamos vacaciones en lo que llamábamos acantonamientos de colina, puestos de avanzada británicos en altitud, para escapar del calor. Aunque había visto cumbres nevadas en India, ni Amita ni yo habíamos experimentado nunca una tormenta de nieve, y desde luego nunca habíamos experimentado el frío de un invierno en Nueva Jersey. La primera vez que nevó en el invierno de 1972 nos quedamos en la calle como niños, cogiendo copos de nieve, sintiéndola caer en nuestras manos, caras, lenguas. Fue una experiencia absolutamente encantadora y mágica. Aprender a tratar con el frío glacial llegó después. Pero nunca perdimos nuestro aprecio por la belleza de la nieve. Vivíamos en una zona residencial, lejos del ajetreo de la ciudad, y por la noche, en lo profundo del invierno, el brillo de la luna se refleja en árboles cubiertos de nieve. Todavía recordamos esa primera nevada asombrosa.

No nos cansábamos de la cultura de Estados Unidos. Muchos años después, al recibir a nuevos internos en el Beth Israel Deaconess Medical Center de Boston, uno de ellos me dijo que era de Nueva Jersey.

—Cuando mi mujer y yo llegamos a Estados Unidos en 1972 —dije—, fuimos internos en un pequeño hospital afiliado a Rutgers. Tenemos los mejores recuerdos de Nueva Jersey. Cada fin de semana íbamos a ver una función de Broadway o a comer a Chinatown o a visitar los museos... —Continué contándole todo de nuestra vida.

—Doctor Chopra, ¿puedo hacerle una pregunta?

—Por supuesto.

—¿Cómo es que todos sus buenos recuerdos de Nueva Jersey no tienen nada que ver con Nueva Jersey?

—Eres un interno listo —repuse—. Te irá bien. —Luego añadí—: Princeton es encantador.

Siendo una persona que había hecho deporte en India, me sentí inmediatamente interesado en aprender los deportes que se jugaban en Estados Unidos, sobre todo el béisbol. Una tarde estaba conduciendo por la ruta 22 cuando me fijé en una jaula de bateo. Pensé que se parecía al críquet. Sería fácil. Me metí en la jaula y la máquina lanzó una bola. Golpeé pero no le di. Fallé y fallé y volví a fallar. Entonces me di cuenta de que un bate de críquet tiene la superficie plana mientras que el de béisbol es cilíndrico. Golpear con el bate de béisbol era más difícil de lo que había imaginado. Pero practiqué y finalmente aprendí bastante.

Un día Amita y yo fuimos a un picnic donde estaban jugando al *softball*. Cuando me preguntaron si había jugado alguna vez al béisbol dije que no, pero que había jugado mucho al críquet y que lo esencial de los dos juegos, batear y recibir, eran similares. Como persona competitiva, quería mostrar mis habilidades, así que me puse a batear. Era una bola más grande, lanzada despacio, y la golpeé. Al mirar a otros jugadores sabía qué hacer: corrí directamente a primera base llevando el bate conmigo como hacemos en críquet. No, me dijeron, has de lanzar el bate. Había aprendido la primera regla del béisbol. Resultó que las únicas similitudes entre el béisbol y el críquet era que en los dos golpeas una bola con un bate. Todo lo demás era diferente.

Cuando mi equipo estuvo listo para fildear, un amigo me ofreció un guante. ¿Un guante? Sonreí, y expliqué que no sería necesario.

—Los jugadores de críquet no usan guantes. Aprendemos de pequeños a coger la bola con las dos manos y a aflojarlas en el último momento para absorber el impacto.

—¿No hace daño?

—No —dije.

Mi mensaje era claro. Los jugadores de críquet eran duros. No necesitábamos guantes en el campo. Al final, fildeé muy bien y todos estaban impresionados.

Pero más que nada, que pudiéramos comprar, o disfrutar, más que el *glamour* de una representación de Broadway o la experiencia de comer en una cafetería y echar unas monedas en la máquina de discos, lo que nos impresionó inmediatamente del país tanto a Amita como a mí fue la generosidad y franqueza de la gente. El primer lugar donde lo experimentamos fue en el hospital. Unos días después de que llegáramos, el doctor Eddie Palmer, especialista en hígado famoso en el mundo entero, vino a enseñar a Muhlenberg.

Yo estaba asombrado. Me senté en primera fila para tomar notas. Sentado a unas sillas de distancia de mí había un estudiante de medicina que tenía los pies encima de una silla. Me fijé en eso y pensé que era extraño. En India habría sido considerado extremadamente irrespetuoso. Nadie lo habría hecho, pero también me fijé en que nadie le decía nada al respecto.

El doctor Palmer ofreció una charla maravillosa, y yo tomé bien mis notas. Al final de la charla, ese estudiante de medicina le formuló una pregunta al doctor Palmer y recibió una respuesta detallada. Cuando el doctor Palmer terminó, el estudiante lo miró con escepticismo.

—No me lo creo.

Pensé que eso era asombroso. Un estudiante de medicina desafiando a una leyenda. ¿Un estudiante replicando a un profesor? ¿Dónde estaba la vara? Eso nunca jamás ocurría en India. Nos enseñaban a respetar a nuestros profesores aun cuando se equivocaran. Lo que resultó más sorprendente fue que al doctor Palmer no pareció importarle. Supe en ese preciso momento que había algo fundamentalmente diferente en el espíritu americano que era considerablemente más profundo que cuántos millones de hamburguesas vendía McDonald's.

Amita tuvo una experiencia muy similar. Al final de su primer día en el hospital de Muhlenberg, su profesor, el doctor Paul Winokur, se reunió con los nuevos residentes. Cuando le preguntó a Amita si había terminado de ver a sus pacientes, ella dijo:

—Sí, señor.

Hubo un momento de silencio y los otros estudiantes miraron a Amita. El doctor Winokur sonrió.

—Doctora Chopra —dijo—, no me habían llamado señor desde que estuve en el ejército.

Ella se preguntó qué otra cosa sería apropiada. Era profesor y era mayor que ella. El nivel de familiaridad que mostraban los estudiantes con los profesores la sorprendió. Algunos de ellos incluso se dirigían al doctor Winokur por su nombre de pila, Paul. Es tu profesor, pensaba ella. ¿Cómo puedes ser tan irrespetuoso? Pero al doctor Winokur no parecía importarle. De hecho, ni siquiera se fijaba.

Esa misma noche, ella vio que otro residente de primer año ponía los pies en la mesa de reuniones y se echaba hacia atrás en la silla. «Qué audacia —pensó—. ¿No entiende lo insultante que es?» Pero tampoco nadie protestó a eso.

No es que nosotros lo desaprobásemos; simplemente no sabíamos cómo tratar esa actitud desenfadada. No teníamos ningún marco de referencia para ella. Nuestra escala de lo correcto y lo incorrecto estaba en entredicho. Aunque nos parecía irrespetuoso, la gente que debería sentirse menospreciada no protestaba. Tardamos en acostumbrarnos a esta actitud abierta, pero veíamos sus ventajas. Empezamos a comprender que la gente en Estados Unidos era mucho menos formal y tenía sus propias maneras de demostrar respeto.

También nos sorprendió, y nos complació, que los estadounidenses mostraran gran respeto por los trabajadores. En India la mano de obra es tan barata que la gente que lleva a cabo trabajos menores no es respetada. Éramos productos de un sistema de castas, y aunque se estaba desmontando, sus sombras todavía existían. Pensamos que era admirable que los estadounidenses aparentemente trataran a todos por igual, que existiera menos sentido de superioridad, de clase. Los médicos del hospital trataban al personal de mantenimiento con el mismo respeto con el que trataban a otros doctores. Todas estas cosas estaban tan arraigadas en nosotros, que la gente joven debe obedecer los deseos de las personas mayores y que no se te permite expresar lo que piensas, que simplemente tardamos en comprender que no era irrespetuoso en absoluto, sino únicamente la forma en que la gente se trataba en Estados Unidos.

Si bien la mayoría de los estadounidense que nos encontramos eran muy amistosos y amables, descubrimos pronto que pocos de ellos sabían apenas nada del mundo más allá de sus fronteras. Quizás eso se deba al hecho de que América está separada de

Europa y Asia por grandes océanos. En India era obligatorio aprender todo lo posible sobre la gente con la que compartíamos continente, así como sobre los países de Europa. En la medida en que India era miembro de la Commonwealth nos impactaban todas las batallas de Inglaterra. Nuestro destino dependía del resultado, así que teníamos que conocerlo.

Muchos estadounidenses sabían muy poco de India. Cuando le decíamos a la gente que éramos indios era como si esperaran vernos con un tocado de plumas. No tenían idea de lo grande, diverso, moderno y próspero que era nuestro país. En el hospital, la mayoría de los internos eran de diferentes partes de India. Cuando estábamos en el salón hablábamos entre nosotros en inglés. Cuando me preguntaron por qué no hablábamos en nuestra lengua nativa les dije que no teníamos.

—Se hablan muchos idiomas diferentes en India. No solo dialectos distintos, sino idiomas completamente diferentes. El mío por ejemplo, es el punjabí, y el suyo es el bengalí. No tendría ni idea de lo que dice. El inglés es el único idioma que tenemos en común.

Había alguna gente a la que le sorprendía incluso que no hablásemos en «indio».

Había cosas difíciles de entender. Habíamos llegado de un país donde los mendigos vivían en la calle y sobrevivían con unas pocas sobras de comida y unas monedas. Cuando íbamos a un restaurante o a una cafetería, nos sorprendía el tamaño de las raciones que servían, pero también lo mucho que se desperdiciaba. Observábamos mientras los camareros se llevaban de vuelta a la cocina platos con un cuarto o más de la comida para tirarla. Nos entristecía ver ese desperdicio, sabiendo la diferencia que esa comida causaría en muchas vidas. Tardamos tiempo en acostumbrarnos a la realidad de que los estadounidenses eran desenfadados sobre la abundancia de la que disfrutaban y quizá no apreciaban lo distinta que era la situación en otras partes del mundo.

Yo también estaba incómodo por el número de armas. Aunque habíamos visto pistoleros en los wésterns, lo cierto era que no esperábamos que las pistolas fueran algo tan común. No se me ocurría ningún pariente, amigo o incluso amigo de amigo en India que poseyera un arma, a menos que fueran cazadores. La gente no posee armas para protegerse allí, sino que contratan guardias e instalan sistemas de alarma. No sé, por ejemplo, cómo habría resultado el atraco si mis padres hubieran tenido armas en la casa. Sospecho que mal. Así que, aunque comprendía el significado y la importancia del derecho constitucional a ir armado, no dejaba de sorprenderme la cultura de las armas.

Lo que nos hacía sentir más cómodos cuando llegamos fue descubrir que la medicina moderna se practicaba en Estados Unidos de una manera casi igual a lo que habíamos aprendido en India. Nuestra educación nos había preparado notablemente bien, aunque siempre existía ese grado de duda. Una noche, unas semanas después de que empezara mi internado en Muhlenberg, estaba haciendo una opcional de neurología. Estaba trabajando con el doctor Greenberg, un neurólogo que se había formado en el Massachusetts General Hospital de Boston, y un hombre por el que sentía una elevada estima. Me informó de que acababa de recibir una consulta, un paciente que estaba muy débil. Se sospechaba que sufría un grave trastorno neurológico conocido como miastenia gravis, en la que el paciente termina por perder el control de sus músculos y con frecuencia necesita respiración asistida. Me pidió que lo acompañara a ver al paciente.

Acababan de ingresarlo, así que no habíamos recibido los resultados del laboratorio. Tomando una historia detallada, averigüé que el hombre estaba sufriendo una diarrea muy aguda. Iba al baño diez e incluso veinte veces al día.

—Muy bien, pues —dije, recordando el consejo de mi padre de que todos los pacientes tienen una historia que contar si el médico está dispuesto a hacer las preguntas adecuadas—. ¿Qué pasa si no come?

Lo mismo, dijo. Hubo algunos días en que perdió el apetito y no comió nada en absoluto, pero los movimientos intestinales continuaron. Hice un diagnóstico de diarrea secretora, que no cede cuando el paciente ayuna, y me pregunté si quizá un tumor podía ser la causa. El tracto del intestino grueso es por lo general un órgano de absorción, pero un tumor puede transformarlo en un órgano secretor, que solo vierte fluido. Algunas formas de diarrea secretora pueden conducir a una enfermedad llamada hipopotasemia, niveles críticamente bajos de potasio, así que quise saber sus niveles de potasio. Los pedimos al laboratorio y cuando recibimos los resultados los niveles de potasio eran dramática y peligrosamente bajos.

El paciente tenía un adenoma viloso, un tumor en el recto. Si un adenoma es grande puede ser maligno y extenderse. Así que enseguida cambié el diagnóstico de miastenia gravis a adenoma viloso con diarrea secretora e hipopotasemia. La hipopotasemia había estado causándole esa profunda debilidad. El doctor Greenberg estaba impresionado y a la hora de comer en la cafetería del hospital me felicitó delante de los otros internos y algunos médicos.

Fue un diagnóstico muy sagaz para un joven residente y disfruté de la sensación de plenitud. Mi padre me había enseñado que la medicina no es solo una ciencia, sino también un arte, y todo médico hace muchos diagnósticos equivocados a lo largo de su carrera profesional. Así que cuando aciertas el diagnóstico es importante no perder la humildad. Lo sabía, pero por dentro estaba eufórico. Había hecho el diagnóstico correcto y había evitado muchas pruebas costosas e innecesarias. Cualquier duda que pudiera haber tenido de estar a la altura de los estándares médicos estadounidenses fue desvelada a mi satisfacción. Podía estar seguro de la calidad de mi formación. Por nuestros títulos, Amita y yo éramos médicos, pero por nuestra formación y nuestra pasión, nos convertiríamos en muy buenos doctores.

13

Tecnología punta

Deepak

Comprar tu primera televisión a crédito parece trivial, pero estuvo envuelto en asombro y *shock* cultural para Rita y para mí. Hasta que encontramos una Little India en Jamaica Plain, la soledad nunca estuvo lejos de mi mujer. Simplemente la sensación física de estar sola en una habitación la desanimaba. En India las casas están llenas de familia y de los ruidos que esta hace. El silencio de un pequeño apartamento en Nueva Jersey era opresivo, y la sensación solo se aliviaba cuando Rita venía a comer conmigo en la cafetería del hospital, lo que hacía cada día. Me dolía verla sentada sola en una esquina, esperando pacientemente hasta que yo pudiera liberarme. Incluso ahora puedo evocar la imagen y la sensación.

La solución con la que dimos fue comprar una televisión, y así pues, no sin cierto temor, fuimos a unos grandes almacenes para pedir precio. El vendedor fue frío al principio, sin duda pensando que los inmigrantes del Tercer Mundo no podían permitirse comprar nada, pero cuando supo que trabajaba en el hospital se le iluminaron los ojos. Al cabo de unos minutos nos ofrecieron una línea de crédito que yo acepté con una especie de mareo. En el concesionario local de Volkswagen la actitud fue todavía más liberal: ¿El doctor quiere un coche? Dale un coche. Solo tenía una vaga sensación de que crédito significaba deuda, pero fue un alivio encender la televisión todo el día para que Rita pudiera llenar de sonido el apartamento. No era familia, pero mantenía a raya el silencio aterrador.

Está claro que no planteábamos un problema de choque cultural para los estadounidenses que conocimos. Les importaba muy poco India. Habíamos intercambiado desdén británico por perplejidad estadounidense. La curiosidad parecía terminar cuando nos preguntaban si se subían cobras a nuestras camas o si montábamos en elefante. El mundo estaba llegando a Estados Unidos, y puede que esa fuera la razón por la que los estadounidenses sentían tan poca necesidad de saber algo más.

Un médico de Muhlenberg que era propietario de un avión biplaza oyó que Rita estaba embarazada. En un derroche de generosidad, le ofreció volar a India para que no tuviera que pagar un vuelo comercial. Señalé que India estaba al otro lado del mundo.

—Vaya, fallo mío —dijo—, pensaba que estaba en América del Sur.

Cuando llegas a un nuevo país hablando el idioma, contando con un trabajo y una educación, el proceso de adaptación se produce con rapidez, al menos en la superficie. Rita y yo no éramos conscientes de un cambio muy profundo. La ausencia de olores era extraña. En India, las habitaciones se enfrían por agua corriente que pasa a través de un filtro de heno; el fragante aire refrigerado por evaporación que luego llega a la habitación. El aire acondicionado en Estados Unidos era aséptico y sin olor. Si la temperatura bajaba de veinticuatro grados, nos quitábamos los jerséis, lo que ocasionaba miradas extrañas. Parecíamos ancianos o inválidos.

Cuando llegan a este país, los asiáticos parecen peculiarmente adeptos a desembarazarse de su cultura local en la medida en que lo necesitan. El padre de Rita se había hecho asesor de negocios después de dejar la fuerza aérea india. En su primer viaje a Nueva York, sus anfitriones insistieron en llevarlo al Rainbow Room, en lo alto del Rockefeller Center. Cuando llegó el menú, le insistieron en que pidiera bistec y él accedió. Solo al llegar la comida se dio cuenta de que el bistec era de vaca. Cuando le preguntamos cómo logró comer un animal considerado sagrado en India, se encogió de hombros.

—Luché con mi conciencia, pero entonces pensé: «Esta carne viene de una vaca americana. Si nadie aquí cree que las vacas son sagradas, las suyas no deben de serlo.»

No se termina de construir un yo a los veintitrés años, mi edad cuando llegué aquí. Se estaban produciendo algunos cambios inconscientes en mi interior, casi todos ellos causados por la práctica de la medicina. Una influencia obvia era la naturaleza impersonal de cómo nos relacionábamos con nuestros pacientes. Era mucho más acusada que lo que había afrontado en India. Por distante que me sintiera al conocer a gente enferma durante quince minutos y pasar por una breve letanía de preguntas para averiguar qué les pasaba y qué podía hacer al respecto, a mis espaldas me gané una reputación de ser afable. Esto me desconcertaba. Quizá tenía que ver con el hecho de que mostrara un poco de interés personal en un paciente, aunque solo fuera durante quince minutos, en lugar de simular estar interesado. Nunca fui bueno disimulando.

Más tarde, no obstante, empecé a sospechar que simplemente había una diferencia en temperatura emocional entre las dos culturas. A los indios les gusta entusiasmarse, y exageramos el horror de una crisis y la sentimentalidad del amor. El exceso extravagante de las películas de Bollywood, donde un chico y una chica que intercambian una mirada de flirteo hacen rugir la tierra, parece razonablemente normal para un público indio. El público estadounidense aprende a disfrutarlo, si es que lo hace, desde una sensación de lo ridículo. En cuanto a la temperatura emocional de los estadounidenses, aparentemente variaba en función de lo británicas que fueran sus raíces y de la cantidad de dinero que ganaban. Mi simpatía estaba con los pobres, y casi inmediatamente gravité hacia los demócratas porque todos me decían que eran más amistosos con los inmigrantes. (Años después, en un campo de golf en Jackson Hole, Wyoming, un empresario del petróleo me contó que debería considerar acercarme a la segunda administración Bush. Me sorprendió al decirme: «Nos hemos fijado en usted, ¿sabe?» La conversación llegó a un abrupto final cuando me informó de que había una condición previa: tenía que aceptar a Jesús como mi señor y salvador. Los hermanos cristianos eran mucho más sutiles.)

En el hospital me asombró oír que los médicos hablaban con brusquedad de *gorks* y *gomers*. *Gork* era como llamaban a un paciente que ha sufrido una herida grave en la cabeza y quedaba en un coma del que podría no recuperarse; el nombre eran las siglas de *«God only really knows»* [«Solo Dios lo sabe»]. Un *gomer* (de *«get out of my emergency room»* [«largo de mi sala de urgencias»]) es un paciente que está demasiado mal mentalmente o demasiado cerca de la muerte para ser tratado en el hospital, con la implicación de que es un desperdicio que ocupe una cama. Una familia que pugna con la dolorosa decisión de retirar a alguien el soporte vital quedaría destrozada al oír al médico decir: «Desconecta al *gomer*.» Lo oía casi a diario en la sala de residentes de Boston.

Mi posición no era menospreciar la conducta de nadie, solo me preguntaba hasta qué punto me estaba mezclando en la escena. Ir al hospital VA me situó en un entorno duro después de dejar Lahey en mi segundo año de residente. Sobrevives si tienes la piel gruesa. Casi todo el personal manejaba la presión fumando. Los médicos con plaza fija por lo general preferían fumar en pipa, que parecía de catedrático, mientras que el resto tirábamos de cigarrillos. Los médicos fumaban regularmente mientras hacían sus rondas en las salas. Uno de los que hacía esto cuando vino para las rondas generales era un eminente gastroenterólogo y director del *The New England Journal of Medicine*. Nadie lo habría cuestionado y ni siquiera nadie se habría atrevido a pensarlo. Murió de cáncer de esófago antes de cumplir setenta.

Por supuesto, desaprobábamos que nuestros pacientes fumaran y les advertíamos de los peligros del tabaco. En un descanso, miré por la ventana y vi a un paciente de cáncer de pulmón al que acababan de dar la terrible noticia de su diagnóstico cruzando la calle para ir a comprar un cartón de Lucky Strike.

Sentirse inmune a enfermarse es un rasgo común entre los médicos. Es un mecanismo psicológico de defensa, una extensión de los egos inflados (una vez que empiezas a ganar mucho dinero ¿por qué no pensar que eres invulnerable?) y una noción bastante realista al mismo tiempo, porque la exposición a tantas enfermedades resulta en un sistema inmunitario más fuerte. (Una de las cosas que hizo del sida un misterio desconcertante al principio fue que los primeros pacientes que lo presentaron a principios de los ochenta eran sobre todo hombres jóvenes con buena respuesta inmunitaria. Por un giro del destino, el sida los atacó a ellos primero, porque su mayor número de glóbulos blancos los convertía en huéspedes ideales para el retrovirus. Al principio, muchos doctores saltaron a la conclusión errónea de que la enfermedad se cebaba específicamente en esos hombres porque eran homosexuales activos.) En India la atención médica era en general gratuita. En Estados Unidos el dinero que ganabas significaba un estado de gracia.

Estas cosas no se me escapaban, pero estaban en la periferia de la medicina de tecnología punta que estaba aprendiendo. Diez años después de quedarme con la boca abierta ante Rattan Chacha, me había convertido en un hombre que sostenía un vaso de whisky en una mano y un cigarrillo en la otra, generalmente los viernes, cuando los miembros del equipo salíamos juntos el fin de semana para relajarnos. Sin embargo, Estados Unidos era entonces para mí solo una ventana de oportunidad. Regresaría a casa después de que terminara mi residencia en medicina interna. Cuando mi familia me despidió con lágrimas en el aeropuerto de Delhi podían consolarse con eso.

Llamaba a casa para mantenerme en contacto con la máxima frecuencia posible. Mis padres tenían teléfono, por fortuna, pero yo era reticente a cargarles a ellos con el coste de una llamada persona a persona. Usábamos el truco de que mi padre cogiera el teléfono, rechazara la llamada y luego me llamara inmediatamente de estación a estación. Si Sanjiv estaba en línea, sentía que estábamos tan cerca como siempre.

Yo había dejado el críquet al entrar en la facultad de medicina, pero Sanjiv seguía jugando. De hecho, era difícil mantener la locura del críquet en Estados Unidos, donde el deporte era desconocido, y lo perdí de vista. Como hermano mayor, me sentía obligado a decirle a Sanjiv que sus calificaciones no eran lo bastante altas en la facultad. ¿Estaba estudiando mucho? Me preocupaba. No importaba lo mucho que lo hiciera, nunca se me pasó por la cabeza que mi insistencia y mi incordio pudieran ser una fuente de irritación considerable.

El aspecto más extraño de mi asimilación se centró en torno al nacimiento de nuestra hija, Mallika. Rita estaba embarazada y preparándose para su viaje a India para dar a luz. Un amigo mío me llevó aparte para informarme de que si nacía en el extranjero nuestra hija no podría ser presidenta de Estados Unidos. En 1970 era una causa de preocupación poco realista, pero me inquietaba. Veía a mi pequeña niña poniendo el corazón en ocupar el puesto más alto del país. ¿Podía ser yo el que estropeara sus esperanzas? Fue necesario mucho trabajo de convicción y horas de buscar en mi alma antes de dejar de lado ese problema.

El único aspecto de la vida estadounidense en el que fracasé por completo fue el de los deportes. Hice unos cuantos intentos de establecer vínculos con otros varones. Les decía que el hockey sobre hierba era un deporte en el que India tenía esperanzas olímpicas. Mi entusiasmo se cortó en seco cuando me informaron de que en Estados Unidos el hockey sobre hierba era un deporte de niñas. El único hockey que contaba se jugaba sobre hielo, y era un deporte de contacto con porrazos en los dientes. No me entusiasmaba nada que ocurriera sobre el hielo. Sacar a relucir el fútbol fue recibido con una mirada inexpresiva. No tenía ni idea de que Estados Unidos era el único lugar donde ese deporte no era una obsesión; los niños de los barrios residenciales apenas habían empezado a jugarlo. Aunque intenté aprender las complicadas reglas del béisbol y «fútbol» (al menos enseguida dejé de llamarlo fútbol americano para distinguirlo del *soccer*), mis intentos de integrarme en el campo de los deportes no llegaron a buen puerto.

De todos modos, estaba claro por sus reacciones que todo el mundo se sentía un poco avergonzado por mí.

Cuando Sanjiv me siguió a la facultad de medicina dos años después, mis padres podían decirse que habían cumplido uno de los objetivos clave de su vida. No se trataba de que sus hijos estuvieran seguros desde el punto de vista económico, ni siquiera de que la buena educación hubiera dado como resultado niños felices. La cuestión, que era peculiar para la vida india, era el *dharma*. De niño no recordaba que mi madre estuviera disgustada muy a menudo, pero si alguna vez se enfadaba con mi padre, él zanjaba la cuestión con una sola frase: «Es mi *dharma*.» Tenía el efecto mágico de calmar las quejas de mi madre, responder a sus dudas e incluso sacar una expresión de satisfacción a mi madre. Si su marido estaba siguiendo su *dharma*, todo iría bien.

El *dharma* tiene múltiples capas. Es tu trabajo, el curso adecuado de tu vida y tu deber. Como enseñó durante miles de años, el *dharma* es la ley invisible que sostiene la vida, ya sea la vida de una persona o la vida del universo. Un atracador de autopista infringe la ley y es un desclasado de la sociedad, pero en el fondo de la mente india si un *dacoit* está enseñando a su hijo a ser un *dacoit*, ambos están siguiendo su *dharma*, incluso hasta el punto de que la policía los abata a tiros. Es impensable no tener un lugar en el orden natural.

El *dharma* puede ser simplista y burdo. En la vida laica que viven la mayoría de los indios educados, Dios te está sonriendo si eres rico. El dinero confiere un halo. Conducir un Mercedes dice a la gente de la calle que el universo está de tu lado. En general, la gente pobre va a un templo con sus problemas; la gente rica contrata brahmanes como gurús privados para que los tranquilicen y adulen.

Al llegar a Estados Unidos sentí una especie de alivio al dejar todo eso atrás. Si pensé un par de veces en el *dharma* en los primeros años, no puedo recordarlo. La mayoría de los médicos jóvenes eran solteros. Yo me juntaba con ellos después del trabajo. A última hora del viernes, cuando bebíamos y fumábamos juntos, era el principio de la noche para ellos. Yo me iba deprisa a ver a mi familia, justo cuando la cosa empezaba a animarse. En buena conciencia, no obstante, podía marcar todas las casillas del *dharma*, igual que mi padre había hecho toda su vida.

Un niño pequeño de Occidente puede tranquilizarse con la imagen de Jesús, con un cordero en su regazo, reuniendo un rebaño de niños que lo adoran en torno a él. Un niño de India se consuela en la imagen del señor Krishna sosteniendo una montaña con un dedo. Según se cuenta, un pueblo había sido amenazado por tormentas torrenciales y, para protegerlo, Krishna levantó el monte Govardhan y lo sostuvo sobre el pueblo hasta que pasó el peligro. Con frecuencia la imagen muestra a los pueblerinos alegres que usan palos para ayudar a Krishna a sostener la montaña; la lección es que Dios no necesita nuestra ayuda, pero que hemos de cumplir con nuestro papel de todos modos. Que Jesús diga «Dejad que los niños se acerquen a mí» es amable. Lo que hace Krishna es más bien mantenerte a salvo.

Cuando vas a donde te lleva tu *dharma*, estás siguiendo un camino que nunca se desviará. Casi todas las decisiones que toma una persona en la vida deben obedecer el *dharma*, y si no ocurrirán cosas malas, ya sean infortunios cotidianos o calamidades aplastantes. Lo malo no solo significa difícil o desagradable, significa que has perdido tu camino. Como el *dharma* no tiene sentido en Occidente, vale la pena considerar si India ha encontrado alguna clase de llave secreta o simplemente está siguiendo una creencia vieja y caduca.

Las leyes invisibles no son fiables, así que el *dharma* ha sido bosquejado en reglas específicas que cada generación imparte a la siguiente. Todo el plan se había tornado increíblemente complejo y sofocante. Si un brahmín de casta superior siguiera cada mínimo ritual que imponen las escrituras hindúes, no le quedaría tiempo en el día para vivir. En cuanto a propósitos prácticos, en cambio, las reglas son relajadas. Mi padre seguía su *dharma* si se ocupaba honorablemente de su profesión; sus hijos seguían el *dharma* familiar al convertirse en doctores siguiendo sus pasos. Si mi madre ponía mala cara ocasionalmente porque mi padre gastaba demasiado dinero, el *dharma* lo salvaba porque la bondad general forma parte de la ley. Visto sin tener en cuenta nada más, el *dharma* mantiene a la gente en el camino adecuado, el camino de la virtud. Pero tener la aprobación divina por cómo vives cada día no es tan distinto de seguir devotamente el Corán o las prescripciones del Talmud que dictan la buena conducta de los judíos ortodoxos.

El giro peculiarmente indio es que el *dharma* está engranado en la naturaleza humana: es instintivo. Puedes sentir cuándo te has desviado del camino. La conciencia de uno mismo entra en juego, y entonces la palabra «invisible» es ineludible. En cada fase de mi vida estuve construyendo un yo con ladrillos invisibles. Por definición no podía verlos, y aun así, si miré en el espejo décadas después y contemplé un hombre de mediana edad que era rígido, orgulloso, egoísta, obsesivo o cualquier otra cosa no deseable, el error fue el resultado de un proceso que tardó años en desarrollarse. Solo podía culparme a mí mismo, mi propia falta de conciencia. El *dharma* envía sus señales cada día. Lo más pequeño es en realidad un mensaje disfrazado para el yo interior. El yo no puede comprenderse sin pensar en un arrecife de coral que se alza desde el lecho del océano, poco a poco.

La paradoja de construir un yo es que el proceso nunca se detiene ni un momento; nunca puedes decidir lo que estás haciendo. No hay ningún plan maestro ni ningún arquitecto. Lo único que puedes hacer es tener conciencia de ti mismo. Digamos que ver a decenas de pacientes al día durante mis años de medicina me hicieron insensible. Un paciente especialmente molesto podía llevarme al límite. Cada médico ve repetidores que se presentan con la misma dolencia menor al médico una y otra vez. Después de una tercera visita en un mes, una parte de ti quiere decir: «Lo que tiene es el equivalente médico de una uña rota. Váyase a casa y deje de molestarme. Uno de nosotros necesita una vida.»

Si alguna vez me hubiera pillado a mí mismo diciendo estas palabras, podría haber atisbado la verdad: me había vuelto insensible. Pero la gente está notablemente protegida contra la conciencia de sí mismo. Era mucho más probable que el proceso de insensibilización escapara a mi atención, y si otro lo señalara reaccionaría con culpa y resentimiento. No vemos los ladrillos invisibles del yo y apenas hacen un tenue clic al encajar en su lugar.

El *dharma* reconoce que a la gente le interesa no conocerse a sí misma. En un mundo ideal todos preguntarían «¿quién soy?» cada día, y como el yo está cambiando constantemente, cada nuevo día proporcionaría una respuesta nueva. India ha existido demasiado tiempo para esperar hasta que llegue la vida ideal. Las reglas del *dharma* te cuentan cómo construir un yo que Dios aprobará automáticamente. Cada sociedad tradicional tiene alguna versión de esto, pero en India hay una fuerza que atraviesa cada individuo, que es la misma fuerza que sostiene la creación. Como en la fábula de Krishna, si sueltas tu palo no estás cumpliendo con tu parte en sostener la montaña. (En sánscrito la palabra *dharma* puede remontarse a *dhar*, que significa «sostener» o «apoyar». *Dhar* es incluso más antiguo que el sánscrito, lo cual la convierte en una de las palabras —y conceptos— más antiguas en la lengua humana.)

Un *outsider* podría tener la impresión de que el *dharma* es opresivo en su insistencia en seguir la tradición, y no hay duda de que en India un hijo que vive en la casa donde creció, va a la escuela a la que su familia siempre ha asistido y trabaja en la profesión de su padre y su abuelo ganará aprobación social. Parece absurdo si no has crecido en el sistema. Pero dar la vuelta a la imagen y perseguir el sueño americano se antoja completamente imprudente. En Estados Unidos los hijos están deseando irse de casa, encontrar un trabajo en cualquier cosa, menos en lo que hacen sus padres, y trasladarse a una ciudad donde vivan mejor que donde han crecido.

Yo puedo acusarme de no tener suficiente conciencia de mí mismo durante esos primeros años en Boston. No hice caso de las señales que encontraba en mi camino. Así que estaba a punto de escandalizarme por la inestabilidad de la felicidad. Nadie me habló del riesgo de tambalearme entre dos mundos. El sueño se estaba haciendo realidad en el lado americano. ¿Cómo puedes fallar a tu *dharma* cuando te estás partiendo la espalda para tratar de cumplirlo?

Una mujer de treinta y tantos va al psiquiatra. Es una nueva paciente, así que el psiquiatra empieza a tomar una historia clínica. Aunque en general goza de buena salud, la mujer tiene más de veinte kilos de sobrepeso. Está casada, tiene cinco hijos y es una mamá que se queda en casa. Revela que su marido está actualmente sin trabajo. El psiquiatra lo anota todo.

—Entonces ¿por qué ha venido hoy? —pregunta.

—Me siento un poco deprimida —replica la mujer— y no puedo entender por qué.

No es un chiste irónico que un médico cuenta a otro. Le ocurrió realmente a un psiquiatra en formación que conocí. En cierto modo, es espejo de una verdad: no depende del paciente saber por qué se siente mal, incluso si las razones le están mirando en la cara. Hoy el chiste sería: «Estoy gorda, tengo cinco hijos en casa y mi marido acaba de perder su trabajo. ¿Tiene una pastilla para eso?»

Fue para mí un sorpresa ver cómo muchos pacientes en Estados Unidos creían que había una pastilla para todo. La idea de que tu estilo de vida puede hacerte vulnerable a la enfermedad no se sostenía, y la solución —cambiar tu estilo de vida si quieres estar mejor— era todavía más endeble. En la clínica Lahey me hallaba en la parte inferior del tótem, y los pacientes que examiné eran personas acaudaladas y con frecuencia muy influyentes. Un líder sindical que podía hacer cambiar el voto de millones de trabajadores vino a Lahey sumamente obeso, silbando con cada respiración y abusando del alcohol y el tabaco desde el momento en que se despertaba por la mañana hasta que se acostaba por la noche.

¿Cuál era mi deber con ese paciente? Me dieron instrucciones muy claras: «Sé amable y, hagas lo que hagas, no le digas la verdad.»

Hoy ese código bordea lo inmoral. Entonces, la discreción se consideraba más ética que ninguna otra cosa. A los pacientes de cáncer no se les comunicaba el diagnóstico por rutina. Conocerlo no era un derecho del paciente y muchos temían saberlo. (Todavía ocurre así en muchos países. Leí que al emperador Hirohito de Japón, que murió de cáncer duodenal en 1989, no le dijeron el diagnóstico hasta el final, a pesar del hecho de que lo habían operado ya en otoño de 1987.) He llegado a creer que bordea lo no ético no decir a los pacientes el impacto que tienen sus decisiones de estilo de vida.

Estaba lejos de sentirme así cuando era un joven doctor. Lo que te convertía en un héroe era localizar el diagnóstico correcto y no mucho más. El vademécum te decía lo que tenías que recetar. Cuando extendías una receta al paciente, había una expresión de alivio y respeto que aprendías a creer que era merecida: los medicamentos que dispensabas según un manual eran el símbolo de tu sabiduría. En la jerarquía médica, los cirujanos están en lo más alto porque tienen aptitudes que van más allá de escribir una receta (cuando charlan los cirujanos dicen cosas como: «¿Has visto el melanoma que he salvado hoy?»), mientras que los psiquiatras estaban en lo más bajo porque casi no tenían fármacos que prescribir salvo una pequeña lista de tranquilizantes; los antidepresivos todavía no habían aparecido. No disfrazábamos nuestro desprecio por un médico que pasaba todo el día escuchando a sus pacientes hablando de sus problemas y luego no hacía nada mejor por ellos que volver a hablar.

Estos prejuicios superficiales estaban profundamente arraigados en la profesión. Hizo falta un camino retorcido para que yo encontrara la salida. Los primeros pasos fueron involuntarios, más o menos. Había empezado a sentir una atracción genuina por la endocrinología. Cuando terminó mi residencia de dos años, aprobé los exámenes en medicina interna y podría haber ido directamente a la medicina general. Pero era más prestigioso especializarse. Rita y yo ya habíamos decidido entonces no regresar a India. Nuestros padres se tomaron la noticia lo mejor que pudieron. Mi padre, al menos, comprendió que quería progresar en mi carrera.

El máximo prestigio era conseguir una beca de investigación, y yo fui afortunado. Me ofrecieron una en un programa de endocrinología en un hospital afiliado a la Universidad de Tufts que solo aceptaba a dos o tres nuevos becarios por año. El programa estaba dirigido por un investigador del campo de fama mundial.

Mi tiempo se dividiría entre el trabajo de laboratorio, que conduciría a publicar trabajos de investigación, y ver pacientes en la clínica.

Nada de esto era inusual para un doctor joven en alza. Me fascinaba estar en el laboratorio, y no había forma de prever el encontronazo que terminaría con mi beca y casi con toda mi carrera. Lo que importaba era la sutil interacción de hormonas en el cuerpo, que es de lo que trata la investigación endocrina. El campo tenía mucho que recorrer antes de alcanzar una comprensión completa. El siguiente giro en el camino conduciría a que yo estudiara las hormonas segregadas por el cerebro, no solo el tiroides o las glándulas suprarrenales. El cerebro, por supuesto, está a solo un paso de la mente.

Era un paso que todavía no estaba dispuesto a dar. Nadie a mi alrededor creía que la mente fuera un asunto médico serio; la ciencia no podía probar la existencia de la mente. Los psiquiatras, se decía ampliamente, terminaban en esa especialidad porque no eran lo bastante buenos para dedicarse a la medicina dura. El cerebro humano es de textura suave, blandengue, pero requería medicina dura igualmente. Los seres humanos están acosados por muchas aflicciones mentales. Me asombraba que tantos estadounidenses, dadas sus vidas prósperas y fáciles, estuvieran bajo una nube de malestar. Misteriosamente, para un doctor indio, cada día estaba lleno de gente que se quejaba de depresión y ansiedad. Era vital encontrar una respuesta, que tenía que radicar en el cerebro. En algún lugar de ese laberinto químico se halla el secreto de la felicidad.

Había un problema en esa lógica que tardé una década en descubrir. Ahí es donde entra la parte involuntaria. Aleatoriamente me daban una pista de la conexión mente-cuerpo. Estaba trabajando a tiempo completo en una sala de urgencias de un barrio residencial en Everett, después de que mi beca en Tufts acabara de forma abrupta tras mi confrontación con mi rabioso tutor. Una noche, un fornido bombero irlandés entró en la sala de urgencias quejándose de dolores de pecho severos. Cuando lo examiné, no pude encontrar nada que indicara un problema cardíaco. Después de darle la buena noticia, diciéndole que probablemente se trataba de la contracción de un músculo en torno al esternón, el hombre no pareció aliviado. Me dijo con desdén que me equivocaba. Él sabía que estaba teniendo un ataque al corazón. Lo que es más, insistió en que lo describiera como un ataque al corazón para poder retirarse y cobrar la pensión de incapacidad. Cuando le dije que no podía hacer eso, se marchó con aspecto enfadado y deprimido.

Varias noches después el bombero regresó, quejándose de dolores en el pecho aún peores. El doctor de guardia lo examinó y también descubrió que no le pasaba nada en el corazón.

Cuando yo llegué lo consulté con el médico fijo.

—Finge estar enfermo —dijo—. Es una trampa para conseguir una pensión mejor.

Después de hacer un segundo examen y descubrir yo mismo que no tenía irregularidades, tendía a estar de acuerdo.

A lo largo de los meses siguientes, el bombero regresó al hospital con regularidad. Traté de superar mi escepticismo; escuché la detallada descripción de sus síntomas y lo envié a que le hicieran un ecocardiograma, que dio un resultado normal, luego una angiografía para determinar que sus arterias coronarias no estaban bloqueadas. Cada test resultó negativo, pero no podía sacudirse la convicción de que tenía una enfermedad cardíaca. Por la razón que fuera, no podía trabajar más como bombero, así que accedí reticentemente a recomendar que se retirara por incapacidad.

Su caso llegó a la revisión departamental al cabo de varias semanas. Con frecuencia se trata de una formalidad, pero como médico encargado del caso yo tenía que aparecer para defender mi recomendación. Expliqué mis razones lo mejor que pude, pero cuando el oficial médico me preguntó llanamente si había detectado alguna anormalidad en la estructura o función del corazón de mi paciente, reconocí que no. La solicitud de incapacidad laboral se rechazó.

Dos noches después me llamaron a urgencias. Mi paciente había vuelto. Negué con la cabeza en un ademán de frustración al oír que se trataba de él, pero al entrar en la sala de tratamiento vi que estaba tumbado en una camilla con una mascarilla de oxígeno y conectado a un monitor cardíaco. Había sufrido un ataque cardíaco masivo que le había dañado gravemente el músculo cardíaco. Apenas tenía fuerzas para abrir los ojos. Me reconoció cuando me acerqué a la camilla.

—¿Ahora me cree? —murmuró con amargura. Y entonces murió.

Lo que había ocurrido escapaba a la comprensión. Algunos pacientes se toman muy mal las malas noticias. Declinan rápidamente a pesar de todas las medidas que se toman, y cuando sucumben, el doctor dice: «Murió de su diagnóstico.»

Pero ¿quién muere de una buena noticia? Según todos los criterios normales, ese hombre tenía un corazón sano. Pasé un tiempo considerable pensando en su caso y finalmente llegué a la conclusión de que fue víctima de creencias fatales. Irracionalmente convencido de que su corazón estaba dañado, había desencadenado una cadena de respuestas fisiológicas desastrosas.

Eso es lo más lejos que conducía el camino. La ciencia médica no podía seguir las sendas que iban desde una mera creencia a un suceso masivo en el cuerpo. Algunas fuerzas potentes debían estar implicadas; pero eran escurridizas. Pero en ese momento tenía experiencia de primera mano de la conexión mente-cuerpo, aunque mi formación me decía que lo dejara. Enseguida me fascinó el papel que desempeña el cerebro en el sistema endocrino, aunque al mismo tiempo me negaba a tener en cuenta la mente. Y eran lo mismo. Eso era el conocimiento estándar que se impartía en la facultad de medicina. Si el pensamiento deja trazas invisibles, la química cerebral no. La única elección razonable era seguir las huellas que puedes ver realmente.

14

Un gigante en medicina

Sanjiv

En la facultad de medicina me enseñaron a ser un doctor, pero cuando me convertí en interno lo más asombroso, y en ocasiones lo más aterrador, era que la gente me confiaba sus vidas. Era una responsabilidad imponente. Mis pacientes y sus seres queridos no sabían nada de mí, salvo el hecho de que llevaba bata blanca, tenía un estetoscopio colgado al cuello y una placa que decía DR. CHOPRA. Pero eso era suficiente para ellos; yo era un médico, su médico. Es una muestra de fe formidable. Divulgaban voluntariamente la información más privada sobre sus vidas, con frecuencia cosas que ni siquiera habían contado a sus familiares o amigos más cercanos. No estaban hablando conmigo, Sanjiv Chopra. Estaban hablando con su médico.

En el hospital de Muhlenberg, Amita y yo trabajábamos en horarios muy difíciles. Nunca había tiempo suficiente para hacer todo lo que había que hacer, pero como todos los internos de la historia lo superamos de algún modo. Yo empecé a trabajar en las salas, presentando pacientes al médico oficial. Después de tomar una historia detallada y de llevar a cabo un examen de cada paciente, formulaba mi diagnóstico y me preparaba para explicarlo y defenderlo si era necesario. Los fijos aprendían deprisa de qué internos fiarse. A los dos meses de mi internado, el jefe de medicina, doctor Paul Johnson, me concedió un ascenso inusual, permitiéndome presentarme como residente en un hospital afiliado a Rutgers durante un mes. Pensaba que había agotado todas las horas del día, pero aprendí que no había respiro. Un fin de semana de cada tres, por ejemplo, trabajaba sin parar desde primera hora del sábado hasta última hora del lunes. Una vez tuve veintidós admisiones, haciendo rondas en las unidades coronaria y de cuidados intensivos y en las salas, viendo pacientes, escribiendo órdenes y tomando notas de progreso diarias. Cada pocos minutos sonaba mi busca y el médico de la sala de urgencias me llamaba con otro ingreso. Apenas me había sentado después de ingresar al paciente anterior cuando volvía a sonarme el busca.

Recuerdo un paciente con la pierna escayolada que llegó a la sala de urgencias quejándose de que tenía dificultad para respirar. Tenía un historial de asma y se había quedado sin medicación.

—Ha empeorado mi asma —dijo.

No obstante, yo estaba preocupado de que pudiera tener un tromboembolismo pulmonar causado por un coágulo de sangre en su pierna inmovilizada que se había desplazado al pulmón. Es una situación potencialmente fatal. Un escáner confirmó mi sospecha, y empezamos el tratamiento que le salvó la vida. Trabajar con pacientes que confían en tus aptitudes y juicio era excitante para mí. Significaba que no podía equivocarme, sobre todo si había una situación de amenaza vital. Como interno hay una red de seguridad, una jerarquía: el interno llama al residente de primer año para pedirle consejo. Este o esta, a su vez, llama al residente de segundo año, quien puede llamar al médico adjunto. Cuando había completado mi año en Muhlenberg estaba bastante seguro de mi capacidad de diagnosticar a pacientes con toda clase de enfermedades.

Amita y yo seguimos los pasos de Deepak a Boston, sabiendo que era una meca de la medicina en Estados Unidos. Yo acepté un puesto de residente de segundo año en el Carney de Dorchester. El hospital estaba afiliado a la Universidad Tufts. Amita hizo su residencia en pediatría en el St. Elizabeth's. Poco después de que empezara a trabajar como residente de segundo año en Carney, me llamó un interno. Uno de sus pacientes tenía dolor de cabeza, fiebre alta, malestar abdominal y diarrea.

—Necesito tu ayuda —dijo—. Estoy intentando hacer una punción lumbar y tengo dificultad para encontrar el espacio lumbar para sacar fluido espinal. ¿Puedes echarme una mano?

Entré en la sala, hice un historial rápido pero concentrado y examiné al paciente. Revisé sus estudios de laboratorio e hice un diagnóstico.

—No necesita una punción lumbar —dije—. Tiene fiebre entérica.

El interno estaba muy sorprendido.

—¿Por qué lo piensas?

Aunque la fiebre entérica o tifoidea era rara en Estados Unidos, había visto unos cuantos casos en India. Esa era precisamente la clase de paciente que me encantaba, un misterio por resolver mediante la aplicación de la ciencia demostrada.

—El paciente se quejaba de diarrea —expliqué—. Tiene el bazo inflamado y fiebre alta, y a pesar de esa fiebre alta su pulso no es alto. Normalmente, por cada grado que aumenta la temperatura del paciente su pulso aumenta veinte latidos por minuto. Sus latidos no han aumentado tanto. Es un trastorno llamado bradicardia relativa. También tiene un sarpullido de puntitos rosas y pocos glóbulos blancos. Es un caso clásico de tifoidea.

El interno negó con la cabeza, desconcertado.

—Pero lo ha visto Lou Weinstein.

El doctor Lou Weinstein era un médico de enfermedades infecciosas famoso en el mundo entero; se consideraba el dios de las enfermedades infecciosas. Yo era un residente de segundo año. No culpé al interno por dudar de mí.

Le dije que hiciera algunas pruebas y que solicitara un cultivo de heces. Entretanto, llamé al médico del paciente con mi diagnóstico. Me pidió que llamara al doctor Weinstein.

—Hola, ¿doctor Weinstein? Soy el doctor Chopra, residente de segundo año en medicina.

En cuanto llegué a su despacho, le dije al doctor Weinstein que había examinado al paciente, revisado todas sus pruebas de laboratorio y concluido que tenía fiebre tifoidea.

En India no me habría sentido cómodo cuestionando a un hombre de tal distinción, pero el ego de Louis Weinstein no era un factor. Hubo un rato de silencio, luego me preguntó de manera agradable dónde me había formado. Le dije que me había licenciado en el Instituto Panindio de Ciencias Médicas de Nueva Delhi.

—Es una escuela muy buena. ¿Viste muchos casos de fiebre tifoidea allí?

—Decenas —dije—. Tenemos salas llenas de pacientes con enfermedades infecciosas y muchos de ellos tienen tifoideas.

Le dije las pruebas que había solicitado y luego le sugerí empezar un tratamiento con un antibiótico. Estuvo de acuerdo. Al día siguiente los resultados confirmaron mi diagnóstico. La historia del residente de segundo año que había diagnosticado correctamente lo que era un caso raro de fiebre tifoidea en Boston se extendió rápidamente por el hospital. Mi reputación estaba asegurada en Carney. Yo era el tipo que había superado a Lou Weinstein.

Años más tarde me presenté a una beca para el Jamaica Plain VA Hospital, donde Deepak ya era jefe de residentes. Deepak había elegido endocrinología, pero la especialidad que escogí yo fue gastroenterología, el estudio del aparato digestivo, y su subespecialidad la hepatología, concentrada en el riñón. Ya en la facultad de medicina estaba fascinado con el hígado. El hígado es una máquina asombrosa. Es el órgano más grande del cuerpo humano y, para mí, siempre ha sido el más interesante; cumple con unas cinco mil funciones distintas. Se ocupa de tareas muy complejas y distintas. Decía a mis colegas de cardiología: «Mira, la única razón para que exista el corazón es que pueda bombear aire oxigenado al riñón.»

El jefe de la División de Gastroenterología del VA era un clínico y académico legendario, el doctor Elihu Schimmel, quien me dijo durante la entrevista para la beca en gastroenterología: «Sanjiv, si tienes los mismos genes que Deepak, estás admitido.»

Ese año fue la única vez en nuestra vida que Deepak y yo trabajamos en el mismo hospital. Resulta que había un tercer doctor Chopra en el hospital de Jamaica Plain, experto en riñón. El personal nos confundía constantemente. Imagina: tres médicos indios con el mismo apellido. En ocasiones un residente se me acercaba y decía: «Entonces, doctor Chopra, ¿cree que este paciente padece hiperparatiroidismo?», y yo le decía: «Creo que debería hablar con mi hermano, es el endocrinólogo.» O preguntaban a Deepak: «¿Cuándo va a hacer una biopsia de hígado a nuestro paciente?» A lo que él respondía: «Creo que tiene que hablar con mi hermano.»

Pero aunque estábamos en el mismo hospital, nunca trabajamos juntos a menos que estuviéramos atendiendo al mismo paciente. En ocasiones coincidíamos en el salón de los médicos o en casa discutíamos nuestros casos más interesantes y desafiantes, como probablemente habríamos hecho con otro colega, pero allí terminaba todo.

Con cada año de formación iba ganando confianza en mi capacidad de diagnosticar incluso los trastornos más complicados. Pero poco después de que llegara a Jamaica Plain recibí una buena lección de lo mucho que todavía tenía que aprender en relación con la práctica de la medicina. La primera semana de mi beca de gastroenterología me presentaron a un paciente del doctor Schimmel. Me tomé mi tiempo para preparar esta presentación, sabiendo lo importante que era empezar bien. Antes de presentar al paciente hice una radiografía abdominal de riñón, uretra y vejiga. Encendí la máquina para visionar radiografías y antes de que pudiera apagarla, literalmente en cuestión de segundos, el doctor Schimmel dijo:

—Para.

Paré. Él miró la radiografía durante unos treinta segundos.

—Sanjiv, este paciente es fumador crónico y alcohólico. Tiene diabetes. También tuvo polio de niño. Necesita que le extirpen la vesícula.

Estaba anonadado.

—Eli —empecé a decir (para entonces, aunque todavía no me

sentía completamente cómodo con eso, me había acostumbrado a la informalidad de dirigirme a médicos superiores por su nombre)—. ¿Quién de mis compañeros le ha presentado a este paciente?

—Nadie —replicó.

—Entonces ¿cómo puede saber todo eso con una sola radiografía?

Lo explicó:

—Tiene el diafragma aplanado e hiperinflamación pulmonar. Es un signo de que es fumador, enfisema. Veo calcificación pancreática, así que también tiene pancreatitis crónica como consecuencia del alcohol. Tiene necrosis aséptica de la cabeza del fémur y cifoescoliosis, lo cual podría ser resultado de polio en la infancia.

Éramos seis residentes los que estábamos en la sala, escuchándolo, embelesados. Nadie dijo una palabra y yo estoy seguro de que todos estábamos pensando lo mismo: estamos viendo la actuación de un virtuoso.

—Veamos —continuó el doctor Schimmel—, aquí hay un pequeño aro de calcificación en la pared de la vesícula. Cuando vemos esto lo llamamos vesícula de porcelana, y hasta el sesenta por ciento de estos pacientes desarrollan cáncer de vesícula, así que necesita que le extirpen la vesícula. ¿Preguntas?

Yo tenía una.

—¿Cómo sabe que tiene diabetes?

—Bien, sí —respondió—. Tiene calcificación del conducto deferente. Si lo vemos en un país en vías de desarrollo como India es tuberculosis, pero en Occidente es diabetes.

En unos segundos, el doctor Schimmel había demostrado su maestría como clínico astuto. Para mí era una aplicación extraordinaria de ciencia médica a un paciente real. Me mostró lo que era posible.

Por supuesto, posteriores pruebas confirmaron que el doctor Schimmel tenía toda la razón. Justo en el blanco. Ese día quedó impreso para siempre en mi memoria. La gente sin conocimientos médicos no puede apreciar plenamente la dificultad de lo que

Deepak, de niño, con sus padres, Krishan y Pushpa Chopra, 1949. Por entonces Krishan era médico militar.

Deepak, de cinco años, y Sanjiv, de tres, delante de su casa en Pune, 1952.

Deepak, disfrazado de encantador de serpientes, y Sanjiv, de Señor Krishna, ganaron el primer y el segundo premio, respectivamente, en un concurso de disfraces. Jabalpur, 1958.

Los hermanos Chopra camino de la escuela con sus amigos Ammu Sequeira y Prasan Rao. Jabalpur, 1956.

Autorretrato de Deepak, 1961. A los catorce años de edad ganó un certamen de ensayos organizado por la escuela de St. Columba con un trabajo titulado *The Nature of Time* [La naturaleza del tiempo].

Sanjiv, a los dieciséis años, en un descanso del curso preparatorio en la Universidad de Delhi, Pune, 1965.

Krishan Lal, de treinta y cuatro años, y Pushpa Chopra, de veintisiete, en Jammu, 1960. Estuvieron felizmente casados durante más de cincuenta años.

Sanjiv con su compañera de clase y futura esposa, Amita, en una visita a Pune durante unas vacaciones, en compañía de su madre, Pushpa, y su hermano, Deepak, 1967.

Los hermanos Chopra y sus padres a la orilla del lago, en un viaje a Mahabaleshwar, 1967.

Deepak y Sanjiv en su primer viaje a Vermont para esquiar, 1973.

La familia Chopra compartiendo un momento con Hillary Rodham Clinton, junio de 2007.

Los padres de Deepak y Sanjiv de visita en el apartamento de este último en Boston, 1973.

Campeones del Action-Delos Living™ y Clinton Global Initiative, comisionados para crear un mundo pacífico, justo, sostenible y saludable. De izquierda a derecha: Morad Fareed, el presidente Bill Clinton, Deepak Chopra, Steve Bing, Terry McAuliffe, Jason McLennan y will·i·am, en septiembre de 2012.

Sanjiv contrae matrimonio con Amita durante su último curso de Medicina, en Nueva Delhi, 1970.

Deepak disfrutando de la compañía de sus nietos Tara, Leela y Krishan, 2011.

Sanjiv y Amita durante unas vacaciones en St. Martin, 1975.

The Way We Were. Finales de los años ochenta: Deepak y Michael Jackson después de una sesión de baile en el estudio del segundo. Deepak le enseñó algunos pasos, y Michael no pudo parar de reír. *(Foto: © Dilip Mehtra)*

La familia de Sanjiv el Día de Acción de Gracias de 2012.

El Maharishi Mahesh Yogi con Deepak en un bosquecillo a las afueras de Vlodrop, Países Bajos, a finales de los años ochenta.

Sanjiv en un momento de relax con sus hijas Priya, de ocho años, y Kanika, de dos, en su hogar de Newton, Massachusetts, 1978.

La familia Chopra festejando la boda de Gotham y Candice, Nueva York, 2002.

anjiv, con su familia más próxima, celebrando la boda de su hija Kanika con Sarat Sethi,
Nueva Delhi, 2001.

Deepak y el presidente Bill Clinton en el Despacho Oval, 2005. Deepak dictó una conferencia ante personal de la Casa Blanca.

Sanjiv tras peregrinar a St. Andrews, Escocia, para jugar al golf, 1997.

El presidente Obama y la familia Chopra definiendo la Nueva América, 2012. *(Foto © Beatrice Mortiz)*

hizo. He contado con frecuencia esta historia a colegas en medicina durante las últimas tres décadas y quedan invariablemente impresionados.

Sabía que estaba en un lugar de tremendo aprendizaje y había desarrollado una relación estrecha con el doctor Schimmel. Iba a convertirse en el mentor inspirador que ha modelado mi forma de pensar. Ha sido una suerte haber trabajado con médicos como Eli Schimmel. En Estados Unidos, los médicos se convierten en presidentes de grandes departamentos médicos porque se lo han ganado, mientras que en muchos lugares del mundo la veteranía y el nepotismo pueden ser más importantes que el mérito. De Eli Schimmel aprendí el enfoque adecuado a la medicina y he llevado eso conmigo a través de mi carrera. También fue un privilegio y una suerte que al año siguiente me eligieran para una beca de hepatología con el doctor Raymond Koff, uno de los hepatólogos más respetados del mundo.

En cierta ocasión, uno de los otros becarios en gastroenterología estaba presentando a un paciente con una hemorragia intestinal para los becarios, estudiantes de medicina y varios miembros de la facultad. Relató la historia, explicó el examen médico y dijo:

—El paciente necesitaba cuatro unidades de sangre. Así que...

—Alto —lo interrumpió el doctor Schimmel. El becario se detuvo de inmediato—. ¿Cómo sabe que requería cuatro unidades de sangre? Quizá necesitaba tres o cinco. Lo que quiere decir es que le hicieron una transfusión de cuatro unidades de sangre. Deme solo los hechos, por favor.

Por supuesto tenía toda la razón. La práctica de la medicina se basa en la observación y en los hechos. Así que, desde ese día en adelante, esa fue la forma en que empecé a pensar, hablar y escribir.

Varios meses después, tuve la oportunidad de demostrarle lo exitosa que había sido su lección y, quizá, demostrar que era un alumno valioso. Uno de los becarios de gastrointestinal estaba presentando a un paciente cuando Eli dijo:

—Así pues, la falta de ácido clorhídrico en el estómago estimula la segregación de gastrina...

Esta vez yo lo interrumpí. En India, por supuesto, nunca me habría atrevido a hacerlo. En Estados Unidos ese tira y afloja era la forma de aprender medicina en las guardias. Supongo que en este sentido me había americanizado.

—Eli, eso no es verdad —dije—. La falta de ácido hidroclórico es permisiva con la segregación de gastrina. —Entonces empecé una discusión del tema.

Cuando hube terminado, el doctor Schimmel se volvió al grupo y sonrió.

—Sanjiv, tu reflexión es mucho más elegante que la mía.

Una lección de humildad y un bonito cumplido de uno de los gigantes de la medicina.

Había tanta riqueza en el hecho de vivir en Estados Unidos que Amita y yo decidimos solicitar cartas verdes para permanecer aquí, si no permanentemente, al menos durante varios años. Así que descartamos nuestro plan original, que era terminar nuestra educación aquí y regresar a India.

Solo los inmigrantes en Estados Unidos conocen el mundo de la carta verde, la tarjeta originalmente emitida por el Servicio de Inmigración y Naturalización que hace de una persona residente legal, lo cual conlleva casi todos los derechos, salvo el de votar, de que disfrutan los ciudadanos. Sin una carta verde no puedes quedarte legalmente en Estados Unidos.

Conseguir una carta verde se convierte en una gran industria. Requiere un buen abogado y puede consumir mucho tiempo y resultar caro, pero cuando un inmigrante finalmente la recibe, es como si te dieran oro. Significa que tu vida ha cambiado para siempre.

Amita y yo solicitamos nuestras cartas verdes al terminar nuestras residencias en el hospital Muhlenberg. Pasó el tiempo y no recibimos noticias, de modo que supusimos que nuestras solicitudes estaban siendo procesadas, hasta que recibimos una carta de Inmigración más de un año después: «Es su tercer y último aviso —decía—. Si no se presenta a una entrevista en esta fecha eliminaremos su fichero.»

¿Tercer aviso? No habíamos recibido ningún aviso. Pero aun así, estábamos excitados. Pensábamos que eso significaba que íbamos a recibir nuestras cartas verdes.

Fuimos a nuestra vista sin ningún abogado. Nunca se nos ocurrió que fuera algo distinto a una formalidad. Al fin y al cabo, estábamos en el país que recibía inmigrantes con los brazos abiertos. El agente de la vista se llamaba señor Pickering.

—Así pues —empezó—, ¿han solicitado la inmigración?

—Lo hemos hecho —dije—, por eso estamos aquí.

Se volvió hacia Amita.

—Ahora deje que le pregunte independientemente. —Me miró a mí y me dijo que no respondiera por ella. Entonces preguntó—: ¿Ha solicitado inmigración?

—Sí —dijo ella.

A continuación se volvió hacia mí.

—Y usted, doctor Sanjiv Chopra, tiene su visado para venir aquí con términos explícitos de que se formaría durante cinco años y volvería. En cambio, ahora los dos han solicitado la inmigración. Han demostrado que son mentirosos y deshonestos. Recibirán aviso en el plazo de dos semanas explicando que han de abandonar el país en un mes.

Estábamos anonadados.

—¿Qué está diciendo? He aceptado una beca del St. Elizabeth's Hospital y Amita va a ser jefa de residentes en pediatría en el Boston City Hospital. Hemos firmado contratos, no podemos irnos.

Se encogió de hombros.

—Me importa un bledo. Denegado.

Estábamos anonadados. ¿Y nuestros planes? Probablemente no lo comprendíamos en ese momento, pero acabábamos de entrar en un mundo familiar para muchos inmigrantes, un mundo en el que te sientes impotente contra el gobierno, donde cada vez que recibes una carta del servicio de inmigración tu corazón empieza a latir más deprisa. Al principio no teníamos idea de qué hacer. ¿Cómo te enfrentas al Gobierno de Estados Unidos?

Habíamos llegado a Estados Unidos con la intención de volver a casa cuando hubiéramos completado nuestros estudios. No habíamos mentido sobre eso, no se trataba simplemente una historia para entrar en el país. Solo después de que nos asentáramos aquí empezamos a considerar la posibilidad de quedarnos. Nuestra reacción fue probablemente típica. Cuando tomamos nuestra decisión de quedarnos estábamos en cierto modo ambivalentes con ello. Sabíamos lo que dejábamos en casa, sabíamos que echaríamos de menos muchas cosas de nuestro país, sobre todo el contacto con la familia, pero sentíamos que podíamos tener una vida mejor aquí. Después de que nos dijeron que no nos dejarían quedarnos, permanecer aquí se convirtió en lo más importante de nuestras vidas. Cualquier duda que hubiéramos tenido desapareció.

Amita llamó al director de su programa en el Boston City Hospital, el doctor Joel Alpert. Amita había completado su residencia allí, y él la había elegido para que fuera la primera extranjera y la primera mujer jefe de residentes del servicio de pacientes ingresados. Era todo un honor.

—Conozco a alguien en Inmigración —nos dijo—. Me aseguraré de que no recibáis esa carta.

Entonces nos dijeron que necesitábamos un abogado de inmigración. El hombre que nos recomendaron era el señor O'Neal. Nos dijeron que sus honorarios eran astronómicos, pero que era muy bueno. Lucha por ti. Lo conocimos. Tenía una figura grande e imponente.

—No pasará nada —nos tranquilizó—. Iré con ustedes a la siguiente entrevista. No se preocupen por eso. Cuando termine con esto tendré al señor Pickering recogiendo cáscaras de cacahuete en Boylston Street.

Vino con nosotros a la siguiente cita. Nos tranquilizó diciendo que la reunión había ido bien. Nos hicieron muchas preguntas que respondimos con sinceridad. Él se sentó a nuestro lado, sin decir una palabra, pero sonrió con tranquilidad. A lo largo de las semanas siguientes vivimos en un estado de preocupación perpetua, hasta que finalmente nos enteramos de que habían aprobado nuestra residencia permanente. ¡Nos permitieron quedarnos en Estados Unidos!

Y cuando para mucha gente el coste es de miles de dólares, O'Neal nos dijo:

—No tuve que hacer gran cosa. Sus credenciales son impecables. Mis honorarios son cuatrocientos dólares.

¿Cuatrocientos dólares para que nos dejaran quedar en Estados Unidos? Desde luego fue la mejor ganga de nuestras vidas.

Estábamos tan complacidos de recibir nuestras cartas verdes que no consideramos inmediatamente dar el siguiente paso, convertirnos en ciudadanos. Eso fue décadas antes de que empezaran en Estados Unidos los grandes debates sobre inmigración y, al menos para los indios educados, convertirse en ciudadano no era difícil.

Había considerado por primera vez la posibilidad de convertirme en ciudadano estadounidense el año que llegamos, cuando todavía estábamos en Muhlenberg y, francamente, no veía ninguna razón obvia para hacerlo. Había hablado con Deepak sobre ello, pero él tampoco había tomado la decisión todavía. Estábamos viviendo en Estados Unidos y habíamos mantenido nuestra ciudadanía india; en algunos aspectos era la mejor solución para nosotros. Siempre habíamos estado orgullosos de ser ciudadanos indios. No obstante, varios años después estábamos bien asentados aquí y yo estaba trabajando de ayudante del jefe de medicina en el West Roxbury VA Medical Center. El director del departamento, Arthur Sasahara, me preguntó sobre mi estatus de inmigración.

—Tengo la carta verde —dije.

Negó con la cabeza.

—Ha de convertirse en ciudadano estadounidense.

—¿Por qué?

—Formamos parte del gobierno federal —explicó—. Si hay recortes y hemos de despedir trabajadores, los primeros en irse son los empleados temporales. Técnicamente es usted un empleado temporal, porque no es ciudadano. Así que, por favor, solicite la ciudadanía.

Era un paso que no había considerado necesario. Aunque esta vez no tenía intención de regresar a India a vivir, todavía sentía lealtad. India era mi país, el país que había pagado mi educación médica. Mis padres estaban allí. Los recuerdos de mi infancia estaban allí. Mi familia había escrito nuestra historia en rollos en una ciudad de allí.

Muchos de los amigos indios que habíamos hecho en el mundo de la medicina habían solicitado la ciudadanía estadounidense. No era un tema de conversación habitual en la comunidad india de Boston, porque se consideraba una decisión muy personal. Pero en ese momento había una razón para que diera ese paso. Afirmar que lo hacía porque creía fuertemente en los principios y valores de Estados Unidos no sería cierto. Aunque sí creía que este es un país agradable y único, también mantenía mi amor por India. India, aun con sus problemas, es un país maravilloso. Y he de reconocer que había al menos algunas punzadas de culpa. El Gobierno indio me había dado esta educación formidable; tuve maestros fabulosos y modelos de conducta en la facultad de medicina. De pronto un día habíamos hecho las maletas y nos habíamos marchado. La forma en que lo racionalicé fue que probablemente teniendo éxito en Estados Unidos sería mejor para India que si me hubiera quedado allí. Aunque en muchos sentidos eso ha resultado cierto, tanto en mi caso como en el de Deepak, no puedo decir que no sintiera cierto temor sobre mi decisión.

Cuando lo discutí con Amita, ella ya se había decidido. Se negó de plano.

—Soy india —dijo—, no renunciaré a mi ciudadanía india.

En opinión de Amita todavía era muy posible que volviéramos a India algún día, y ella no estaba dispuesta a renunciar a ese sueño. Amita siempre había sido apasionada respecto a India y la mayoría de las cuestiones indias, sobre todo nuestra gran cultura, mucho más que yo.

Fue una decisión muy difícil para nosotros, y debo reconocer que Amita y yo tuvimos discusiones sobre ello. En ese sentido, estoy seguro de que no éramos diferentes a inmigrantes de cualquier parte del mundo. Se trata de un compromiso enorme y algunas parejas se han separado por esa causa. Pero para mí la oportunidad de hacer lo que necesitaba hacer estaba aquí. Era categórico en ello y se lo dije de plano.

—Amita, no voy a volver. Y sabes que nuestros hijos no querrían vivir allí. Están educados aquí. Son estadounidenses.

Le recordé que algunos de nuestros amigos médicos indios habían regresado a casa y las cosas no les habían ido nada bien. Casi de manera inevitable volvieron a Estados Unidos. Aunque era posible ir a India y establecer una consulta privada allí, y podríamos haber trabajado con mi padre si queríamos estar en la medicina académica, que me encantaba, había menos oportunidades. Nuestros compañeros de clase que se quedaron en India habían progresado dentro del sistema, y quedaba poco espacio para aquellos que regresaban, por más credenciales que tuvieran o por mucha experiencia que hubieran adquirido. El Gobierno indio había creado la categoría de «funcionario de reserva» para doctores que retornaban, lo que significaba que no eras profesor asociado, ni siquiera asistente del profesor. Era una posición insostenible. Hubo un legendario profesor de patología en la clínica Mayo que regresó a India, pero, como muchos otros que intentaron hacer ese viaje, después de un tiempo renunció a tratar de tener éxito dentro del sistema y volvió de nuevo a Estados Unidos.

Amita se negó a solicitar la ciudadanía, pero yo seguí adelante con ella. Cuando fui a mi entrevista el oficial examinó mi solicitud.

—Así que es médico, ¿eh? ¿De qué clase?

—Muy bueno —le dije.

Los dos reímos y yo continué.

—Lo siento. No quería ser tan gracioso. Soy gastroenterólogo, especializado en hepatología, las enfermedades del hígado.

La mayoría de los estadounidenses no saben exactamente qué significa gastroenterología, salvo que tiene algo que ver con el estómago. Pero había encontrado un oficial que lo sabía demasiado bien.

—¿Gastroenterólogo? —dijo—. Mi hija tiene la enfermedad de Crohn.

Durante la siguiente media hora discutimos sobre la enfermedad de Crohn, los mejores tratamientos y algunos avances excitantes en ese campo. Me hizo una sola pregunta.

—¿Qué presidente abolió la esclavitud?

Y luego pronunció estas palabras exactas.

—Bienvenido a Estados Unidos.

La ceremonia oficial se celebró en el Faneuil Hall de Boston donde varios de los Padres Fundadores habían pronunciado discursos antes de la guerra revolucionaria. Sientes que te rodea la historia cuando estás ahí, y no podría haber un lugar más apropiado para jurar como ciudadano de este país.

Había aproximadamente doscientas cincuenta personas conmigo y era obvio que habían llegado de todo el mundo. Muchas razas diferentes estaban representadas y unas pocas personas incluso llevaban sus vestidos nativos. El juez llegó tarde, pero cuando empezó la ceremonia, preguntó:

—Bueno, ¿cuántos niños hay aquí?

Se alzaron unas cuantas manos y les pidió que se levantaran.

—¿Cuántos vais a volver a la escuela después de esta ceremonia?

Todos los niños levantaron la mano. Fue entonces cuando dijo:

—Os prohíbo solemnemente que vayáis a la escuela hoy. Hoy es un día muy especial en vuestras vidas. Os habéis convertido en ciudadanos de Estados Unidos. Es un día para celebrarlo. Ordeno a vuestros padres que lo celebren con vosotros.

Entonces nos tomó juramento a todos.

Los niños vitorearon. Estaba conmovido por toda la ceremonia, por donde estábamos, por lo que se dijo, por la alegría en todas esas caras. Era asombroso, pensé. Estados Unidos es un lugar hermoso.

Amita resistió durante cierto tiempo después de eso. No es que se sintiera menos feliz por estar en Estados Unidos, pero su amor seguía en India. Cambió de idea cuando hicimos nuestras terceras vacaciones con los niños en España. Visitamos varias ciudades antes de decidir ir al Peñón de Gibraltar. Fuimos en coche hasta allí. Como Gibraltar sigue siendo posesión británica, tuvimos que enseñar los pasaportes. El oficial de inmigración miró los pasaportes indios de Amita y Priya y dijo:

—Lo siento, no pueden entrar. Tienen una sola entrada en España y ya la han hecho. Volver de Gibraltar sería una segunda entrada. Podrían entrar, pero no podrían volver.

Así que las dos tuvieron que esperar en España mientras mis otros dos hijos y yo íbamos a ver el Peñón de Gibraltar.

La siguiente vez que volvimos del extranjero, Amita tuvo que quedarse en la cola de nacionales extranjeros para pasar el control de inmigración. Esa cola es siempre considerablemente más grande que la fila para ciudadanos estadounidenses, porque los funcionarios parecen especialmente cuidadosos con los visitantes que entran en el país. Amita descubrió que era vejatorio y finalmente dijo:

—Vale, me haré ciudadana estadounidense, pero lo hago por conveniencia.

También fue a Faneuil Hall para jurar. Toda la experiencia, tomar el juramento delante de la bandera de barras y estrellas, sentada en largos bancos con inmigrantes de muchos países diferentes, realmente la afectó. Algunos de sus vínculos emocionales habían sido cortados, pero sus sentimientos fuertes respecto a India permanecieron.

Ambos éramos ya ciudadanos del país más hermoso del mundo, y también nuestra hija mayor, Ratika Priya. Éramos oficialmente indoamericanos. En realidad, estábamos atrapados entre dos mundos. Cuando reflexionaba sobre India pensaba en la familia extensa, en espiritualidad, en colores destellantes y sonidos encantadores. Pero cuando pensaba sobre mi nuevo país de adopción, reflexionaba sobre la libertad, la tierra de la oportunidad sin parangón, el país donde quería ver a mis hijos plantando raíces.

Ahora he viajado por el mundo. No hace mucho me encontré con un letrero que decía: LA ÚNICA NACIÓN VERDADERA ES LA HUMANIDAD. Eso resuena verdadero para mí.

15

Una luz oscura

Deepak

Tenemos palabras en inglés para la iluminación y las parábolas sobre el camino a Damasco. El despertar repentino es muy teatral, pero ayudaría contar con una palabra distinta para una epifanía de movimiento lento. La razón de que no exista, supongo, es que las epifanías lentas suelen reconocerse años más tarde con una mirada atrás.

Después de abandonar mi residencia y cortar todos los lazos con el hospital afiliado a Tufts, el camino hacia delante parecía desesperadamente bloqueado. La endocrinología ya no se adivinaba en mi futuro. Me sentía obstaculizado. En el lado positivo, en mi nuevo trabajo en la sala de urgencias de Everett pagaban un sueldo de verdad, mucho más de lo que sacaba con mi beca. Cuando me presenté allí con la esperanza de trabajar por horas, me recibió el único médico de urgencias a tiempo completo, que estaba sobrecargado, y me ofreció un puesto a tiempo completo en el acto. Yo argumenté que no estaba verdaderamente cualificado en medicina de urgencias, pero no hizo caso de mis objeciones y argumentó que él me formaría. Rita estaba embarazada de nuestro segundo hijo en ese momento, pero mi trabajo era tan exigente que apenas nos veíamos de pasada.

Una noche, estando yo de guardia, Rita me llamó a la sala de urgencias.

—Felicidades, tienes un hijo.

Al principio no entendía lo que había ocurrido.

Cuando había empezado a tener contracciones, Rita recogió todo lo que necesitaba y condujo ella misma hasta el hospital (su madre, que había venido de India para quedarse con nosotros, era el pasajero nervioso), y horas después de dar a luz me llamó por teléfono. Es un hito llegar a salvo al centro de Boston entre la maraña del tráfico. Fue extraño oír todo eso entre los casos de trauma y me entristeció no poder irme al recibir la noticia. Pero así era nuestra vida.

Decidimos llamar al niño Kabir, en tributo a uno de los poetas más reverenciados de India. Mi madre tenía amigas que venían para el *kirtan*, el canto y la recitación ceremonial. Alguien tocaba el armonio mientras las señoras cantaban canciones que con frecuencia eran de Kabir.

El poeta Kabir también tiene una encantadora historia relacionada con él. Era un huérfano de Benarés, y nadie sabe qué religión seguían sus padres. De niño lo había adoptado una pareja de musulmanes pobres que enseñaba a sus hijos a tejer, que es lo que hizo toda su vida. No obstante, Kabir miró más allá del islam, y engañó a un gurú llamado Ramananda para que le diera un mantra en sánscrito con el que meditar. Pero esto no significaba que pensara en sí mismo como hindú. Cuando Kabir murió en 1518, los musulmanes reclamaron su cadáver para enterrarlo, mientras que los hindúes lo querían para la cremación. Surgió una discusión acalorada. Alguien apartó la tela que cubría el cadáver. Milagrosamente el cuerpo se había convertido en un ramo de flores. Este se dividió y los musulmanes enterraron su mitad y los hindúes quemaron la otra mitad.

Mi madre amaba a Kabir, pero tenía reparos sociales respecto a poner su nombre al bebé. No quería que cuando creciera los extranjeros supusieran que alguien llamado Kabir, que significa «grande» en árabe, era musulmán. Rita y yo le dimos vueltas. Al final elegimos Gautam, un nombre común en el norte de India;

nos complacía la asociación con Buda, que se llamaba Gautama cuando salió de casa y emprendió su vida como monje errante.

El trabajo en urgencias me reportaba 45.000 dólares al año, una suma de ensueño para nosotros. Habíamos superado la cuenta de ahorro para pasar a las tarjetas de crédito, sintiéndonos cada vez más estadounidenses al hacerlo. Compramos nuestra primera casa por 30.000 dólares en la cómoda ciudad dormitorio de Winchester. Pero nada podía con mi ansiedad de que profesionalmente me encontraba en un callejón sin salida. Tardé casi un año antes de que algo se moviera. Entonces recibí una llamada inesperada de un investigador académico, un colega que conocía desde hacía tiempo, pero al que casi había olvidado. Era jefe de servicio en el Boston VA Hospital en Jamaica Plain.

—He oído que estabas buscando otra beca —dijo—. ¿Qué te parecería trabajar para mí y terminar tu formación en endocrinología?

—Conoces mi historia —dije con cautela.

—Sí. —Escuché la sonrisa en su voz.

Después se me ocurrió que eso quería decir: «Por eso te he llamado.» Mi anterior director no era muy querido entre otros médicos de investigación. Había tratado con desdén a todos sus estudiantes, creyendo al parecer que insultar la inteligencia de otras personas era una forma de demostrar su autoridad. Nada de ese desagrado era visible cuando me contrataron a mí. La única condición que acompañaba a la beca era que sería residente jefe en el VA.

Después de que completé mi residencia en endocrinología, aprobé las pruebas de certificación en 1977, lo cual significaba que ya era un médico con licencia en medicina interna y endocrinología. Como yo había perdido dos años, Sanjiv hizo sus estudios en endocrinología al mismo tiempo que yo. Pero yo estaba satisfecho. Había cumplido con todos mis objetivos formativos. En cuanto a la investigación, pasé mi tiempo en VA estudiando la glándula tiroides, como había hecho antes. Terminé publicando un par de trabajos y mi recompensa fue una pequeña pero creciente reputación. Las marcas negras de mi previo altercado se borraron.

No sé si me cuestionaba vagamente cómo funcionaba el sistema, pero todavía tenía la intención de trabajar en él. Rebelarse no era la única forma de cambiar las cosas. Sería echarme flores sin causa afirmar que la rebelión se me ocurrió alguna vez. Por brillante que pueda ser la medicina científica, yo estaba caminando por las salas completamente ciego a otra realidad: la realidad de un paciente entrando en el hospital. Casi siempre está atemorizado, y en ocasiones oculta un profundo temor. Su salud y quizá su vida están en riesgo. El proceso de admisiones es impersonal. Si existe la perspectiva de una carísima factura hospitalaria al final, como ocurre con frecuencia, se acumula más ansiedad. Además, las pruebas que llevan a cabo los médicos conllevan una dosis de indignidad cuando el paciente se sienta desnudo bajo una tenue bata verde sobre una mesa fría de metal.

Estos no son cambios superficiales respecto a la vida normal. Los médicos hablan en jerga que es básicamente ininteligible para una persona media. La rutina mecánica se impone en cuanto llegas a tu habitación de hospital, un lugar aséptico y ajeno. Los camilleros y las enfermeras vienen y van con solo un fugaz interés en tu lado humano. La entrevista con el cirujano, si es que te han ingresado para cirugía, dura apenas quince o veinte minutos, y estás demasiado nervioso para plantear todas las preguntas que habías pensado; luego estas te dan vueltas obsesivamente en la cabeza cuando yaces sin sueño en la cama mirando al techo.

Las dos realidades de paciente y médico son casi como las de víctimas y perseguidor, aunque haya buena intención por ambos lados. Nadie se ocupa de lo terrible que es para un paciente ser despersonalizado, ni siquiera en el momento en que está ocurriendo. Todos hemos visto suficiente televisión para saber que los médicos hablan del «cáncer pancreático de la habitación 453», no del «angustiado señor Jones de la habitación 453». Si un cirujano extirpa con éxito un tumor maligno, piensa para sí —al menos en ese momento— que ha «salvado» al paciente, sin preocuparse mucho por lo que con frecuencia es un pronóstico funesto y en última instancia irreversible. No es un tributo a la naturaleza humana que quien sostiene todo el poder, el médico, sea inmune a la situación grave de quien no tiene ningún poder en absoluto, el paciente.

Me encontraba cómodamente instalado en Estados Unidos, pero India estaba a punto de reclamarme. No sentía que necesitara hacerlo. Entre nuestros amigos había muchos doctores indios, igual que en Jamaica Plain. Sanjiv había llevado su familia a Boston, así que no hubo ruptura en nuestra relación. Nos sentíamos tan unidos como siempre. La forma en la que hablábamos ya no era la de dos niños que crecen. La carrera y la familia se volvieron cuestiones prioritarias. Ya no éramos estrellas gemelas que orbitaban una en torno a la otra, pero sentíamos que la constelación era segura con la participación de mujeres e hijos. Una vez que pasé a la consulta privada, la medicina de Boston proporcionó lo que siempre había prometido, una comunidad de los mejores hospitales con médicos que también pensaban que eran los mejores.

La situación no se convirtió en una historia de desilusión. El cinismo no corroía mi corazón ni estropeaba mi vida competida. Una vez que renuncié a trabajar en los horarios inhumanos de un residente y los turnos de toda la noche en la sala de urgencias (dos cosas que habían sido una constante durante seis años), hice lo que los médicos establecidos hacen en todas partes.

Mi día empezaba alrededor de las cinco de la mañana. Me levantaba, desayunaba a la carrera, empezaba a acumular energía con café fuerte y conducía al hospital. Estaba afiliado a dos hospitales, situados en Melrose y Stoneham, lo que significaba que era médico adjunto. Esos eran los lugares donde se ingresaban mis pacientes privados si necesitaban cirugía o cuidados hospitalarios.

Hacía las rondas de la mañana, visitaba a mis pacientes ingresados y luego volvía en coche a mi oficina en torno a las ocho. Las nueve horas siguientes estaban llenas de visitas. Mi relación con los pacientes todavía era buena, y conseguí un gran número de ellos: creo que mi consulta tenía más de siete mil pacientes en el archivo en el momento más alto. Al atardecer, volvía al hospital para las rondas de noche, y luego a casa otra vez. El ciclo completo, que se repitió durante la década siguiente, era el espejo de la rutina de cualquier otro médico que conocía. Salir antes del alba, volver después de anochecer. Rita y sus amigas, que también eran mujeres de médicos, educaban a sus familias en función de las exigencias del trabajo de sus maridos. Simplemente se aceptaba así.

La formación médica pospone el proceso de madurar como persona. Yo había sido estudiante a tiempo completo hasta que cumplí treinta años. Un aspecto de sobrevivir en una situación tan inmadura era permanecer inmaduro, escuchar a la autoridad, quedarse en el peldaño inferior de la escalera, tranquilizándote con el hecho de que había mucho que aprender. La medicina en Estados Unidos es increíblemente egoísta si se ve como un ascenso a los niveles más altos de ingresos económicos. El sueño americano en su expresión más burda es la nómina. Una vez que mis ingresos anuales superaron los 100.000 dólares, Rita y yo mirábamos el dinero con una sensación de irrealidad. La casa en la que nos instalamos por fin, que estaba en Lincoln, otra ciudad dormitorio cómoda a las afueras de Boston, costó seis veces lo que la primera. Los setenta fueron la década de hacernos adultos. Apartarme del foco de atención era algo que apenas consideré: si no maduras a tiempo, puede que nunca tengas una segunda oportunidad.

Eso sí, empecé a fijarme en que mi mundo era estrecho y lleno de rituales. En Jamaica Plain, nuestra Little India había sido glamurosa a la inversa, con la excitación nerviosa de los elevados índices de delincuencia y la osadía de vivir al día. En una ocasión llegué a casa exhausto y me derrumbé en la cama. Rita había salido a hacer recados. De repente, oí un estruendo procedente del salón. Despertado por la adrenalina, corrí al salón. Un hombre negro de aspecto amenazador había entrado en mi casa. Se quedó parado, sopesándome. Mi mente corrió inmediatamente al bebé, que estaba durmiendo en su cuna. Cogí un bate de béisbol y cargué contra el intruso. (El bate era un regalo de un amigo estadounidense que quería convencerme para que dejara el críquet.) Antes de que el intruso tuviera tiempo de reaccionar, le di con fuerza en los riñones y lo derribé.

La escena se tornó caótica al instante. Los vecinos llegaron corriendo. Rita entró en casa con bolsas de la compra y se encontró al niño gritando aterrorizado en el suelo del salón junto a un desconocido que blasfemaba y se retorcía de dolor. Llegó la policía, y yo estaba tratando de no parecer excitado por la adrenalina; no se me escapó que me encontraba bajo los efectos de una hormona endocrina. Resultó que el intruso era un convicto que había escapado y que fue rápidamente devuelto a prisión.

Estar en un barrio residencial entre doctores indios acomodados era una existencia más aburrida. Manteníamos nuestras raíces haciendo diariamente la ceremonia de *puyá* con una lámpara de aceite e incienso. Al ir creciendo, las niñas fueron a estudiar danzas indias tradicionales, llamadas *bharat natyam*, mientras que los chicos devoraban libros de cómics llenos de las hazañas de Rama y Krishna. Nos juntamos en un círculo más estrecho al saber que, para muchos médicos blancos de Boston, los doctores indios eran menos capaces y sospechosos. Sin embargo, su rechazo silencioso no impidió que copiáramos su estilo de vida.

Las costumbres norteamericanas de las que estábamos más orgullosos mostraban lo inseguros que éramos en realidad. Las barbacoas de fin de semana y las fiestas eran indistinguibles de las que veías en los anuncios de televisión de carbón de barbacoa y *bourbon* de Kentucky. Entre los hombres, la conversación consistía en un concurso sobre los coches que compraban y el tamaño de las televisiones en color en nuestras salas de estar. Me enteré de un médico que estaba preocupado porque ser indio significaba que sus vástagos serían demasiado bajos para jugar al fútbol en la universidad. Tomó la medida drástica de inyectar a sus niños preadolescentes hormona de crecimiento humano, lo cual era ilegal. Como endocrinólogo quise advertirle de los posibles efectos secundarios, cáncer incluido, pero no tuvimos contacto personal.

La medicina privada era satisfactoria, pero tenía sus fallos. En el nivel más mundano mi día estaba lleno de mujeres con sobrepeso que me miraban con esperanza en los ojos. Les habían dicho que engordar podía deberse a un problema glandular. El noventa por ciento o más de las veces yo frustraba sus esperanzas. El problema no era de hipotiroidismo, sino de calorías. Su decepción me molestaba. Ya no era el héroe de una sala de urgencias y el desafío intelectual del laboratorio había desaparecido. Había aprendido lo que un buen médico comprende: hay un límite a lo que realmente puede conseguir.

¿Fue por eso que empezó a emerger un nuevo aspecto del yo? Quizás había dado una patada a unos ladrillos invisibles sin saberlo, dejando un vacío doloroso. Lo único que percibía era una sensación de decepción conmigo mismo. Estaba fumando y bebiendo demasiado. Ya no podía desdeñar el estrés de jornadas de dieciocho horas. Me preguntaba si la respuesta podría estar en la meditación, aunque nadie en mi círculo indio pensaba en ella. No ibas a ganar la carrera sentándote en la posición de loto.

Sin embargo, los estadounidenses le habían dado un nuevo giro. Desde que extendió su fama mundial como gurú de los Beatles, Maharishi Mahesh Yogi había logrado un cambio cultural. «Mantra» había entrado en el inglés como palabra de moda. (En el trasfondo de una comedia de Woody Allen un agente de Hollywood está diciendo ansiosamente al teléfono: «He olvidado mi mantra.») La meditación, despojada de todo lo que resultaba demasiado extraño, se había convertido en una cuestión de aliviar el estrés y aumentar la energía. No tenías que sentarte en la posición de loto. Se prometía que todavía podías ganar la carrera y tener un ritmo interior al mismo tiempo.

Cuando decidí probar la meditación trascendental, los sesenta habían pasado hacía mucho. A principios de los ochenta, la meditación trascendental ya estaba tan establecida que había pasado de moda. La cultura popular americana se desarrolla asegurándose de que siempre hay espacio en el estante para algo nuevo, e inevitablemente eso significa apartar algo viejo. En mi caso, no obstante, se mezclaron tres torrentes de influencia. Respetaba la naturaleza religiosa de mi madre, como médico no dejaba de preguntarme sobre la conexión mente-cuerpo (aunque en ese punto era una fascinación puramente química) y sabía que mi nivel de estrés no iba a disminuir por sí solo. Nadie había acuñado todavía la frase «tormenta perfecta», pero yo estaba en el centro de una.

—¿Cómo puedes seguir a un gurú? —me preguntó un amigo—. Yo nunca he rendido mi vida a nadie.

Otros se volvían discretamente con obvio embarazo. El sinónimo de gurú que llegaba inmediatamente a las mentes estadounidenses era charlatán. En casa, sentado a la orilla del Ganges con el cabello apelmazado, harapos y un cuenco de pedir, los gurús tenían su lugar. Pero algo malo ocurría cuando iban a Occidente. Aquí los gurús dirigían cultos. Fingían ser Dios. Practicaban trucos de control mental, y a sus discípulos les lavaban el cerebro sin remedio, de lo que se daban cuenta demasiado tarde, cuando les habían vaciado la cartera. En silencio o verbalizada, la sospecha profunda ante los profesores espirituales de India había embarrado las aguas.

La imagen contaminada es una tragedia. Ahora Maharishi está muerto, los obituarios en febrero de 2008 lo llamaron «el Maharishi», pero él usaba el título «gran sabio» como nombre, sin el artículo, y mi relación con él cubrió todo el espectro de la esencia del gurú. Fue una figura tan dominante en mi vida durante una década que es justo verlo fuera del contexto de mis reacciones. Algo importante había entrado en el mundo moderno.

Maharishi Mahesh Yogi empezó como una especie de curiosidad cultural —un monje solitario hindú al que le gustaba enseñar meditación a todo el mundo— y terminó como algo diferente, el gurú de los Beatles. Sin embargo, estuvo notablemente cerca de cumplir su intención original. En la década de 1970, millones de occidentales aprendieron meditación trascendental. Maharishi prosperó mucho después de la partida de los cuatro de Liverpool, que desaparecieron en cuanto olieron el aire del retiro de Maharishi en el Himalaya. Solo George Harrison se convirtió en un seguidor genuino y permaneció como un aliado silencioso.

Maharishi debía su supervivencia a dos cosas. Era sinceramente un gurú, un disipador de la oscuridad, que es lo que significa la palabra en sánscrito, y que tenía el bien de la humanidad en el corazón, a pesar de los bromistas que convirtieron la meditación trascendental en «el McDonald's de la meditación» y los dibujantes que metamorfosearon su imagen de barba blanca en un clisé del pop. La sinceridad habría servido de poco si Maharishi no hubiera sido también un gran profesor de las antiguas tradiciones de India. Muchos visitantes que venían a curiosear se iban emocionados por lo que les contaba sobre el yo y el alma.

Millones de *baby boomers* le debían tanto a sus enseñanzas de meditación como al LSD: dos pasarelas a otro estado de conciencia. Y, sin embargo, el paralelismo fue fatal. Si tomar ácido equivalía a evadirse, a convertirse en un fanático de las drogas y desobedecer a la sociedad respetable, entonces lo que un gurú enseñaba tenía que ser algo cercano a la corrupción.

Yo no era lo bastante estadounidense para considerar «gurú» un término sospechoso en ese sentido. Superficialmente, era un médico estresado que necesitaba una alternativa al whisky y el tabaco. Leí sobre meditación trascendental en un libro, así que en octubre de 1980 no era tan importante buscar a un maestro de meditación en Boston para que me iniciara en la práctica. Eso sí, culturalmente, llevaba algunas impresiones profundas que se remontaban a los tiempos en que mi tío Sohan Lal, el viajante de material de hockey, me llevó de niño a sentarme con los santos. Mi tío tenía una posición muy simple ante estas excursiones. Quería el *darshan* de un hombre santo, y estaba satisfecho con poner los ojos en uno; la bendición del *darshan* no requería nada más. Un niño inquieto ve la situación de forma diferente. A mí los cuerpos medio desnudos y largos y las barbas apelmazadas no me parecían exóticos. Eran visiones cotidianas. Lo que me impresionaba era la atmósfera cargada que existía en torno a estos santos.

Caminar en presencia de un hombre santo, si lo es de verdad, causa un cambio instantáneo en ti. El aire parece calmado pero plagado de vibración. Tus pensamientos se apaciguan y se acercan al silencio. Al mismo tiempo tu cuerpo se siente el doble de vivo. Mi tío se había hecho adicto a empaparse en esa clase de influencia. Yo solo tuve una relación pasajera con ello, pero después de aprender meditación trascendental eso cambiaría. A partir de mediados de los ochenta tuve la oportunidad de conocer íntimamente a Maharishi. Cuando mi profesión médica me lo permitía, me unía a su círculo íntimo, que en ese momento con frecuencia pasaba temporadas en Washington, donde la organización de meditación había comprado un hotel en la calle H para usar como centro de meditación con residencia.

Si tuve reparos en que un gurú simulara ser Dios, eran superfluos. No era necesario ser reverente en presencia de Maharishi. Insistía en que no se lo viera como figura religiosa sino como un maestro de conciencia superior. Dio una respuesta memorable cuando alguien le preguntó si había que adorar a un gurú.

—No, la actitud adecuada es la franqueza. Aceptar que podría estar diciéndote la verdad, no importa lo extraño que parezca a tu forma de pensar ordinaria.

De los muchos recuerdos que podría ofrecer, este es el más intenso: Maharishi había caído misteriosa y gravemente enfermo en una visita a India en 1991. Consultaron a mi padre, porque yo sospeché de inmediato que podía tratarse de un problema cardíaco. Él ordenó que llevaran rápidamente a Maharishi a Inglaterra para recibir cuidados urgentes. Pronto yo estaba a las puertas del London's Heart Hospital, observando una ambulancia navegando en el tráfico enmarañado, con sirenas sonando. Justo antes de que el vehículo llegara a la puerta del hospital bajó uno de los médicos que lo acompañaban corriendo con la noticia de que Maharishi había muerto de repente. Yo corrí a la ambulancia, cogí a Maharishi —era frágil y ligero entonces— y empecé a llevarlo en brazos a través del atasco de tráfico.

Lo dejé en el suelo en el interior del hospital y pedí ayuda de cardio. En cuestión de minutos le practicaron una reanimación cardiopulmonar y lo llevaron a cuidados intensivos con un respirador. Los médicos le pusieron un marcapasos que se encargara de sus latidos. Me convertí en el principal cuidador de Maharishi durante esa crisis, acompañándolo en una casa de campo situada a las afueras de Londres. Enseguida quedó clara su indiferencia por la enfermedad, y se recuperó de forma asombrosamente rápida. El hospital esperaba problemas de salud duraderos, pero no había ninguno aparente. En cuestión de unos meses, Maharishi volvió a trabajar a todas horas, rara vez dormía más de tres o cuatro horas por noche. Cuando me acerqué a él un día para recordarle que tomara su medicación, me lanzó una mirada penetrante. En ella se leía un mensaje: «¿De verdad crees que yo soy este cuerpo?» Para mí fue un momento asombroso, una pista sobre cómo podía ser una conciencia superior.

En su opinión, Maharishi había estado tentadoramente cerca de cambiar el mundo, tan cerca como puede estarlo cualquier político que no hace la guerra. Sostenía que la humanidad podía salvarse de la destrucción solo elevando la conciencia colectiva. En ese sentido fue la primera persona que habló de puntos de inflexión y masa crítica. Maharishi creía que, si suficiente gente meditaba, los muros de la ignorancia y el odio caerían del mismo modo que cayó el Muro de Berlín. Este era el núcleo de sus enseñanzas en la fase posterior a los Beatles de su larga carrera, antes de que muriera pacíficamente en reclusión en Holanda a la edad de noventa y un años, con su seguimiento muy menguado, pero su optimismo todavía intacto.

Antes de que nos conociéramos, tenía una sensación de respeto por él: Maharishi había llevado India a Occidente sin ayuda de nadie. El precio que pagó fue que la fama hace que la gente suponga que te conoce para lo bueno y para lo malo. Maharishi imprimió en la imaginación de todos una imagen que podía adorarse o vilipendiarse. Occidente proyectó en él las nociones más desenfrenadas de divinidad, y una vez que los Beatles desaparecieron, Maharishi se difuminó.

A partir de 1980, Rita y yo nos hicimos asiduos del centro de meditación trascendental de Garden Street en Cambridge. (Con una nota de orgullo, la gente del centro decía que como Garden daba a Chauncy Street, el personaje sabio que Peter Sellers representó en la película *Bienvenido Mr. Chance* recibió el nombre de Chauncey Gardiner. Pero la película era más que ambigua respecto a si el protagonista era un loco santo o solo un loco, así que el otro nombre del personaje era Chance.) Dos semanas después aprendimos meditación trascendental, y también Sanjiv y su mujer Amita.

La meditación era algo que me encantó al instante. Me convertí en entusiasta y probablemente en un prosélito molesto que la gente evitaba cuando me veía llegar a una fiesta. No me cabía duda de que India me estaba reclamando. Si estaba yendo hacia la luz, esta era apenas un destello brillante. Sin embargo, lo que tenía por delante era increíble. La ambición de Maharishi por cambiar el mundo no había muerto cuando su reputación se desvaneció. Necesitaba un vicario más joven para hacer realidad esos sueños y yo, sin darme cuenta, estaba a punto de entrar en ese papel.

16

Ser y bendición

Sanjiv

Dos semanas después de que Deepak y Rita aprendieran meditación trascendental, estaban en nuestra casa de Newton contándonos que era innegablemente lo mejor que habían hecho en sus vidas. Yo escuché con un elevado nivel de escepticismo. Mi hermano siempre había sido una persona con una gran curiosidad, y cuando algo le interesaba lo perseguía con vigor. Rita explicó que lo había alentado a probar la meditación y que insistió en unirse a él, porque de lo contrario sabía que no dejaría de hablar de ello. Ella tenía que aprender o no iba a conseguir que Deepak callara. Todos reímos, sabiendo que era absolutamente cierto.

La meditación trascendental convenció a Amita de inmediato. De pequeña había sido una niña muy espiritual. Su padre, un hombre muy pragmático, ingeniero, se sentaba en posición de loto sobre una manta de piel de ciervo cada mañana al amanecer para meditar. Los domingos por la tarde sus padres la llevaban a la misión Ramakrishna, un movimiento espiritual de ámbito mundial dedicado a ayudar a la gente, y mientras estaban dentro escuchando a monjes que daban un sermón sobre los Vedas, las sagradas antiguas escrituras del hinduismo, ella se sentaba en la sala de meditación, delante de la estatua de mármol de Ramakrishna, tratando de imitar su postura y encontrar la paz que era tan evidente en su espléndido porte. Como comprendió después, anhelaba cierta clase de experiencia espiritual.

Cuando tenía once años, Amita acudió a su padre y declaró que quería unirse al *ashram* de seguidores de Paramahansa Yogananda, uno de los maestros espirituales que primero llevaron el hinduismo a Estados Unidos. Incluso se cortó buena parte de su larga melena, algo notable para una niña, para mostrar que iba muy en serio con su llamada. Su padre comprendió sus sentimientos y la llevó a una reunión en el *ashram*. Allí le dijeron que era demasiado joven, pero que después de que completara su educación, si todavía quería unirse al *ashram* sería muy bienvenida.

Un año después, cuando solo tenía doce años, su padre murió de repente de un ataque al corazón. Después de eso, Amita trató de aprender ella sola meditación, practicando cómo controlar su respiración como había visto hacer a los monjes. Y en ocasiones, siempre por su cuenta, había conseguido alcanzar cierto estado de conciencia característicamente diferente. Pero entonces sus estudios y su vida social se habían vuelto más importantes y había dejado de lado su búsqueda. Así pues, cuando Deepak y Rita acudieron a nosotros rebosantes de entusiasmo ella fue inmediatamente receptiva.

Pero yo no. Para entonces yo era tan estadounidense como puede serlo un inmigrante indio. Mi carrera estaba progresando bien, tenía un bonito hogar para mi familia en una zona residencial y me había convertido en un jugador de tenis bastante bueno. No quería nada que tuviera que ver con la meditación. Asociaba la meditación con gente que llevaba ropa de color azafrán y andaba tocando el tambor, entonando himnos y con frecuencia llevando cuencos de pedir. No, señor, gracias, he visto demasiada gente así en India, y para mí todos tenían el mismo aspecto de trampa, vendiendo espiritualidad por unos dólares igual que los artistas del timo venden curas milagrosas para cualquier enfermedad. Era la clase de asunto en el que Deepak siempre había estado más interesado que yo. A mí me gustaba mi vida tal como era y no veía ninguna necesidad de cambiarla. De modo que, cuando Amita dijo que quería aprender a hacerlo, le dije que adelante, que le fuera bien. Probablemente le gustaría, pero no era asunto mío.

En realidad yo tenía tres razones muy específicas para no querer empezar a meditar: años antes, como becario de gastroenterología, había entrado en el departamento de radiología para mirar los rayos X y me había encontrado con dos de los radiólogos sentados allí fumando en sus pipas. Yo saqué la pipa y empezamos a ver todas las radiografías del servicio de gastroenterología. Pero antes de que empezáramos tuvimos una discusión sobre los distintos tipos de tabaco. A mí también me gustaba beber whisky para relajarme, así que no iba a dejar mi pipa y mi alcohol.

Segundo, como subdirector de medicina del West Roxbury VA, en algunas ocasiones tenía que imponer disciplina a internos y residentes. Veía que la meditación hacía a la gente muy meliflua y no podía permitir que eso me ocurriera. Había vidas en juego a diario.

Tercero, mi ejercicio y relajación procedían del tenis. No estaba interesado en aplacar mi vena competitiva por la espiritualidad. No tenía intención de aplaudir a mi oponente por hacer un gran *passing shot*. Yo era un competidor temible y quería ganar cada partido.

Amita fue sin mí y aprendió la técnica. Al cabo de un mes había cambios perceptibles en ella; caminaba con una sonrisa, lo cual no era tan inusual en Amita, pero parecía característicamente más pacífica y hermosa. Y, para ser sincero, yo me sentía un poco resentido porque la cena se retrasaba veinte minutos porque ella tenía que ir a meditar. Amita no trató de convencerme de que aprendiera meditación, pero mi determinación se estaba debilitando.

Un sábado por la mañana, alrededor de un mes después de que ella empezara a meditar, Amita quería ir al centro de meditación y yo me ofrecí a llevarla.

—Iré contigo —dije—, pero no voy a entrar en el centro. Te esperaré en el coche leyendo un libro de tenis.

Al sentarme allí un hombre dio unos golpecitos en la ventanilla y se presentó como Ted Weisman. Había oído su nombre.

—Es el instructor que enseña a mi hermano, ¿no?

Lo invité a sentarse en el coche conmigo. Era un poco incómodo porque no sabía realmente de qué hablar. Así que le propuse que me hablara un poco de la meditación trascendental. Después de que me hiciera una introducción, decidí compartir las tres cosas que realmente me preocupaban de la práctica.

—Primero —dijo Ted—, en términos de beber y fumar lo único que pedimos es que la gente no tome drogas ni esté ebria cuando viene la primera vez a la práctica de meditación trascendental. En segundo lugar, probablemente serías más firme en el trabajo, pero desde una posición más fuerte y más tranquila. Sin perder los nervios. Y tercero... —Hizo una pausa y me dijo que volvería enseguida.

Volvió con un panfleto titulado *Programas de meditación trascendental en el deporte: la excelencia en acción*, que incluía testimonios de muchos deportistas, entre ellos la estrella del béisbol Willie Stargell, el jugador de fútbol americano del Salón de la Fama Joe Namath y el campeón olímpico de salto de trampolín. Cada uno con sus palabras afirmaban que la meditación trascendental les había ayudado a concentrarse más y a ser mucho más competitivos.

—No puedo garantizarte que ganarás tu torneo de tenis —me dijo Weisman—, pero puedo prometerte que si pierdes no te sentirás tan mal.

Literalmente me había dado la clase introductoria a la meditación trascendental en mi BMW.

—Suena bien —le dije—. Apúntame, por favor.

Aprendí meditación trascendental el fin de semana siguiente. Resultó que no se parecía en nada a lo que esperaba. No quería empezar de repente a llevar túnica y cantar. En cambio, al cabo de unos pocos días me di cuenta de que ya no estaba fumando en pipa. Y me di cuenta de que fumar esa pipa me daba ardor de estómago, así que pude dejar de tomar antiácidos.

Un día estaba parado en un semáforo y miré al conductor del coche de al lado, que me sonrió. Es extraño, pensé. ¿Por qué me está sonriendo esta persona? Durante una discusión de grupo, uno de los otros nuevos meditadores señaló que yo tenía una gran sonrisa pegada en la cara y sugirió que la persona del otro coche estaba simplemente respondiendo a eso.

Empecé a meditar con regularidad, dos veces al día durante quince o veinte minutos. Disfrutaba de hacerlo, pero también de los beneficios que se acumulaban como resultado. Más que convertirse en el centro de mi vida, como temía, la meditación me hizo más enérgico y entusiasta respecto a las cosas que ya estaba haciendo. Era una experiencia más profunda. Descubrí que era más creativo en el trabajo, que me había convertido en un pensador mucho mejor. Mi carrera floreció.

Mientras Deepak abría una consulta privada, yo disfrutaba trabajando en un hospital de formación. En su mayor parte, el hecho de que éramos inmigrantes indios no cambiaba nada. El único problema que recuerdo es que el *Boston Globe* publicó una vez un artículo que criticaba a los médicos formados en el extranjero que habían sido autorizados para ejercer en Estados Unidos. El tono del artículo sugería que los médicos formados fuera del país eran inferiores a los doctores que se habían graduado en las facultades de medicina estadounidenses. Como cada día veía indicios de lo contrario a mi alrededor, lo consideré una declaración ridícula. Deepak estaba furioso y envió una carta larga y airada protestando por el artículo, argumentando que no se basaba en ninguna información factual. En respuesta, el *Globe* lo entrevistó y puso su imagen en primera página. Deepak recibió montones de llamadas de apoyo de médicos inmigrantes que estaban complacidos por su intervención; dentro de casi cualquier comunidad de inmigrantes hay un temor no expresado a atraer demasiada atención, como si la gente pudiera protestar por su presencia. Ahora bien, Deepak también recibió muchas más llamadas de médicos estadounidenses que estaban enfadados por el hecho de que aireara parte de la fricción que existía entre médicos formados en Estados Unidos y médicos formados en el extranjero. No querían que la gente de fuera del campo médico conociera esta tensión.

Mi experiencia era muy diferente a la de mi hermano. Generalmente fui bien recibido y tratado con respeto. En comparación con India, donde la posición y el rango significaban todo y nunca nos permitieron ser informales con la gente que iba por delante de nosotros, descubrí que había una gran camaradería entre todos los colegas con los que trabajé. En 1975, por ejemplo, estaba haciendo el primer año de mi beca en gastroenterología en el St. Elizabeth's Hospital. Era el único becario y por ello estaba de guardia cada noche y cada fin de semana salvo en las tres semanas de vacaciones. Me daba la impresión de que nunca tenía un día libre. No me quejaba, me gustaba lo que estaba haciendo. El camino de la formación era empinado y yo me empapé de todo.

Un viernes, después de que termináramos nuestras rondas, todos estaban escribiendo frenéticamente notas sobre sus pacientes para mí; esta persona necesita esto, esa persona necesita aquello. Asegúrate de comprobar estos resultados. Y al prepararse para irse durante el fin de semana, todos me decían que pasara un buen fin de semana y que me verían el martes siguiente.

¿Martes? Pregunté qué ocurría el lunes. Era la festividad judía del Yom Kippur, me dijeron, y en ese momento me di cuenta de que todas las personas que había allí, los cuatro médicos fijos, los dos residentes, los dos médicos internos, los dos estudiantes médicos de cuarto año, la secretaria de gastrointestinal, la enfermera de gastrointestinal y el técnico de gastrointestinal eran todos judíos. Pensé un minuto en ello.

—Bueno, ¿sabéis qué? Yo tampoco vendré a trabajar el lunes, ¿quién estará de guardia?

La sala se quedó muy en silencio. Nadie sabía si iba en serio o en broma. Finalmente uno me preguntó:

—Sanjiv, ¿qué quieres decir que no trabajarás el lunes? ¿Por qué no?

—He decidido que me cambio el nombre —anuncié—. A partir de ahora llamadme Choprastein.

De hecho, creo que solo hubo una vez en que me sentí un poco incómodo. Había empezado a jugar al golf y me apunté en un club. Mi primer día en el campo de golf me presentaron a uno de los miembros veteranos, un optometrista. Cuando le dije que me llamaba Sanjiv Chopra dijo:

—Bueno, no puedo pronunciar eso. Te llamaré Sonny.

Pensé que era muy mal educado y culturalmente insensible.

—No —dije—, no lo hará. Tiene tres opciones. Puede llamarme Sanjiv. No es tan difícil de pronunciar es como *sun* y *jeeve*. O puede llamarme doctor Chopra o puede llamarme señor.

Se extendió muy deprisa por el club de golf que ese miembro nuevo había dado una educada reprimenda a un miembro veterano. Pero si no me hubiera plantado, los trescientos miembros de ese club histórico me habrían llamado Sonny para siempre.

Sabía de las crecientes dudas de Deepak sobre la medicina moderna, pero no las compartía. Para mí, era sencillo: la ciencia nos proporcionaba un corpus de conocimiento. Con frecuencia usábamos ese conocimiento para mejorar la salud de nuestros pacientes y en ocasiones para salvar sus vidas. Sentía que las palabras más plenas en inglés, palabras que siempre usaba con cuidado, eran «Estás curado».

Aprendí que los mejores doctores son detectives. Les gusta buscar las pistas correctas y hacer las preguntas adecuadas. Después de empezar a enseñar, hacía hincapié en que mis estudiantes no dudaran en preguntar más preguntas de sondeo, las que necesitaran para llegar a la raíz del problema. Igual que un escultor talla un bloque de piedra, un médico ha de continuar hasta que tiene la información que necesita. Descubrí que los pacientes en ocasiones ocultan la verdad a sus médicos, a la persona misma en la que han confiado para proteger sus vidas. Una vez tuve un paciente con ictericia que me dijo que no bebía alcohol. Yo era escéptico porque las pruebas de laboratorio señalaban una enfermedad hepática.

—¿De verdad? —pregunté—. ¿Cuándo lo dejó?

—La semana pasada —reconoció con una sonrisa tímida.

Si hay una lección que he inculcado a los diez mil estudiantes a los que he enseñado durante mis cuarenta años de carrera, es a hacer la pregunta extra. Les hablé de un incidente que ocurrió durante las rondas de hepatología en el Beth Israel Deaconess Medical Center, el mayor centro de enseñanza afiliado a la facultad de medicina de Harvard.

Les decía a todos los internos estudiantes de medicina y los residentes y becados en el servicio de hepatología:

—Cada vez que veáis a un paciente en consulta o después de que haya sido admitido en el servicio de hepatología, además de preguntar todas las preguntas adecuadas sobre alcohol y drogas y medicinas alternativas, no olvidéis preguntarle también cuánto café toma. Y si lo toma normal o descafeinado.

Yo lo hago porque numerosos estudios realizados a lo largo de los últimos años han mostrado que al parecer el café confiere protección sustancial contra la enfermedad hepática. En medicina lo llamamos hepaprotector.

He hecho tanto hincapié en los beneficios del café para el hígado que se ha convertido en un pequeño chiste: el doctor Chopra y su café.

Un viernes, al empezar las rondas, me fijé en que todos mis estudiantes estaban sonriendo. En cuanto me senté me dijeron que, al final, habían encontrado a un paciente con una enfermedad hepática avanzada que tomaba café.

—¿Le habéis preguntado si es normal o descafeinado?

Les había explicado que el descafeinado era beneficioso para personas con diversas enfermedades, incluidos dos tipos de diabetes, pero solo el café con cafeína proporcionaba protección contra la enfermedad hepática.

—Toma cuatro tazas de café normal cada día —repuso el interno que había ingresado al paciente, y luego añadió—: incluso le pregunté sobre el tamaño, y es una taza normal. —El equipo estaba convencido de que finalmente habían probado que me equivocaba.

—Bueno, puede que sea la excepción —dije—. Estos estudios no son blindados. Son observaciones, estudios epidemiológicos. Pero dejad que tome mi propia historia.

Empezamos la ronda. Cuando llegamos a la habitación de ese paciente, le estreché la mano afectuosamente y me presenté, luego cogí una silla y me senté a su lado. Siempre me sentaba para hablar con un paciente. Unos treinta años antes, un colega me señaló que si estás de pie junto a la cama de un paciente veinte minutos cree que solo has estado brevemente, porque parece que estabas listo para dar media vuelta y largarte, pero si te sientas cinco minutos parece que le has concedido todo el tiempo del mundo. Así que me acostumbré a sentarme.

Empecé a tomar una historia detallada. El paciente me dijo que no tomaba alcohol. No tomaba drogas, ni siquiera medicación de hierbas. Finalmente llegamos al té y el café.

—Doctor —dijo—. No me gusta el té. Me gusta el café.

—Bien —dije—. ¿Qué clase de café toma?

—Si voy a tomar café tomó café normal, si no, para qué molestarse.

—Bien. ¿Cuántas tazas de café al día?

—Cuatro —respondió—, tamaño normal.

Me fijé en que los jóvenes médicos intentaban, mientras, reprimir sus sonrisas y mantener un decoro profesional. Entonces le planteé a este paciente una pregunta más, una pregunta que a los jóvenes doctores no se les había ocurrido.

—¿Desde cuándo toma cuatro tazas de café al día?

—Oh, desde mi trasplante de hígado. Doctor, eso fue lo extraño. Nunca me había gustado el café, pero justo después de mi trasplante empecé a tener muchas ganas de tomar café. Ahora tomo al menos cuatro tazas al día. ¿Por qué? ¿Cree que debería dejarlo?

Mis estudiantes casi se cayeron al oír su respuesta. Como les dije después, la información que vas a necesitar está allí, solo has de seguir hurgando hasta que la encuentras.

La enseñanza me daba la mayor de las satisfacciones. Siento que al compartir mi conocimiento estoy cumpliendo mi *dharma*. En ese momento, era muy ambicioso, como mi hermano, y no podía frenar. Estaba haciendo todo lo posible por avanzar en mi carrera, ver pacientes, escribir artículos y libros, aprender técnicas nuevas. Pero llegó un punto en que tenía que tomar una decisión profesional: ¿quería mantenerme en la medicina académica o abrir una consulta privada? ¿Debería continuar trabajando en un hospital? Había elementos de cada una de estas opciones que me atraían. Había observado a mi padre trabajando; lo había visto en las salas del hospital y también en la práctica privada. No obstante, en lo que me fijé era en que su mayor alegría parecía proceder de enseñar a médicos jóvenes. Disfrutaba compartiendo sus conocimientos. Deepak había decidido abrir su propia consulta y había tenido mucho éxito. Yo realmente nunca tuve que tomar esa decisión; desde el primer día, disfrutaba enseñando y tomé la decisión de que trabajaría en un hospital de formación afiliado a una facultad de medicina prestigiosa.

Amita siguió un camino diferente y pasó a la práctica privada, que disfrutaba mucho. Estaba completamente consagrada a sus pacientes. No obstante, a principios de los ochenta se tomó dos años sabáticos para estar con nuestros hijos. Estaban creciendo y no quería perderse esos momentos mágicos de su infancia. Durante ese tiempo, para que pudiéramos costearnos que yo aceptara una beca en gastroenterología, ella trabajaba varias noches al mes en el St. Elizabeth's Hospital. Pero ella también disfrutaba enseñando, e incluso en la consulta privada tenía estudiantes de medicina al lado. De hecho, durante la mayor parte de su carrera, basada en la práctica privada, estuvo afiliada a varios de los hospitales de formación. Así pues, Amita tenía sus responsabilidades con sus pacientes privados y responsabilidades en el hospital para enseñar a estudiantes y doctores jóvenes; ella lo llamaba «el mejor de los mundos posibles».

No era mi caso. A principios de mi carrera, el doctor Eugene Braunwald, presidente del Departamento de Medicina en Brigham y del Hospital de Mujeres, que está afiliado a la facultad de medicina de Harvard, me había pedido que me encargara del parte matinal allí. El parte matinal es un ejercicio en el que los internos y los residentes se reúnen a primera hora y anotan en una pizarra todos los ingresos de su servicio del día anterior. Se seleccionan y discuten un par de casos como ejercicio de formación. Aunque yo todavía trabajaba en el West Roxbury VA, le dije al doctor Braunwald que estaría muy honrado en hacerlo. Así que empecé a ir al Brigham y al Hospital de Mujeres de manera regular para ocuparme del parte matinal. Decidí llevar conmigo las ecografías y las tomografías computarizadas de los pacientes más interesantes que había visto en el West Roxbury VA. Presentaba los casos y usaba recursos mnemotécnicos y aliteraciones para embellecer la enseñanza.

—¿Qué ven aquí? Aquí hay una calcificación de la pared vesicular. ¿Cómo se llama este trastorno? ¿Qué significado tiene? ¿Cuáles son los otros trastornos en los que hay riesgo muy elevado de cáncer de vesícula?

Para alguien a quien le gustaran los misterios de la medicina, esas eran reuniones excitantes. Los médicos jóvenes hablaban, se aportaban ideas, naturalmente se consumían grandes cantidades de café, y se aprendía medicina. Yo usaba la repetición con frecuencia; es una gran herramienta para que los adultos recuerden hechos nuevos. Repetía lo que decía y luego lo decía otra vez. Me ocupé del parte matinal en Brigham durante diez años. Durante este período enseñé, pero también aprendí mucho de mis jóvenes colegas. Fue una experiencia maravillosa.

Hay un galardón anual que concede el equipo del Brigham llamado Premio George W. Thorn por una Contribución Destacada a la Educación Clínica, llamado así en honor al legendario jefe de servicio de la institución, que tuvo una carrera inusualmente distinguida y fue médico personal del presidente John F. Kennedy. Se concede a un miembro del Departamento de Medicina de la facultad. El equipo médico vota el premio sin ninguna participación del presidente o vicepresidente del Departamento de Medicina. Cuando empecé a ocuparme del parte matinal en 1985 me planteé el objetivo de ganar algún día ese premio, aunque sabía bien que nunca se lo habían concedido a nadie externo a Brigham. Pero recibí el premio ese primer año.

También fue el año en que Deepak llamó un día para decirnos que había decidido cerrar su consulta privada y empezar a trabajar a petición de Maharishi Mahesh Yogi en una clínica ayurvédica en Lancaster, Massachusetts. Pensaba que conocía bien a mi hermano, pero su decisión realmente me sorprendió. Deepak siempre había disfrutado usando su intelecto para apartar las paredes, pero siempre se había quedado en la sala. Eso era muy diferente. Eso era renunciar al núcleo de su carrera: su formación como endocrinólogo. Significaba renunciar a la medicina basada en la ciencia para convertirse en un profesional de lo que muchos de nosotros pensábamos que era medicina popular. No me correspondía discutir esta decisión con mi hermano; dependía de él y de Rita, y él era firme al respecto.

Se mirara como se mirase, sobre todo en la calidad de atención a los pacientes, la consulta de Deepak era un éxito tremendo. Los estudiantes de medicina de la Universidad de Boston y la Tufts iban pasando por su consulta, así que ciertamente había un elemento académico en su práctica privada. Su vida estaba bien establecida, y su familia, acomodada. Esta decisión cambiaría todo eso.

Era una medida muy valiente por su parte. Para entonces, Amita y yo llevábamos un par de años meditando regularmente y comprendíamos todos sus beneficios. En meditación trascendental todos habían hecho hincapié en que esta debía ser parte integrante de tu vida, pero no toda tu vida. Daba la impresión de que Deepak la estaba convirtiendo en la piedra angular de su vida. Pero cuando lo discutimos podíamos ver su excitación y su pasión. Deepak siempre había disfrutado de encontrar un nuevo camino. Recuerdo que pensé en lo que Emerson dijo una vez: «No vayas a donde te lleve el camino; ve por donde no hay camino y deja huella.» Deepak era verdaderamente un abridor de caminos.

Cuando respondí, con cierta preocupación en mi voz, que estaba un poco nervioso por su decisión, dijo:

—Mantendré la licencia médica vigente. Eso significa que siempre puedo volver.

Uno de mis dichos favoritos es del filósofo y teólogo danés Søren Kierkegaard, que escribió: «Atreverse es perder el pie momentáneamente. No atreverse es perderse uno mismo.» Siempre he sentido que cualquiera que da un paso audaz para transformar su vida o afronta un desafío fundamental o da un paso audaz en liderazgo es increíblemente valiente.

Y ese era el paso que mi hermano había decidido dar. Por supuesto, todos lo amábamos mucho y apoyamos su decisión, pero yo lo hice con cierto temor.

17

Territorio sin camino

Deepak

India ha tenido un camino rocoso produciendo mesías para Occidente. La frontera entre la sabiduría y las maravillas es una línea muy fina. Algunos gurús cruzaron la línea voluntariamente. Obrar maravillas es algo que se respira en el aire de India. Siempre hay un santo en el siguiente lugar sagrado que puede hacer milagros, hasta el punto de resucitar a los muertos. Algunos no comen nunca, sino que viven exclusivamente del *prana*, la fuerza vital. Muchos pueden curar imponiendo sus manos.

Por desgracia, cuando yo era pequeño, nunca conocí a ninguno que hubiera sido testigo de un milagro de primera mano. La mirada de mi padre se había vuelto hacia Occidente antes de que yo naciera. No era respetable tomarse en serio el obrar maravillas. Maharishi se me acercó con una nueva idea: la meditación era una técnica simple y práctica que cambiaba la conciencia. Para entonces, no obstante, Occidente estaba pidiendo a los gurús una gratificación inmediata. Un observador cínico lo llamó karmacola.

A Rita y a mí nos invitaron a conocer a Maharishi en el invierno de 1985, de modo que fuimos en coche hasta Washington para una conferencia que atrajo a meditadores de todo el país. Las visitas de Maharishi a Estados Unidos se habían vuelto cada vez más infrecuentes. Para entonces llevábamos meditando cuatro años. Yo ya podía atestiguar que la meditación trascendental funcionaba. Nuestros amigos indios más indulgentes decían: «Me alegro de que funcione para ti.» La implicación del «para ti» era obvia. Querían que los dejara en paz, pero yo era muy entusiasta con este nuevo descubrimiento. La mente tenía un nivel de paz y calma que podía alcanzarse con facilidad usando el mantra que me habían dado. Dejé de fumar y de beber. Mi existencia cotidiana se volvió más fácil y menos estresada. Por desgracia, una de las razones por las que la meditación trascendental quedó trasnochada, en lo que se refiere al mercado de la cultura popular, era que estos beneficios ya no eran lo bastante llamativos.

Los discípulos occidentales querían de un gurú milagros y una fachada de perfección divina, sin la tacha de la debilidad humana. Los criterios eran imposibles de alcanzar, y también por eso se había producido una reacción. En parte se trataba de la tentación del exceso. Occidente ofrecía un estilo de vida lujoso a un gurú de éxito, junto con devotos que harían cualquier cosa por su maestro. Algunos gurús habían sido acusados de conducta sexual inapropiada. Sus milagros fueron promocionados a bombo y platillo y luego desacreditados rápidamente.

Estaba en un avión sentado al lado de una pareja estadounidense que iba de camino a pasar su tiempo en el *ashram* de su gurú en el sur de India. En la cúspide de mi deseo de hablarle a todo el mundo de la meditación trascendental, guardé las distancias y no entré en el juego de «mi gurú es mejor que el tuyo». Pero esa pareja contaba historias asombrosas.

—Tenemos su foto en la repisa de la chimenea —explicó el marido— para nuestra *puyá* diaria, y a cambio aparecen cosas.

—¿Cosas? —pregunté.

—Sobre todo ceniza sagrada —dijo.

Aplicar un poco de ceniza a la frente de un devoto es una bendición común en India.

—Pero en ocasiones tenemos otras cosas —añadió enseguida la mujer.

—¿Por ejemplo?

—Un collar de oro una vez. Otra vez un reloj de oro.

Esos objetos aparecieron como por ensalmo, insistió la pareja. Los mesías de India estaban poniéndose a la altura de sus homólogos cristianos en el departamento de maravillas y milagros, superándolos incluso, porque estos milagros se producían en tu sala de estar desde la distancia. Un devoto no tiene que lamentar no haber vivido hace dos mil años para ver a Cristo caminando sobre el mar de Galilea.

Nada asombroso rodeaba a Maharishi, pero nuestra primera sesión tuvo un atisbo de eso. Aparentemente sintió una chispa de reconocimiento. Rita y yo estábamos de pie en el vestíbulo del hotel de la calle H que había sido tomado por la organización de meditación trascendental y convertido en una residencia para gente que se había unido al movimiento a tiempo completo. Estábamos cerca de los ascensores, esperando ver a Maharishi cuando abandonara la sala. Al pasar entre la multitud, un buen número de personas le dieron una flor y murmuraron un saludo. De alguna manera, él nos localizó y de inmediato caminó hacia nosotros. De entre las flores que acarreaba cogió un rosa roja de tallo largo y se la entregó a Rita; luego encontró otra para mí.

—¿Podéis subir? —preguntó—. Podemos hablar.

Nunca preguntamos por qué nos seleccionó a nosotros. Quizás era porque éramos indios, o porque alguien le dijo que yo era médico. Fuera por la razón que fuese, estábamos encantados. Solo después oí una razón más esotérica: se decía que los gurús pasaban mucho tiempo persiguiendo discípulos perdidos de una vida anterior. No puedo decir que sintiera una chispa de reconocimiento por mi parte.

Maharishi era tratado con asombrosa devoción por sus seguidores occidentales, y eso nos hizo sentir incómodos a Rita y a mí. Agradecimos que nos permitieran ser nosotros mismos. Desde el principio hubo una atmósfera relajada y agradable, y Maharishi dejó claro que éramos aceptados como dos personas de India que conocíamos la espiritualidad en la que habíamos nacido. Pero esto condujo a sus propias tensiones, sobre todo al principio, porque en realidad yo sabía muy poco de mi herencia espiritual. Lo que facilitó mi camino fue que Maharishi había decidido desde hacía mucho que Occidente necesitaba que se hablara en sus propios términos. Esto significaba usar la ciencia. Yo fui aceptado como médico, alguien que podía traducir la meditación en respuestas del cerebro, alteraciones de las hormonas de estrés, reducción de la presión sanguínea y otros beneficios para el organismo.

Si ese hubiera sido mi único papel, podría haberme separado muy pronto. La meditación trascendental había estado circulando públicamente en Estados Unidos desde principios de los sesenta. Ya había un cuadro de científicos, incluido al menos un físico ganador del premio Nobel, que habían sido atraídos a la meditación trascendental. La investigación sobre los beneficios de la meditación, aunque todavía críptica, se había ganado el respeto. El doctor Herbert Benson, cardiólogo en la facultad de medicina de Harvard, había llevado el lado científico de la meditación a su conclusión lógica. En su éxito de ventas *Relajación*, Benson presentó pruebas de que el cerebro puede alcanzar un estado meditativo que proporciona todos los beneficios para el cuerpo reivindicados por la meditación trascendental, sin el galimatías de un mantra personal y los adornos de la espiritualidad india. Usando la meditación trascendental, una persona podría repetir silenciosamente cualquier palabra común (Benson recomendaba «uno») y se desencadenaría en el cerebro una respuesta autónoma. Benson había investigado mucho para respaldar sus afirmaciones.

La respuesta fue desigual en el campo de la meditación trascendental, donde los beneficios médicos de la meditación habían sido una forma de atraer a los occidentales. A Maharishi le correspondía el honor de ser el primero en insistir en que la meditación proporcionaba esos beneficios. Sin ellos, en lo que respecta a Occidente, la espiritualidad india habría languidecido en un baño caliente de sentimientos religiosos y misticismo. Convertir lo exótico en lo práctico fue un golpe brillante. Como Benson y otros con inclinaciones antiespirituales sentían que podían conseguirse todos los beneficios de la meditación sin su tradición, el núcleo espiritual de la meditación trascendental fue pasado por alto. Mi opinión era muy distinta: era un error no ver la meditación como una vía a una conciencia superior. Sabía que esto era controvertido visto desde Occidente. Yo no podía producir ninguna validación médica de la existencia de una conciencia superior. Y por eso en cierto modo resultaba extraño ser tratado como el hijo pródigo volviendo al redil: un experto médico con un apuntalamiento espiritual indio.

Dos años antes, estando en India, Rita y yo habíamos viajado con un buen amigo a la academia de Maharishi en Rishikesh, donde se formaban los maestros de meditación trascendental. (Supongo que por sus connotaciones religiosas, la palabra *ashram* nunca se aplicaba a un centro de meditación trascendental en India o en Occidente.) Llamamos a la puerta, suponiendo que Maharishi estaría allí. No estaba, pero entre la gente con la que hablamos estaba Satyanand, un monje que se había unido al movimiento de Maharishi y fue puesto a cargo del centro de Rishikesh. Era mucho más un discípulo tradicional en un *ashram* que un meditador occidental. Como Maharishi, lucía una barba larga, blanca y sin recortar y vestía un *dhoti*, el atuendo tradicional de un monje hecho de una sola pieza de seda blanca. Cuando Satyanand nos preguntó si meditábamos, usando la palabra india para ello, *dhyan*, expliqué que habíamos aprendido en Estados Unidos, en la ciudad de Boston. Rio con deleite.

—Los indios van a Boston a aprender *dhyan*. Es maravilloso.

¿Por qué acepté las atenciones de un famoso gurú para empezar? Había pasado por algunas experiencias que todavía no he contado. Años atrás en la facultad de medicina tuve un profesor interesado en cómo el cerebro controla respuestas básicas como el hambre. Todos experimentamos un ritmo diario de respuestas autónomas que surgen sin necesidad de voluntad: comemos, respiramos, dormimos, nos excitamos sexualmente y se nos despierta un instinto de luchar o huir por una tensión repentina. Ese hombre había llevado a cabo un trabajo pionero en la localización del centro del hambre en el cerebro, pero también estaba interesado en cómo pueden controlarse las respuestas automáticas a voluntad. En India los yoguis y los *swamis* hacen demostraciones de extremo control corporal como prueba de que han alcanzado el dominio de sus cuerpos.

Pueden leerse relatos que se remontan a 1850 de un yogui local que fue enterrado en una caja bajo tierra sin oxígeno y salió ileso. Para soportar semejante prueba, una persona necesitaría la capacidad de reducir el ritmo de respiración y el latido cardíaco de forma muy drástica; en efecto, el yogui entra en un estado de hibernación. (Como se señaló en un artículo de 1998 en la revista *Physiology*, un yogui de setenta años sobrevivió ocho días en una caja cerrada bajo tierra. Estaba conectado con aparatos de monitorización, que revelaron, de forma increíble, que «su ritmo cardíaco estaba por debajo de la sensibilidad de medición de los instrumentos de registro».) Me fascinó en el terreno médico la perspectiva de que la conexión mente-cuerpo tuviera implicaciones profundas. Las afirmaciones de que la meditación conducía a una tasa metabólica reducida me parecían naturales, y probablemente solo era la punta del iceberg.

También había empezado a preguntarme por la conexión mente-cuerpo en un sentido que podría calificarse de metafísico. Antes de que conociera a Maharishi, había aparecido un pequeño anuncio en el *New York Times* que decía que J. Krishnamurti iba a dar una conferencia en el Felt Forum, en el Madison Square Garden. Inmediatamente suscitó mi interés, porque una figura notable estaba emergiendo justo en ese momento de la oscuridad.

Krishnamurti estaba acercándose al final de una larga vida —murió en 1986, a los noventa años—, pero los sucesos más asombrosos se produjeron en torno a él en su juventud. Un día de 1909 estaba jugando en la playa de Adyar River cerca de Madrás (hoy Chennai), en la costa este de la India. Era el octavo de once hijos, cinco de los cuales murieron en la infancia; su madre también falleció cuando él tenía diez años. En la casta elevada de los brahmines que observaban estrictamente sus obligaciones, el octavo hijo era llamado habitualmente señor Krishna.

La familia vivía una existencia casi empobrecida, hacinada en una casita sin condiciones de salubridad. Krishnamurti era enfermizo como resultado de una malaria no tratada; se le consideraba soñador y distraído, quizá mentalmente afectado. Sin las atenciones de una madre, tenía un aspecto descuidado y, como sus hermanos, estaba infestado de piojos.

Las condiciones eran totalmente inverosímiles considerando lo que ocurrió a continuación. Un ex clérigo inglés de cincuenta y tantos años que estaba en la playa se fijó de repente en el niño. Empezó a hablar con entusiasmo del «aura perfecta» del niño. Usando su poder de clarividencia, el hombre declaró que se había descubierto al siguiente maestro del mundo. Krishnamurti no tenía ni idea de qué significaba nada de esto, pero enseguida fue absorbido en uno de los viajes espirituales más vertiginosos. El ex clérigo, llamado Charles W. Leadbeater, se hizo cargo de la existencia del desconcertado niño. Como «vehículo del señor Maitreya», al joven Krishnamurti le dijeron que tenía un destino que cumplir, un destino que podría cambiar la vida en la tierra.

Hace falta un poco de conocimiento exótico. No todos los occidentales desdeñaban e ignoraban la espiritualidad india. Algunos se sumergieron en sus misterios. Se habían escrito libros sobre maestros que vivían en el Himalaya que rivalizaban con Cristo en sabiduría, santidad y poderes milagrosos. El grupo mas destacado que anunció esas maravillas era la Sociedad Teosófica, fundada en Nueva York en 1875. Estaban en la vanguardia de la manía victoriana por lo oculto. En torno a la teosofía, surgió un complicado sistema de creencias, una cuasi religión que buscó en muchas vías de misticismo, desde el antiguo Egipto y la cábala judía a las sesiones de espiritismo de tamborilear con los dedos en la mesa y comunicarse con los muertos. Puede que su cúspide de popularidad haya pasado, pero la Sociedad Teosófica todavía existe y ha madurado en un centro sofisticado para muchas búsquedas espirituales. El misticismo es muy bien recibido.

El padre de Krishnamurti, Jiddu Narianiah (el «apellido» era Jiddu) trabajaba en la Sociedad Teosófica en India, que fue el motivo de que su hijo estuviera jugando en la playa de Adyar. Estaba asombrado de que uno de sus hijos, que siempre había parecido el que tenía menos posibilidades de abrirse camino, se convirtiera de repente en un foco de excitación. No se parecía a nada a un ortodoxo hindú como él creía. La teosofía estaba inundada de conocimiento esotérico. Enseñaba sobre la existencia de seres superiores conocidos como maestros ascendidos, figuras espirituales que habían pasado de una vida humana a una estación exaltada en el otro mundo.

Leadbeater, que era codirector de la sede principal de la Sociedad en Adyar, afirmaba estar en contacto con el otro mundo. Esperaba la llegada inminente de alguien que sería el vehículo (encarnación física) del siguiente maestro del mundo, conocido como el señor Maitreya, sucesor del último maestro ascendido, el Buda. Yo sabía poco de estas tradiciones en ese momento, y apenas tenía una vaga idea de su complejidad oculta. (Mirando atrás setenta y cinco años después, Krishnamurti solo recordaba una buena disposición a hacer todo lo que le pedían, hasta el punto de la sumisión ciega.) Pero yo sabía que durante un tiempo el joven Krishnamurti había sido preparado como el maestro del mundo y había sido adorado sin reparos. Se formó en torno a él una secta conocida como la Orden de la Estrella en el Este.

¿Quién podía resistirse a un cuento así? El público general había olvidado hacía mucho a Krishnamurti, pero gracias a un repentino resurgimiento del interés reunía grandes multitudes. Rita y yo decidimos viajar a Nueva York para oírle hablar. Krishnamurti se volvió asombrosamente atractivo —se decía que era una de las celebridades más fotografiadas del siglo— y, al subir los escalones al estrado del Felt Forum, mantenía una figura asombrosa con pelo blanco, un perfil aquilino y el boato de un caballero inglés representado en un traje de franela de tres piezas con un reloj de bolsillo.

Hubo un aplauso atronador. Krishnamurti, que tenía una mirada afilada, lo devolvió en la audiencia.

—¿A quién aplaudís? ¿Quizás a vosotros mismos? —dijo.

Se hizo el silencio y él se acercó a una sencilla silla de madera situada en el centro del escenario. Durante las dos horas siguientes habló, y fue una charla distinta de todo lo que había oído antes. No se mencionó nada oculto o místico. Cobrabas conciencia de una mente que había ido más allá que nada que conocieras en tu propia experiencia. Krishnamurti planteó profundas preguntas: ¿de dónde sale el pensamiento? ¿Qué significa ser libre? ¿Por qué hablamos de encontrar a Dios, pero nunca de alcanzar a Dios?; y entonces desarrolló una línea de razonamiento que condujo a respuestas extrañas.

¿De dónde sale el pensamiento? No existe una respuesta fija válida. Cada persona debe buscar en su interior y seguir el camino que empieza con una idea. El camino conduce a un territorio inexplorado, de vuelta a tu misma fuente. Solo cuando llegues allí sabrás, con total certeza, de dónde sale el pensamiento.

¿Qué significa ser libre? La libertad no es un objetivo que puedas perseguir. La libertad llega al principio, no al final. Llega cuando te das cuenta de que la única forma de ser libre es convertirte en eterno. Mientras estás encarcelado por el tiempo, la libertad es una ilusión.

¿Por qué hablamos de encontrar a Dios, pero nunca de alcanzar a Dios? Porque estamos atrapados dentro de nuestras mentes limitadas. El Dios que buscamos es meramente una proyección de pensamiento. No hay realidad en tales proyecciones; cuando hablamos de Dios, solo estamos hablando de ideas insignificantes, una especie de cotilleo religioso que no deja de repetirse de generación en generación.

El tono de Krishnamurti era de desafío, hasta el punto de resultar brusco. Irradiaba una seriedad absoluta. Hacía que la espiritualidad pareciera la llamada más sobria que una persona podía seguir. Cuando pasaron las dos horas, después de mirar su reloj de bolsillo y disculparse por pasarse de tiempo unos minutos, Krishnamurti dejó una presencia fugaz en su estela. No era un gurú convencional. Cada dos por tres hacía una pausa y decía:

—Mirad esto por vosotros mismos. No me escuchéis. No escuchéis a ningún profesor.

Era esa cosa rara, un líder con miles de seguidores que les decía a todos que se marcharan.

Estudiando minuciosamente su vida, uno descubre que Krishnamurti renunció a su destino como maestro del mundo en 1929, haciendo trizas las esperanzas de los teosofistas. Su motivación no fue una simple desilusión. Siete años antes había tenido un profundo despertar espiritual, y este implicaba un considerable sufrimiento físico. Lo llamaba el proceso, y aunque espectadores preocupados fueron testigos de un hombre joven con espasmos de un dolor atroz, Krishnamurti hablaba de una profunda experiencia de unidad. Después de días de sufrir «el proceso», regresaba a la conciencia con una sensación de sensibilidad extraordinaria hacia las cosas más pequeñas que lo rodeaban: «La hoja de hierba era asombrosamente verde; esa única hoja de hierba contenía todo el espectro de color; era intensa, deslumbrante y a la vez muy poca cosa, muy fácil de destruir.»

Era una historia conmovedora. Yo estaba emocionado por el sufrimiento y el aislamiento de Krishnamurti. Una parte de mí ansiaba un final diferente. ¿Y si hubiera llegado un maestro del mundo antes del ascenso del nazismo y los horrores de la bomba atómica? ¿La humanidad habría cesado en su recorrido autodestructivo? (En sus primeros días en Estados Unidos, Maharishi sabía que las posibilidades estaban en su contra. Decía que si una persona moderna se encontrara a Jesús en la calle, diría educadamente: «Lo siento, pero no puedo pararme ahora mismo, voy de camino al cine. Me encantaría escucharle más tarde.»)

De manera intermitente durante toda su vida, Krishnamurti nunca escapó del «proceso» y este lo transformó en algo que nadie comprendía del todo, ni siquiera él mismo. Recuerda que terminó una charla en un encantador entorno natural y se fue a caminar por el bosque, deseando únicamente no volver nunca más. «El noventa y nueve por ciento de la gente no tiene ni idea de lo que estoy diciendo, y el uno por ciento que sí ya está noventa y nueve por ciento aquí.» Al final, Krishnamurti se preguntó en voz alta si él era alguna clase de anomalía biológica.

Yo apostaba a que no lo era. Después de quedar impresionado por su presencia, necesitaba una forma de empezar «el proceso» por mí mismo, aunque no sabía lo que implicaba en realidad. Solo sabía que en India el camino siempre está abierto a la transformación interior. La primera vez que me senté en una sala con Maharishi, emanaba de él algo más que la bendición del *darshan*. Había llegado. Su viaje era casi el reverso del de Krishnamurti. Se elevó a la atención pública cuando tenía en torno a cuarenta años, siendo ya un monje, o *brahmachari*, que había servido a su maestro espiritual hasta la muerte de este en 1953. Había sido un discípulo clásico, renunciando al mundo y haciendo voto de celibato. Maharishi también se tomó al pie de la letra la noción clásica de que la dedicación completa a la espiritualidad es un segundo nacimiento; por consiguiente, incluso los datos más básicos sobre su nacimiento real eran vagos.

Había nacido alrededor de 1917 y le pusieron el nombre de Mahesh. El nombre familiar era Varma o Srivastava, tenía parientes con los dos nombres. Su padre era funcionario civil, ya fuera en el fisco indio o en su servicio forestal. Maharishi recibía en ocasiones a su familia en su círculo íntimo; con el tiempo conocí a dos sobrinos, una sobrina y un primo, que recuerde. Lo que más me asombraba de su pasado era que Maharishi había nacido en Jabalpur (probablemente), el mismo lugar donde había estado destinado mi padre, y se había licenciado en la Universidad de Allahabad en 1942 después de estudiar física. Las inclinaciones científicas de la meditación trascendental poseían raíces profundas.

Tener algún pasado parecía irrelevante cuando conocías a Maharishi, porque él encarnaba el significado de un segundo nacimiento. Nadie podría ser más similar a un sabio iluminado. Presentaba una cara de alegría al mundo (los medios lo llamaban el gurú sonriente), pero en privado podía conversar de cualquier tema con expertos en la materia. Cuando intervenía desde una perspectiva espiritual, uno sentía su total autoridad, como si un *rishi* de los antiguos Upanishads hubiera salido de su historia. Al decidir abandonar por primera vez su retiro en el Himalaya en 1955, el joven Maharishi causó una profunda impresión hablando por toda India, una tierra que está acostumbrada a su cuota de santos, reales o supuestos. No dejaba ninguna duda de que era un maestro, aunque podía ser muy humilde. Su lema era que tenías que dejar que los otros te hicieran grande y no proclamar tu propia grandeza. Maharishi también declaró que una vez que una persona se ilumina, todo lo que dice y hace está dictado para el bien de la humanidad; ya no existe un yo personal —Dios lo ha quemado— y por consiguiente no hay deseos personales.

Antes de que llegara a San Francisco en 1959, Maharishi se encontró en un estrado en una conferencia espiritual en el sur de India, declarando, sin reflexión previa, que iba a dirigir un movimiento para regenerar el mundo. Esta organización hipotética se conoció como Movimiento de Regeneración Espiritual. Solo después, la meditación trascendental se convirtió en marca. Los primeros seguidores estadounidenses se consideraban parte de la transformación espiritual del mundo. Esa ambición nunca abandonó a Maharishi; era evidente desde la primera vez que salió de India.

Esto nos lleva a una bifurcación en el camino. Maharishi, visto como un maestro iluminado, perseguía su enorme proyecto sin segundas intenciones. Era un maestro desinteresado que encarnaba la conciencia superior; solo tenía el bien de la humanidad en el corazón. Pero visto como la cabeza de una organización multinacional rentable que concentraba todo en una celebridad carismática de India, era una especie de empresario espiritual. Se aprovechaba de la impresión exótica que causaba en los occidentales, dándoles un conocimiento diluido que no se podía comparar con lo real.

Para mí, la primera visión era justa y la segunda hastiada y cínica. Fuera cual fuese el objetivo de la iluminación, sentía que este hombre pequeño con una rosa en la mano y una sonrisa sabia en la cara había caminado el camino sin camino, como se conoce en India. El año que lo conocí fue el mismo año en que murió Krishnamurti. No pude evitar pensar que el camino sin camino, que tenía miles de años, se parecía a algo que Krishnamurti había transmitido a sus discípulos teosóficos en 1929 cuando les dijo que se fueran: «Mantengo que la verdad es una tierra sin camino y no puedes acercarte a ella por ningún camino, por ninguna religión, por ninguna secta. Ese es mi punto de vista, y me adhiero a ello de forma absoluta e incondicional.»

La única diferencia era que Maharishi no quería que me marchara. Quería que me quedara cerca y aprendiera todo lo que tenía que enseñarme.

Los círculos íntimos son como familias. El que rodeaba a Maharishi existía desde hacía muchos años. Estaba ligado por diversos sentimientos: devoción, ambición, necesidad de aprobación, ideales compartidos y más. Los familiares venían de todas partes. Centenares de miles de occidentales habían elegido la meditación trascendental en su apogeo, sobre todo estudiantes universitarios atraídos por el brillo mediático que rodeaba a los Beatles. La inmensa mayoría dejó de meditar al cabo de un tiempo, por lo general breve; como me recordaron, la meditación está pensada para toda la vida, pero solo hace falta un día para dejarla. Para un núcleo de meditadores, no obstante, la práctica era lo bastante profunda para que se consagraran por completo. Después de dejar India y aparecer en California a finales de los cincuenta, Maharishi eligió un séquito. Como yo había llegado tarde a la escena, los discípulos originales eran sobre todo mayores y ya no eran públicamente activos. El grupo parecía compuesto de discípulos espirituales que estaban preparados para aceptar a un monje indio desconocido como gurú. No eran tan agradables como el último aspecto de la meditación trascendental como nombre de marca extendido a un público en gran medida ingenuo.

La familia que conocí en torno a Maharishi era un pequeño círculo de personas para los que él era el equivalente de un maestro del mundo. Lo reverenciaban y custodiaban celosamente su relación íntima con él. El hecho de que hubiera posado una mirada de aprobación en mí era tan bueno como recibir órdenes por escrito. Los gurús tienen caprichos férreos. Si yo era solo un capricho, el círculo íntimo todavía me trataría como uno de los suyos. Traté de no mostrarme acartonado por lo verde que estaba.

La gente caminaba silenciosamente arriba y abajo de los pasillos del hotel reconvertido de la calle H. La planta superior estaba reservada para Maharishi cuando se hallaba en la residencia:

resultó que pronto se marchó de Estados Unidos y pasó el resto de su vida en una casa especialmente diseñada en Vlodrop, un pueblo remoto de Holanda. Lo rodeaban tonos pastel pálido. Su suite llena de flores era trasnochada y decorada como una habitación del Ritz de color rosa. Veía visitantes sentados en posición de loto en un diván cubierto de seda. Justo debajo de él, había una piel de ciervo, el lugar tradicional para la meditación tal y como lo dictaba el Bhagavad Gita.

La conducta reverencial que se exhibía en el círculo íntimo existe en torno a cualquier gurú y es una razón de que muchos occidentales sospechen de los gurús en primera instancia. Pero me sorprendió la benevolencia genuina que me recibió. Maharishi había establecido un código de conducta a través de su propio ejemplo. Como él era amistoso, asequible, altamente adaptable a nuevos hechos y siempre optimista sobre el futuro del mundo, todo el movimiento de meditación trascendental reflejaba esas cualidades. En uno de mis primeros libros, escribí que los meditadores eran las únicas personas genuinamente felices que había conocido, un arrebato eufórico que me reportó cierto desprecio de los críticos. Pero en ese momento lo decía en serio, no por ingenuidad, sino porque se supone que la meditación ha de proporcionar dicha, o *ananda* en sánscrito. «Dicha» se ha convertido en una palabra incierta, como si fuera insensata o enemiga de la razón, pero me sentía dichoso una vez que empecé a meditar, y vi dicha en la gente que rodeaba a Maharishi, la mayoría de los cuales eran tipos de alto rendimiento en el modo occidental, igual que yo. Entre ellos había psiquiatras, médicos, hombres de negocios y licenciados por las universidades de la Ivy League o por las de Oxford y Cambridge. No había nada de McDonald's en ellos.

La única cosa verdaderamente inquietante era el ámbito de las ambiciones de la meditación trascendental. A Maharishi le gustaba hacer anuncios que yo no podía aceptar fácilmente. Había anunciado en 1979 que se había logrado la paz mundial. Él sabía tan bien como cualquiera que había puntos de guerra calientes, como siempre ha habido. Pero toda su perspectiva se centraba en educar la conciencia colectiva. Siempre estaba buscando señales de un punto de inflexión (la expresión no empezó a usarse hasta décadas después, pero Maharishi ya estaba publicitando el concepto en los setenta). Si un núcleo de humanidad practicaba activamente la meditación, su influencia pacífica afectaría la conciencia de todos los demás. Sin conocer la causa, los seres humanos se encontrarían recurriendo a la violencia cada vez menos y en su momento —muy pronto, en opinión de Maharishi—, la guerra y el crimen se desvanecerían. Encontró el punto de inflexión en 1979 y, como era típico en Maharishi, quería que todo el mundo lo supiera.

Yo amaba el idealismo que esto expresaba y me intrigaba la conciencia colectiva. Nadie podía dudar de que luminarias espirituales como Buda y Jesús habían de hecho alterado la mente global y desplazado la historia en una nueva dirección. Pero Maharishi estaba usando los medios de comunicación para declarar lo mismo, y para concentrar el cambio en sí mismo y en sus esfuerzos para extender los beneficios de la meditación por todas partes. Como hizo cuando la meditación trascendental produjo las primeras pruebas de sus beneficios para la salud, Maharishi instó a los sociólogos a proporcionar datos de una decreciente hostilidad en el mundo. Lo hicieron, pero para entonces la audiencia para sus declaraciones se había reducido. Treinta años después, un corpus de hallazgos externos a la meditación trascendental verificaron que las muertes por conflictos armados empezaron a declinar en torno a 1980 y han declinado de forma sostenida desde entonces. Más de ochenta déspotas habían sido derrocados; los movimientos democráticos derribaron el Imperio soviético y continúan hasta hoy en la primavera árabe. ¿Puede reconocerse a un gurú por prever eso? Decir sí o no requiere una mirada más atenta a la antigua visión del mundo india que defendía Maharishi. Yo solo estaba en el umbral.

Una vez que lo cruzara estaría en medio de una empresa espiritual ilimitada. No tenía otra elección que adaptarme rápidamente, lo cual significaba que mis propios límites se extenderían enormemente. Maharishi había emitido otros comunicados de prensa para informar de que la Tierra estaba a punto de experimentar una nueva Era de la Iluminación. Esto era una variante de un antiguo concepto indio de ciclos históricos, o *yugas*, que se elevaban y caían en períodos de miles de años. Maharishi abrevió el tiempo drásticamente, declarando que la humanidad estaba a punto de dar un salto del *Kali Yuga*, cuando la gente luchaba en las profundidades oscuras de la ignorancia, al *Sat Yuga*, cuando la vida de cada persona estaría iluminada y feliz.

Para preparar el camino, formó profesores de meditación trascendental en el Gobierno Mundial para la Era de la Iluminación, cuya tarea consistía en allanar el camino para un ascenso global en conciencia. Descubrí enseguida que tales declaraciones, aparentemente absurdas para el mundo exterior, tenían que ser tomadas con total seriedad dentro de la organización de meditación trascendental. La transformación inmediata del mundo en un lugar de paz y armonía se discutió y se planeó de la forma en que Ford y General Motors planeaban los modelos de coche del año siguiente.

Lo cual me planteaba un dilema. Era obvio que Maharishi quería arrastrarme al remolino de actividad que lo rodeaba. Yo podía tratar de ganar tiempo, manteniendo la distancia por razones prácticas. Boston estaba muy lejos de Washington y yo tenía una consulta médica que atender. Estos obstáculos no fueron nada para Maharishi cuando los presenté. Si subía a bordo, se sobreentendía que se garantizaría mi futuro. En el avión de vuelta a casa, luché con mi conciencia. No podía apoyar la Era de la Iluminación. La afirmación de que la meditación trascendental ya había proporcionado la paz mundial me ponía incómodo. Tampoco me era posible adoptar la jerga oficial del movimiento de meditación trascendental; entre los meditadores se lo llamaba simplemente el movimiento.

Resultó que Maharishi no me puso ninguna limitación. Podía hablar como quisiera. Podía forjarme mi propia área de actividad. Las exigencias a cumplir, que con frecuencia eran muy estrictas para los maestros del movimiento, no se me aplicarían. Me estaban ofreciendo carta blanca porque Maharishi depositaba su confianza completa en mí. En mi opinión, había muy poco del «proceso» que había transformado a Krishnamurti. En India rendirse a un gurú significaba entregarte en cuerpo y alma. Todo lo que Maharishi quería era que diera charlas allí donde me enviara y que participara en sus reuniones con su círculo íntimo. Había llegado a la tierra sin camino. Igual que cualquiera, esperaba que condujera a la verdad.

18

Adivino o charlatán

Sanjiv

Un día de mediados de noviembre, cuando mi hija Kanika tenía seis años, llegó de la escuela con aspecto desdichado.

—Quiero hacerte una pregunta —le dijo a Amita—. ¿Somos cristianos o judíos?

Descubrimos que en su clase todos estaban hablando de Navidad o de Janukká. Iban a recibir regalos, e iban a celebrarlo con familia y amigos. Pero cuando le preguntaron a Kanika qué iba a celebrar ella, se quedó desconcertada.

—Somos hindúes —explicó Amita.

Una de las disyuntivas más difíciles a las que se enfrentan los inmigrantes es la de si deben integrar las tradiciones y el estilo de vida de la cultura que han dejado atrás en su vida en Estados Unidos, y si es así, ¿hasta qué grado? «Asimilación» es una palabra muy importante en las comunidades de inmigrantes. En ocasiones, en el deseo de ser considerado un estadounidense completo, para encajar, casi toda la cultura propia queda olvidada o enterrada. La gente quiere dejar atrás su antigua vida. Tengo un colega en Boston, por ejemplo, que se llama Roger Komer. En India era Raj Kumar. Pero con más frecuencia, como en el caso de nuestra familia, tratamos de encontrar una forma de combinar nuestra herencia india con nuestra vida en este país. Queríamos que nuestros hijos comprendieran y respetaran el lugar del que habían llegado. Y como había demostrado Deepak al hacerse defensor del Ayurveda, en ocasiones las formas tradicionales proporcionaban grandes beneficios. Incluso en Estados Unidos.

No hay nada más importante que descubrir tu propia identidad. Cuando llegamos a Estados Unidos, la relativamente pequeña comunidad india trataba de no llamar mucho la atención. La opinión pública estadounidense conocía a muy pocos indios. De hecho, una de las personas que primero llevó visibilidad a los inmigrantes indios aquí fue mi hermano. La ironía es que lo hizo aportando a Occidente los beneficios de la medicina india tradicional, de la que habíamos sido escépticos y desdeñosos al crecer.

Kanika planteó esa pregunta porque se sentía aislada. Le explicamos que los hindúes, en lugar de celebrar la Navidad o Janukká, celebran el Diwali, el festival de las luces que simboliza el triunfo del dios Rama sobre el mal. En India es una fiesta muy especial. Incluso los pobres intercambian regalos, y todos se visten con sus mejores galas. De hecho, Deepak nació en Diwali, que es el origen de su nombre. Se me ocurrió que para Kanika, el Diwali no podía ser tan importante como Navidad o Janukká porque nadie faltaba a la escuela. Normalmente celebrábamos este festival el fin de semana. Pero, a partir de ese día, Amita y yo decidimos que la familia celebraría la fiesta en el día en que cayera. Fui al supermercado indio y compré un calendario que mostraba con mucho colorido los festivales religiosos hindúes. Durante varios años, salíamos del trabajo y los chicos se quedaban en casa sin ir a la escuela, y los llevábamos a una comida especial y les comprábamos regalos. Incluso preparábamos (con cuidado) fuegos artificiales en el patio. Al día siguiente nuestros niños irían a la escuela y sus amigos preguntarían por su ausencia.

—Estábamos celebrando el Diwali —dirían con una risa, y les explicarían el festival a ellos.

También celebrábamos el Holi, un festival que celebra los gloriosos colores de la primavera después del inhóspito invierno, a la manera tradicional, echándonos polvo coloreado unos sobre otros.

Asimismo alentábamos a nuestros hijos a celebrar las fiestas de sus amigos. Ammu se casó con un buen hombre católico, Joseph Sequeira, y nuestra familia celebraría las Navidades todos los años. Para nosotros era una celebración de fe, buenas acciones y sacrificios; no tenía una connotación religiosa. Un año incluso pedimos a la niñera irlandesa de nuestros hijos que nos ayudara a decorar un arbolito en la casa. En Pascua poníamos huevos de colores e invitábamos a los niños de todos a nuestra casa para que buscaran el huevo. Asistimos a muchos *bar mitzvá* y nuestros hijos se disfrazaban en Halloween. La mejor parte de la asimilación es tener más excusas para celebrar, más alegría en nuestras vidas.

Probablemente, el aspecto más importante de la vida en India que echábamos de menos por estar en Estados Unidos era la presencia constante de nuestra familia extensa. Nos sorprendió descubrir que la unidad familiar no es ni mucho menos tan fuerte en Estados Unidos como lo es en India. Lo que nuestros hijos echaban de menos en Estados Unidos era ser ahogados en afecto por sus tías y tíos, esa enorme familia extensa maravillosa y todas las historias que se contaban una y otra vez. Ayudaba a crear una fuerte sensación de identidad; esto es lo que eres, es de donde vienes. No recibieron eso aquí.

Nuestra prima Dipika vivió en Estados Unidos durante varios años pero finalmente decidió regresar a India.

—Cuando estábamos buscando una casa para comprar en San Francisco —me contó Dipika—, íbamos a un buen sitio con la agente inmobiliaria y ella nos decía que lo mejor de esa casa y de ese barrio era que no oiríamos ni caer un alfiler. Eso en realidad me asustaba terriblemente, porque quería oír caer un alfiler. Crecimos con ruido y caos y la gente entrando en nuestra casa a todas horas.

Su hermana Ashima, que vivía con su familia en Bombay, vino a visitar a Dipika.

—Pensé que San Francisco era un lugar encantador —recuerda—. Todo era hermoso allí, pero no podía acostumbrarme al silencio en la casa. Estando allí sentía que era demasiado fácil sentirse sola.

Cuando murió su padre, mi tío Rattan Chacha, acordaron que

una de ellas tenía que volver a Delhi para cuidar de su madre. Finalmente, ambas familias se trasladaron a Delhi y ahora la familia entera, quince personas, viven juntas en una gran casa. Como dice Dipika:

—Es un giro de ciento ochenta grados de lo que era mi vida en California, donde mi marido, nuestro hijo y yo vivíamos en una bonita residencia de las afueras. Ahora deberían poner cámaras en la casa y hacer un *reality show*, porque hay quince personas subiendo y bajando constantemente por la escalera y chocando unos con otros. Pero somos una familia feliz.

Para compensar eso hicimos lo que hacen muchos inmigrantes: formamos una comunidad con otro indios que vivían cerca de nosotros. Al mudarnos a Boston, vivimos en un complejo de apartamentos en Jamaica Plain, con muchas otras familias indias. Alrededor de la mitad de los treinta apartamentos de ese complejo estaban ocupados por indios, la mayoría de ellos médicos. Como muchos médicos indios habían emigrado a Estados Unidos y habían trabajado en los hospitales de Boston, formábamos parte de un grupo mucho mayor de amigos que con frecuencia se juntaban y cuyos hijos jugaban juntos y celebraban fiestas indias juntos. Entre ellos estaban Chander y Kanta Nagpaul, Madan y Piki Zutshi, Raj y Shashi Chawla y Bimal y Sharda Jain. Hemos seguido siendo grandes amigos durante casi cuatro décadas y hemos compartido nuestra experiencia común.

Y como podíamos permitírnoslo, con la mayor frecuencia posible viajábamos a India con nuestros hijos. Fue allí, realmente, donde nuestros hijos aprendieron su herencia. Pasaban tiempo con la familia, comían comidas tradicionales, se vestían como los indios, jugaban a juegos indios, oyendo los idiomas que se hablaban y escuchando música. Además podían ver a los encantadores de serpientes y las vacas en las calles, gente en elefante, y aprender a tratar con la pobreza de forma distinta a todo lo que habían visto en Estados Unidos.

Eran mis padres, sus abuelos, los que mostraban un amor total e incondicional y los que mejor ejemplificaban el corazón de India.

Mi hijo, Bharat, recuerda estar sentado en una pequeña sala, al lado de la cocina, en la casa de mis padres.

—Ahí es donde mi abuela tocaba el armonio y mi abuelo tenía la biblioteca —recuerda—. Era un gran lugar para sentarse y leer libros de cómic, los *Amar Chitra Kathas*, que contaban la historia de toda la mitología india: los santos y los hombres sagrados, los dioses y las diosas, los guerreros nobles.

»Un día estaba sentado allí con mi abuelo, que me describió el cielo y el infierno. Estábamos los dos solos, y nunca lo he olvidado. En la filosofía hindú, dijo, no hay cielo e infierno físico. Hay estados de ánimo. Entonces me contó una fábula: un atracador iba corriendo por el bosque y se encontró con un monje. Le pidió al monje que le contara la historia del cielo y el infierno. El monje lo miró de pies a cabeza y dijo: "Soy un monje noble. ¿Por qué debería desperdiciar un momento de mi vida enseñando a un sucio sinvergüenza como tú qué son el cielo y el infierno?" El atracador estaba cargado de rabia e ira. Sacó su espada y la levantó por encima de la cabeza. Y justo cuando estaba a punto de descargar el golpe para cortar la cabeza del monje, este dijo: "Eso es el infierno." El atracador se quedó atónito. Dejó caer la espada al suelo y se sintió sobrecogido de gratitud, amor y compasión por este monje que había arriesgado su vida para enseñarle el significado del cielo y el infierno. Le sonrió con benevolencia. Cuando lo hizo, el monje lo miró y dijo con suavidad: "Y eso es el cielo."

Creíamos que era importante para nuestros hijos que mantuviéramos el máximo posible de tradiciones indias. Queríamos que estuvieran instruidos culturalmente. En ocasiones, era una lucha para ellos discernir su verdadero lugar de pertenencia. Cuando eso se convertía en un problema les recordábamos lo afortunados que eran por haber sido educados en dos culturas, aunque en ocasiones era difícil para ellos aceptarlo. Durante un tiempo asistieron a una escuela en la que eran los únicos niños indios. Fue duro para ellos; los niños no quieren ser diferentes. Cuando tuvimos la oportunidad tratamos de enseñar los aspectos populares de la cultura india a los niños estadounidenses. Cuando Kanika estaba en tercer grado, por ejemplo, Amita fue a su escuela y pasó un día enseñando a las niñas a envolverse en un sari; les encantó. Nuestra hija Priya asistía a clase de danza para aprender las danzas clásicas llamadas *bharat natyam*. Cada sábado durante años la llevábamos en coche a esas lecciones. Ella celebró su decimosexto cumpleaños con un *arangetram*, al que invitamos a decenas de amigos suyos. Un *arangetram* es una celebración de entrada en la vida adulta, como un *bar mitzvá* o un *sweet sixteen*, la diferencia es que a la joven se le exige que demuestre su dominio de la danza clásica india durante varias horas. Nuestros amigos estadounidenses se quedaron fascinados e impresionados.

—Cuando presente la solicitud para la facultad, envía una cinta de esta actuación —dijo uno de ellos—, será su billete de entrada a una universidad de primera.

Todos nuestros hijos jugaban a deportes estadounidenses. Nuestro hijo, Bharat, jugaba al béisbol, baloncesto y tenis, nuestras hijas jugaban al tenis y al *softball*, y un poco al hockey sobre hierba.

Una vez, cuando llevamos a nuestros hijos a India, Priya quiso jugar al críquet con sus primos, y cuando golpeaba la bola soltaba inmediatamente el bate, como se hace en *softball*, y echaba a correr. Y todos sus primos se reían de ella.

Creo que nuestro intento de asimilar a nuestros hijos tuvo tanto éxito que Bharat, un fanático absoluto de los Boston Red Sox, me dijo una vez: «En lugar de pensar en el equipo de críquet paquistaní como el enemigo, mi mayor enemigo son los Yankees.»

Y cuando asistió a la NYU vivía en un piso con unos nueve estudiantes indios más. Su primer día allí una chica india llamó a su puerta y le preguntó de dónde era.

—Soy de Boston —le dijo.

—No, no —explicó ella—, me refiero de dónde eres de verdad.

Entonces él creyó que lo entendió.

—Soy de Weston, está en las afueras de Boston.

Lo que ella realmente quería saber, dijo, era de qué parte de la India procedía su familia.

—Mis padres son de Nueva Delhi —dijo él por fin.

Bharat se dio cuenta de que en la NYU otros jóvenes definían su identidad india como poder hablar el idioma y conocer las películas populares de Bollywood y la música hindi. Él no sabía nada de eso. Para él ser indio significaba conocer la mitología y tener fuertes conexiones con su familia allí.

Para Priya, la asimilación supuso hacerse vegetariana. Aunque millones de indios no comen carne, esto siempre ha sido una decisión personal. Los restaurantes indios, por ejemplo, suelen ofrecer opciones no vegetarianas. Nuestros hijos comieron carne en su infancia, pero cuando Priya era adolescente empezó a comer solo pollo y pescado y, después de una visita a India en 1997, se hizo vegetariana. Solía preguntarse por el karma de los animales y para ella su decisión de no comer carne es una forma de plegaria individual. En cierto modo, eso es una forma de pensar peculiarmente india.

En nuestra casa era natural hablar en inglés, porque ese era el idioma en el que Amita y yo nos habíamos educado en India. No insistimos en que nuestros hijos aprendieran hindi. Pero cada vez que había algo que no queríamos que los niños supieran hablábamos en hindi entre nosotros. Era nuestro lenguaje secreto, aunque el hábito tenía sus inconvenientes.

Durante una visita a India, Amita y yo estábamos en una tienda debatiendo cuánto gastaríamos en un tapiz que describía una hermosa escena de caza. El tratante dijo el precio. Amita se volvió hacia mí.

—*Yeh hamara bewakuf bana raha hai* —dijo en hindi, lo que significa: «Este tío nos trata de tontos.»

Le sonreí.

—Esto es India —dije—. Este tío habla hindi mejor que nosotros.

El vendedor estaba allí de pie sonriéndonos. Le dije que volveríamos en unos minutos después de decidirnos.

—No —dijo—, por favor, quédense, y yo volveré enseguida.

Al cabo de unos momentos volvió con té y pastas. El tapiz ahora adorna nuestra sala de estar.

Creo que todos los padres inmigrantes se preocupan por lo

bien que sus hijos se adaptan a Estados Unidos, sobre todo si físicamente se nota que proceden de otra cultura, como en el caso de los nuestros. Por eso tanto Amita como yo nos sentimos complacidos de que en solo una generación nuestros hijos fueran básicamente estadounidenses.

El hecho de que nuestros hijos no hablaran hindi dificultaba que se comunicaran con sus primos cuando visitábamos India, pero se las arreglaron —como todos los niños— con un compuesto llamado hindish. Era básicamente hindi con alguna palabra en inglés metida en medio de la frase. Cuando íbamos a India nuestros hijos eran asfixiados de afecto por nuestra familia extensa. Lo pasaban mal acostumbrándose al hecho de que todos querían abrazarlos y besarlos. Sus primos se referían a ellos como ABCD, que significa *american born confused desi*; *desi* era otra palabra para decir indio.

Ver a nuestros hijos adaptándose a la cultura en la que nosotros habíamos sido educados —y queríamos que si no la abrazaban al menos la apreciaran— fue fascinante. Todo allí era nuevo y diferente para ellos, sobre todo la comida. Los animábamos a que al menos lo probaran todo, incluso la comida de calle, y casi inevitablemente el resultado era que alguno sufriera la diarrea del viajero, una afección común cuando gente del mundo desarrollado visita un país en vías de desarrollo. En Delhi se llamaba *Delhi belly*, y en otras partes del mundo se llama la venganza de Moctezuma, perro de Hong Kong, *Poona Poos*, *Casablanca Crud* y, si has llegado a Leningrado, Trotski. Supongo que supe que me había convertido en estadounidense cuando yo también la padecí.

Aunque les gustaban todas las cosas exóticas que veían en India, lo más difícil para ellos era tratar con la pobreza. En Estados Unidos la pobreza es fácil de esconder; los estadounidenses tienen suerte de que la mayor parte del tiempo no tienen que enfrentarse directamente con la pobreza desesperada delante de ti. Eso no ocurre en India, y confundía a nuestros hijos. Venían de una sociedad rica y de repente tenían que tratar con niños de su misma edad que vivían en las calles, vestidos con harapos, pidiendo trozos de comida. Cuando parábamos en un semáforo, niños cubiertos de polvo y sosteniendo un bebé en brazos se acercaban a nuestro coche, metían la nariz por la ventanilla y rogaban unas pocas rupias, el equivalente a unos centavos. ¿Cómo explicas eso a niños que han crecido en Estados Unidos de forma que tenga sentido para ellos?

Y era difícil explicárselo, porque no estábamos seguros de que haya una respuesta correcta. Cuando creces en India, la pobreza se convierte en parte del escenario, parte de tu vida, y al cabo de un rato ni siquiera te fijas. Pero cuando vuelves después de haber vivido en Estados Unidos tiene un impacto tremendo. Es imposible estar adecuadamente preparado para eso. Una colega y amiga mía, Gina Vild, y su marido, Nigel, se fueron de vacaciones a India y estaban visitando Agra para ver el Taj Mahal. Un niño trató de venderles camellos de madera con lentejuelas. Estaba siguiendo a Gina y tirando de su manga. Finalmente ella le dijo que parara.

—Se paró y simplemente me miró —recuerda Gina—. Ese niño, de unos diez años y enormes ojos castaños, dijo: «Para ti es muy poco dinero. Significa muy poco. Pero para mí hay un mundo de diferencia.»

Le compró dos camellos.

Tuvimos un montón de discusiones con nuestros hijos sobre el accidente de nacimiento. Hay cosas que no están bajo control, explicábamos. Si ese mendigo hubiera nacido en una familia diferente, su vida habría sido completamente distinta. Los alentamos lo más posible a tener un sentimiento de responsabilidad hacia esas personas.

—Es terrible —dijo Kanika una vez que estuvimos hablando de ello—. Al ver a niños de mi misma edad no dejo de pensar en cómo es posible. Mirando a un mendigo era realmente difícil no pensar que podría ser yo. Bajar la ventanilla y darles unas monedas no parece mucho.

Mi hija Priya dijo una vez:

—Es como una sensación de impotencia. Quieres ayudar a estas personas, pero no sabes cómo.

Ahí radica la dificultad, le contamos a los niños, el problema es tan enorme que hacer un cambio está más allá de la capacidad de una persona. Simplemente haces lo posible para ayudar al mayor número de personas posible. Cuando Priya tenía diecinueve años, por ejemplo, pasó un verano en India enseñando inglés en una escuela para niños con miembros ortopédicos.

En estos viajes a India los niños también se exponían a una clase diferente de espiritualidad que la que habían experimentado en Estados Unidos. Aunque muchos estadounidenses tienden a ser escépticos sobre aquellas cosas que no pueden experimentar con sus sentidos físicos, la cultura india acepta ampliamente el misticismo como parte de la vida. Quizá porque nuestros hijos habían aprendido a meditar muy pronto, siempre fueron muy abiertos y curiosos sobre estas cosas. Priya fue una vez de peregrinación a un acantonamiento en las montañas con sus primos y su tía. Para llegar allí tuvieron que caminar por un sendero estrecho en la ladera de una montaña. Por delante de ellos caminaba un hombre ciego que se guiaba con un bastón. Iba solo y estaba caminando cerca del borde. Si hubiera dado un mal paso habría caído cien metros por un barranco y habría muerto. Pero, como recuerda Priya, caminaba con seguridad absoluta.

—Estaba rezando a Dios, y cada paso que daba era una plegaria —me contó—. Lo observamos durante mucho rato. Probablemente estábamos un poco temerosos de él, pero su devoción a Dios era tan hermosa que lloramos.

Creo que hay cierta parte de todos nosotros que quiere creer que en este mundo hay mucho más de lo que conocemos. Que hay algunas cosas para las cuales no existe explicación científica. El camino que Deepak siguió conduce en esa dirección, y creciendo en India vimos y oímos ejemplos reales de ello; por ejemplo, el monje que había estado enterrado varios días. Pero también sabíamos que muchas de esas personas espirituales eran fraudes completos. Quizá vivir en Estados Unidos me hizo olvidar eso, o hizo que quisiera creer en la existencia de poderes mágicos de la mente humana. Una vez, en un viaje a India, Amita y yo llevamos a mis padres, a nuestros hijos y a los hijos de Deepak y Rita, Gautam y Mallika, de vacaciones a Cachemira. Mientras estaban allí de compras yo me quedé solo delante de una tienda. Mallika había entrado a comprar un refresco. Se me acercó un santón vestido con ropa de color azafrán y, abriendo un ejemplar del Gita, me miró directamente a los ojos y me dijo en hindi:

—Vives en el extranjero, ¿no?

Ya estamos, pensé. Llevaba ropa occidental, incluidas unas zapatillas Adidas, así que no era difícil adivinar que vivía en Occidente. Pero antes de que pudiera echarlo, continuó:

—Eres médico.

Eso era una observación interesante. No había nada en mi aspecto que lo sugiriera. Empecé a intrigarme.

—Y tienes tres hijos, y el nombre de tu hijo resuena con el nombre de la India.

El nombre de mi hijo es Bharat, India. No sabía cómo lo estaba haciendo, pero era impresionante. Continuó:

—Vives en Boston, en Massachusetts, y trabajas en la facultad de medicina de Harvard.

La cosa ya se estaba poniendo interesante. ¿Cómo podía saberlo?

Mi padre, siempre la voz de la razón, se acercó y vio lo que estaba ocurriendo.

—Que no te engañe —me advirtió en inglés—. Si te pide dinero, no se lo des.

Era demasiado tarde para eso. Estaba enganchado. Si era un truco, era un truco impresionante.

—Dame cien rupias —dijo, pidiendo el equivalente a unos dos dólares. Se las di y continuó:

—Eres un apasionado del tenis.

Asentí con la cabeza.

—Y has estado en Manchester, Inglaterra.

—Sí y no —dije.

Era la primera afirmación errónea. Había ganado muchos torneos de tenis, pero nunca había estado en Manchester.

Sonrió con seguridad y se corrigió.

—Pronto irás a Manchester.

Y entonces me pidió mil rupias, unos veinticinco dólares.

Cuando me negué, repitió su petición, mirándome, prácticamente atravesándome, con esa mirada hipnótica, sin pestañear.

—No —dije con firmeza. Estaba recordando vívidamente a los charlatanes de mi infancia—. Vete ahora. Lárgate. Y ve en paz.

Se fue justo cuando mi sobrina salía de la tienda con su refresco.

—Chota Papa —dijo, que significaba padre pequeño o joven (Mis hijos llaman a Deepak Barra Papa, padre mayor.)—. Chota Papa, ¿qué te estaba diciendo ese hombre?

—Era muy extraño —reconocí—. Sabía que era médico, que vivía en Boston y que tenía tres niños y que trabajaba en Harvard.

—Es muy extraño —dijo—, porque cuando estaba comprando el refresco vino un hombre y me preguntó quién eras. Le dije que eras mi tío. Luego me preguntó todas esas preguntas sobre ti y lo que decía lo repetía al aire en hindi.

Me reí, tanto por mi deseo de creer contra toda prueba científica, como por el hecho de que me hubieran engañado con tanta facilidad. Esa era la India que tanto conocía y amaba, donde muchas cosas no son lo que aparentan.

Además de regresar a India, los miembros de nuestra familia ocasionalmente venían a visitarnos a Estados Unidos. Eso nos daba la oportunidad de ver el país otra vez a través de una mirada india. A los pequeños les encantaba ir a los diversos parques recreativos estadounidenses. Estaban fascinados por lo mucho que se comía aquí y por el hecho de que veían a mucha gente con sobrepeso en esos parques. Al hacerse un poco mayores, la cultura de los centros comerciales se hizo excitante para ellos y les encantaba ir a los grandes *malls* con sus primos. Y pese a que queríamos que nuestros hijos al menos apreciaran la música india, antes que la MTV llegara a India, nuestros hijos estaban grabando cintas de los principales éxitos de Estados Unidos y enviándolas a sus primos.

Sus padres estaban impresionados por lo fácil que parecía todo en Estados Unidos. Hasta mediados de los años noventa, cuando aparecieron los teléfonos móviles, todavía se tardaba meses, e incluso un año entero, en conseguir que te instalaran una línea telefónica. Y Deepak disfrutaba mostrando a los visitantes cosas como el mecanismo de control remoto de la puerta del garaje, que permitía que la gente lograra la asombrosa hazaña de abrir la puerta sin tener que bajar del coche. Pero para la mayoría de los visitantes, los mejores parques recreativos para adultos eran hipermercados como Costco. Recorrer los pasillos con ellos me recordaba la primera visita de Amita y yo a un supermercado estadounidense, que por supuesto era considerablemente más pequeño que los grandes almacenes. Después de que llegaran los microondas a India, siempre compraban los grandes envases de palomitas para llevárselos.

Como resultado de la forma en que educamos a nuestros hijos se identificaban como indoamericanos. Pese a que muchos matrimonios todavía son concertados en India, nunca nos acercamos siquiera a ese tema con nuestros hijos. Sin embargo, resultó que Kanika se casó con Sarat Sethi, un pariente lejano al que conoció a través de la familia. De hecho, cuando la abuela de su futuro marido estaba enferma, el médico que generalmente la visitaba era mi padre, el abuelo de Kanika. La prima de su suegra es la mujer de Deepak, Rita. Esta es la forma en que normalmente se dan las cosas en las familias indias, incluso en Estados Unidos. Cuando Kanika y Sarat empezaron a salir decidieron mantenerlo en secreto por si acaso no llegaban a nada serio. Cuando Amita descubrió con quién estaba saliendo Kanika, al principio fue reticente en cierto modo, señalando que no lo conocíamos en absoluto. Pero yo me sentí de forma muy diferente cuando tuve noticias suyas. ¡Supe que me caería bien en cuanto me enteré de que era un ávido jugador de golf!

Nuestro hijo, Bharat, tuvo una experiencia diferente. Hace unos años estaba viviendo y trabajando en Singapur, y descubrió que en esa cultura había un orden jerárquico muy distinto donde el respeto es muy importante. Por su nombre y su aspecto fue inmediatamente obvio para todos que era indio, y eso lo llevó hasta cierto nivel, pero cuando empezó a hablar y la gente oía su acento muy americano se daban cuenta de que era en realidad estadounidense, y en Singapur ser un expatriado estadounidense lo llevó mucho más alto en la escala empresarial y social.

19

Ciencia de vida

Deepak

Poco después de conocer a Maharishi tomé una decisión que me cambió la vida. Estando en el aeropuerto de Boston, cuando todavía esperaba a que descargaran nuestro equipaje, le dije a Rita que volvería a volar a Washington. Iba a hacer lo que me había pedido Maharishi.

A ella la pilló de sorpresa.

—¿Ni siquiera vas a ir a casa?

—No puedo. He de volver.

Mi mujer sabía que podía tomar decisiones impulsivas. Ya había puesto nuestra vida patas arriba una vez, cuando mi beca en endocrinología terminó mal. Pero esta decisión fue un *shock*. Ella había estado presente en las reuniones con Maharishi cuando este había pintado una imagen de cambio en la medicina estadounidense, conmigo como su principal portavoz. A Rita le encantaba Maharishi y lo respetaba tanto como yo. Pero eso no equivalía a renunciar a una consulta médica próspera, por no hablar de las consideraciones prácticas de pagar una hipoteca y educar a dos hijos con la universidad asomando en el futuro.

Maharishi había pasado horas disipando mis dudas, y en ese momento yo traté de tranquilizar a Rita. La transición desde la práctica privada no sería abrupta, expliqué, y finalmente pude encontrar a alguien al que venderle la consulta a buen precio. Me había asegurado de mantener la licencia en endocrinología y medicina interna, así que nadie podría poner en tela de juicio mi respetabilidad profesional. Y era jefe de servicio en el New England Memorial Hospital de Stoneham, una posición que no dejaría por un tiempo.

Aun así, estaba proponiendo un salto enorme que conllevaría riesgos desconocidos.

—Sé que está bien —insistí, fortalecido por una irresistible ola de entusiasmo.

No tenía derecho a anunciar cómo sería nuestro futuro sin tener en cuenta la opinión de Rita, pero lo único en lo que podía pensar era en que había encontrado una vocación. Maharishi insistía en que yo era el hombre adecuado para contarle al mundo su nueva iniciativa. Él había tomado una decisión inmediata al seleccionarme entre la multitud. ¿Quién se resiste a un maestro iluminado?

Estaba a punto de tomar una decisión precipitada. Sería pionero de una clase de medicina completamente diferente de la que se practicaba en Occidente. Igual que había hecho de la meditación trascendental una marca de la casa, Maharishi pretendía conseguir lo mismo con otro aspecto de la tradición cultural india, el Ayurveda. Como sistema de medicina autóctono, el Ayurveda se remontaba a miles de años atrás, pero su edad le proporcionaba escasa credibilidad a ojos de mi padre. Ayurveda era para él medicina de pueblo, practicada por *vaidyas*, los médicos locales cuya formación tenía escasa base científica. Como parte del proceso de transformación de India en una sociedad moderna, las viejas formas se pasaron por alto o incluso se desacreditaron. ¿Quién necesita remedios hechos con hierbas y frutos arrancados de los campos? Me estaban pidiendo que promocionara algo que mi padre consideraba supersticioso, que importara tradiciones de pueblo a Estados Unidos, el centro de ciencia médica más avanzado del mundo.

No se me escapaba la ironía. Estaba demasiado ansioso para saltar al abismo. En el aeropuerto acompañé a Rita al coche, y ella condujo hasta casa nerviosa y desconcertada. Yo tomé el siguiente avión a Washington, preparado para aprender todo sobre la ciencia de vida, que es la traducción literal del Ayurveda (o como lo llamaban los comunicados de prensa, Ayurveda Maharishi; convertir todo en una marca registrada era una lección de las formas occidentales que Maharishi se tomaba muy en serio). Todo el mundo en el movimiento estuvo encantado con mi decisión. Enseguida me establecí como director médico de un complejo que el movimiento de meditación trascendental había comprado a las afueras de Boston, una amplia mansión en Lancaster, Massachusetts, construida por un magnate del ferrocarril a principios del siglo XX. Esa imponente construcción de ladrillos había estado rodeada por grandes jardines de diseño formal y llena de criados. Los jardines estaban más que descuidados, los sirvientes ya no estaban y el interior necesitaba muchas reparaciones. Los anteriores propietarios habían usado la mansión como escuela católica para niñas y no habían sido generosos con los cuidados ni con las inversiones.

Yo no estaba caminando completamente en un vacío. La meditación había atraído a un buen número de gente de educación superior, entre ellos algunos médicos con credenciales similares a las mías. Los médicos norteamericanos y europeos en meditación trascendental eran entusiastas de la nueva campaña de Maharishi y los indios trataban de serlo, aunque sospechaba que estaban tan desconcertados como mi padre. La conexión real con esta antigua tradición procedía de los *vaidyas* ayurvédicos que eran traídos en un flujo constante desde India. Huelga decir que estaban entusiasmados con el hecho de que Occidente finalmente les estuviera prestando atención. La prensa de Washington contemplaba este cuadro de visitantes exóticos con indisimulado escepticismo; Maharishi tenía tanto trabajo que hacer como la primera vez que se ganó a los medios en la década de 1960.

Los *vaidyas* presentaban una cara contradictoria, como todos los indios. Actuaban como autoridades, pero en ocasiones se enzarzaban en acaloradas discusiones entre ellos. (Durante una presentación pública un eminente *vaidya* se enfadó tanto que arrancó una página de un texto ayurvédico y se lo plantó en las narices a otro *vaidya* para dejar clara su tesis.) Podían ser encantadores y sabios, pero también les gustaba guardarse sus secretos profesionales. Ninguno era médico de pueblo, sino figuras importantes en su campo. El conflicto con la cultura occidental ocasionó algunas conversaciones cómicas.

En una conferencia de prensa un *vaidya* veterano se dejó llevar ensalzando al Ayurveda y aseguró que podía curar cualquier enfermedad. Un periodista se levantó y preguntó por el sida. ¿El *vaidya* estaba diciendo que el Ayurveda tenía la cura?

Sin vacilar, el *vaidya*, que era viejo y un poco sordo, dijo:

—¿Edad? Todo el mundo debería vivir cien años. Eso es normal en el Ayurveda.

El periodista levantó la voz.

—No edad. Sida.

Asombrado, el *vaidya* exclamó:

—¡Horrible! Un hombre, una mujer. Eso es lo que dicen las escrituras.

Enseguida quedó claro que mientras que la medicina occidental se enorgullecía de establecer hechos científicos con los que cualquier doctor podía estar de acuerdo, cada practicante del Ayurveda se enorgullecía de saber más que cualquiera de sus rivales. Ciertos textos antiguos que se remontan mil años antes de Cristo, sobre todo el enciclopédico *Charaka Samhita*, se consideraban fidedignos. Esto no impedía que la presente práctica del Ayurveda fuera confusa, con frecuencia un campo polémico donde pocas afirmaciones estaban respaldadas por una investigación capaz de pasar pruebas de credibilidad en Occidente. (En sus propios términos, me apresuro a añadir, las escuelas de medicina ayurvédica llevan a cabo investigación para probar la eficacia de lo que enseñan, pero nada de ello aparecía en las revistas occidentales. Treinta años más tarde, la situación sigue siendo la misma.)

Las grandiosas afirmaciones hechas por los *vaidyas*, ansiosos por impresionar al público occidental, eran desalentadoras. Mi sostén era una eminente autoridad ayurvédica, un hombre llamado Brihaspati Dev Triguna, el aliado más poderoso que Maharishi pudiera haber deseado en este campo. El doctor Triguna, que nació en 1920, pertenecía a la generación de mi padre. Tenía una figura grande e imponente que exudaba autoridad. Cuando lo conocías era casi como si recibiera a la corte, pero de hecho Triguna veía a centenares de pacientes pobres en su clínica situada detrás de la estación de ferrocarril de Nueva Delhi, en una zona histórica poblada por emigrantes del sur de India.

Añadía un brillo de prestigio que Triguna fuera presidente del Congreso Ayurvédico Panindio, pero mi primera atracción se debió a sus formidables capacidades diagnósticas. Mi padre había construido su carrera sobre las mismas virtudes, que eran tanto instinto como ciencia. El método de Triguna estaba completamente basado en tomar el pulso al paciente. Resultaba asombroso observar cómo tocaba con tres dedos la muñeca de una persona e inmediatamente diagnosticaba toda clase de enfermedades, trastornos congénitos, predisposiciones a la debilidad, etcétera. Cuando le pregunté cómo conseguía semejante hazaña, repuso:

—Toma primero el pulso cuatro mil veces. Luego queda claro.

Triguna también dispensaba remedios ayurvédicos de la máxima calidad, preparados según antiguas fórmulas meticulosas. En esencia, su trabajo se reducía a tomar el pulso y escribir recetas todo el día. Yo no podía adoptar ese enfoque sin años de formación práctica, pero de inmediato empecé a aprender el diagnóstico por el pulso. La clínica en Lancaster empezó a ofrecer *panchakarma*, las cinco acciones usadas en el Ayurveda para equilibrar el cuerpo y evitar enfermedades. De manera inesperada, esto se convirtió en una gran atracción. Revisar el *panchakarma* era casi como una visita a un balneario para la gente que acudía a nosotros. Los masajes diarios con aceite de sésamo caliente y un tratamiento donde el aceite de sésamo es vertido suavemente por la frente formaban parte del proceso, junto con el cuidado personal constante. Los consejos dietéticos estaban hechos a la medida de las necesidades individuales de cada persona. Sin saber nada sobre la herencia del Ayurveda, a las celebridades les llegó la voz y empezaron a venir. Cuando Elizabeth Taylor vino a revisar su *panchakarma*, estaba tan entusiasmada que se produjo una escena majestuosa. Al partir, bajó lentamente por la enorme escalera principal de la mansión, con los miembros del personal flanqueándola mientras ella daba a cada uno un chal de seda de *pashmina* bordado con su monograma.

Habíamos llegado.

Con su gentileza habitual, Rita perdonó mi salto repentino y nuestras vidas permanecieron entrelazadas con el resto de la familia. Sanjiv y Amita continuaron practicando la meditación. Amita es pediatra, pero recuerda las inclinaciones espirituales de su padre, que murió cuando ella era joven. Al conocer a Maharishi, parecía fascinada por el renacimiento del Ayurveda, y creo que lo habría explorado más si su ajetreada práctica médica no hubiera sido tan exigente.

La respuesta más positiva llegó de mi padre, que al principio estaba consternado de que arrojara por la borda mi carrera médica. Pero al interesarme cada vez más profundamente en el *Vedanta*, la tradición espiritual más antigua y más pura de la India, él también se interesó. Él y mi madre conocieron a Maharishi cuando estuvo en su centro en Noida, a aproximadamente una hora de Delhi. Maharishi pasó horas discutiendo el *Vedanta* con mi padre mientras yo me sentaba a un lado, bastante asombrado. Una vez que mi madre se dio cuenta de que una reunión con un gurú podía durar ocho o diez horas —Maharishi tenía una energía inagotable y escasa necesidad de dormir—, rehusó volver.

Con torpeza y a trancas y barrancas, Sanjiv y yo hicimos lo que deben hacer los hermanos cuando pasamos los treinta y luego los cuarenta. Nos enfrentamos al hecho de que nuestro vínculo infantil ya no bastaba. Había que forjar una nueva relación. En ocasiones era como ser compañeros de equipo en una carrera de relevos, tratando de pasar el testigo con el riesgo de que cayera en el intento. Se daban siempre dos factores: éramos hermanos y nuestras familias se amaban. Todavía conservo una fotografía que nos hicieron para un artículo en el *Harvard Magazine*, donde estamos sentados uno al lado del otro, medio abrazándonos. Nuestras sonrisas deslumbrantes podían tomarse como afecto puro, autosatisfacción por haber llegado o nostalgia reavivada.

Nos aprovechamos al máximo de no ver la bifurcación en el camino que nos separaba. Todavía había islas de alegría y compañía incluso al irnos separando. Los vínculos estrechos de Sanjiv con la facultad de medicina, que empezaron a forjarse poco después de su llegada a este país, eran un testimonio de su talento e impulso para triunfar. Era extraño verlo subir una escalera a la que yo estaba dando una patada. Cuando el Ayurveda Maharishi se convirtió en la segunda meditación trascendental, yo no fui tan bien recibido como antes por el *establishment* médico. Si a algunas personas les parecía imperdonable que un médico real, un jefe de servicio de hecho, cambiara su lealtad a semejante curanderismo, pretendía adelantarme a ellas.

El momento elegido fue afortunado. El prestigio de la medicina científica no se estaba desvaneciendo, pero para millones de personas había cambiado algo crucial. La gente estaba buscando alternativas a los fármacos y la cirugía, que son el puntal de la medicina de la corriente dominante. En parte, este movimiento ganó aprobación oficial. Estaba siendo ampliamente reconocido que toda clase de trastornos de estilo de vida eran evitables. Treinta años después, es de conocimiento común que el ejercicio, la dieta y el control del estrés son fundamentales para impedir enfermedades cardíacas, apoplejía y diabetes de tipo 2; en el último avance para la prevención, se calcula que hasta el 90 % de los cánceres podrían evitarse con los cambios adecuados en el estilo de vida.

En ese momento, sin embargo, era un goteo de aprobación frente a una marea de desaprobación. «Alternativa» era una palabra sucia para los médicos que conocía, y sus quejas iban desde la rabia irracional a la ignorancia desdeñosa. La prevención no formaba parte de la práctica cotidiana del médico. Para algo había estudiado en la facultad de medicina; la mera idea de enseñar a un estudiante de medicina las bondades de la dieta y el ejercicio se antojaba ridícula. Equiparar remedios de hierbas y curas naturales con fármacos se consideraba desde absurdo a flagrantemente ilegal. La medicina tradicional del mundo entero era estrambótica y extraña.

La única fisura en la fachada, en lo que respecta al *establishment* médico, era la acupuntura. Occidente había visto películas de propaganda chinas donde pacientes sonrientes saludaban a la cámara mientras los operaban sin anestesia. Estaban completamente conscientes y no sentían dolor. Los críticos enseguida aparecieron con explicaciones sobre personas a las que se les lavaba el cerebro que se hacían los comunistas buenos, pero estos argumentos eran singularmente poco convincentes. Nada borra la visión de un paciente sonriente y despierto mientras un escalpelo le está cortando el tórax. El factor decisivo vino de la mano de James Reston, uno de los periodistas más respetados y columnista del *New York Times*. En verano de 1971, a Rexton se le inflamó el apéndice; lo llevaron enseguida al hospital de Pekín, donde se lo extirparon siguiendo métodos quirúrgicos convencionales. Sin embargo, en su período de recuperación accedió a que su dolor postoperatorio fuera tratado con acupuntura. El aval que dio Reston en un artículo enviado a Estados Unidos causó una gran impresión.

Así pues, era ingenuo por mi parte pensar que podría evitar la censura. Al principio no existía esa amenaza. Entonces escribí un libro, *Tu salud*, que fue anterior a mi decisión de saltar del barco. En 1985 el Ayurveda estaba alejado de mi mente, pero una serie de anomalías captaron mi atención. Fuera de las revistas principales, había toda clase de extraños sucesos médicos que eran imposibles de explicar, como la remisión espontánea del cáncer. El efecto placebo no había sido explicado de manera satisfactoria, sin embargo, un promedio del 30 % de los pacientes sintieron alivio de ello. Esto contradecía totalmente la noción aceptada de que el cuerpo no puede duplicar lo que hacen los fármacos. Cuanto más ahondaba en ello, más veía los problemas con la medicina tal y como la había aprendido. Me enseñaron que cada enfermedad tiene una historia estándar, un curso de progresión que pasa más o menos por las mismas fases y con los mismos tiempos para todos los pacientes. Entonces ¿por qué algunos pacientes mueren mucho más deprisa que otros, o sobreviven mucho más? Descartarlo como «murió de su diagnóstico» no me parecía una buena explicación.

Tu salud recopiló pruebas de muchas áreas que entonces no parecían relacionadas. No obstante, al cabo de unos años, la medicina alternativa estaba hablando de una conexión mente-cuerpo que, si se examinaba con atención, explicaba casi cada anomalía extraña. La proposición de que la mente podía influir en el cuerpo fue recibida con severidad por la medicina de la corriente dominante (en una conferencia otro doctor me dijo lo ridículo que era el concepto, y yo dije: «Si no hay conexión mente-cuerpo, ¿cómo mueve los dedos de los pies?»).

Para mí, el avance real no era el Ayurveda sino un libro pionero, *Tiempo, espacio y medicina*, que estudié minuciosamente, como un buscador hambriento por una revelación. El autor era Larry Dossey, un médico de Tejas (y después un buen amigo) que estaba decidido a ir más allá de la conexión mente-cuerpo para adentrarse en reinos tan extraños como la física cuántica y el poder sanador de la oración. Su imparcialidad era notable, sin ninguna idea de que la medicina debería obedecer restricciones y límites solo porque alguna autoridad así lo dijera. Dossey vertió la emoción del descubrimiento en su libro, escrito en 1982. Sus referencias a la física cuántica hicieron que la mayoría de los médicos parecieran irremisiblemente provincianos, y los retos que presentó no podían pasarse por alto.

El principal desafío era una reivindicación de que el cuerpo humano saliera del universo newtoniano que Einstein y otros pioneros cuánticos habían hecho explotar de una vez por todas. Si los átomos ya no eran minúsculos trozos de materia sino fantasmas de energía arremolinada, si el universo operaba como un todo más que como una máquina con incontables partes separadas, si el tiempo puede doblarse y dos partículas separadas por miles de millones de años luz pueden comunicarse al instante, sin tener en cuenta la velocidad de la luz, nuestro entendimiento del cuerpo humano necesitaba ser reformulado totalmente. Porque ¿qué es el cuerpo humano sino un constructo de materia y energía que debe obedecer las nuevas reglas cuánticas? La pasión y clarividencia de Dossey me dejaron helado. Quería responder a este reto, y lo que yo veía como una visión premonitoria alimentó todo lo que estaba por llegar. Si Larry Dossey tenía razón, la siguiente época de la medicina no se parecería en nada a la era de Pasteur y Salk.

Partí en la búsqueda quijotesca de reinventar el cuerpo humano.

Al principio, practicar el Ayurveda fue como atravesar el espejo para llegar a un lugar donde lo antiguo es mejor que lo moderno y la intuición más fiable que la ciencia. No tenía ningún deseo de ir allí, y por fortuna Maharishi me dio mucha libertad de acción. Cuando llegó el momento de escribir un manual para el público en general, finalmente publicado como *La perfecta salud*, Maharishi me advirtió: «No conviertas esto en una farmacia de cocina.» Fue un gran alivio, porque por más revelador que fuera Triguna y los otros *vaidyas*, habría sido una pena que yo me limitara al análisis del pulso y a prescribir remedios de hierbas tradicionales. El reto consistía en convertir el Ayurveda en algo útil y fiable para Occidente. En los años ochenta, la medicina alternativa implicaba un rechazo de la medicina de la corriente principal, en gran medida como reacción a la abierta hostilidad de la Asociación Médica Estadounidense a cualquier cosa no enseñada en la facultad de medicina. Haría falta tiempo para que se declarara una difícil tregua, e incluso más tiempo para que evolucionara la «medicina complementaria», que aliviaría el pulso entre dos campos opuestos.

Yo estaba en el centro de un choque de cosmologías. En India, si seguías seriamente un régimen ayurvédico, empezabas de niño y lo mantenías toda la vida. Un *vaidya* te examinaba determinando tu *prakriti* básico, la naturaleza general de tu constitución. Es altamente significativo que esta misma palabra se use para la naturaleza en su conjunto, porque en el Ayurveda los elementos de vida son universales. Se decía que la constitución de una persona estaba compuesta de *Vata* (aire), *Pitta* (fuego) y *Kapha* (agua). Uno o más de estos dominaba, y una vez que sabías que eras *Vata-Kapha*, por ejemplo, había que tener en cuenta ciertas predisposiciones para la enfermedad. El Ayurveda esencialmente se reduce a desequilibrios de *Vata*, *Pitta* y *Kapha*, y sin embargo, por simple que pueda sonar, el sistema ayurvédico se torna increíblemente intrincado.

No es que a un médico occidental le importara. Todo el sistema suena como una retirada al sistema medieval de los cuatro humores, cuando a los pacientes se les diagnosticaba por desequilibrios de flema, bilis negra, bilis amarilla y sangre. Las medicinas prescritas por el Ayurveda presentaban sus propios problemas, porque faltaban pruebas en laboratorios, estaban poco controladas por el lado de la manufacturación y en ocasiones contenían sustancias tóxicas, siendo la más notable el mercurio, que supuestamente había sido purificado a través de complejos procedimientos de quemar y refinar que equivalían a alquimia.

A pesar de estos obstáculos, el Ayurveda Maharishi cuajó. El núcleo de sus partidarios estaba formado por los miles de meditadores que confiaban implícitamente en Maharishi. Acudieron al centro en Lancaster para el *panchakarma*, y con eso me sentía a gusto. Los tratamientos de purificación no implicaban medicinas, y cuando se necesitaban, las nuestras estaban hechas bajo las mejores condiciones en India y pasaban inspección en la aduana estadounidense.

La gente se quedaba anonadada por lo preciso que es el sistema de *prakriti*, incluso a primera vista. Recuerdo a una estrella de cine que acudió a mí para que la evaluara (la meditación trascendental había hecho avances considerables en la comunidad de Hollywood). Cuando le tomé el pulso y consideré otros signos reveladores sobre su tipo corporal, estaba claro que tenía una fuerte naturaleza *Pitta*.

—Estás organizada y te gusta tener el control —le conté—. Tienes montones de energía, pero te agotas porque no conoces tus límites. Antes podías comer cualquier cosa sin ganar peso, pero al hacerte mayor eso está cambiando, para tu sorpresa. Te atraía la comida picante y especiada. No te van bien los climas cálidos y húmedos.

Ella se recostó, incrédula e impresionada.

—¿Lee la mente? —me preguntó.

Podía decirle más cosas de ella, y lo hice. El sistema *prakriti*, que va más allá de los tipos corporales, puede revelar muchas cosas de una persona. Los tipos *Pitta*, por ejemplo, son buenos con el dinero, pero tienden a gastar en extravagancias. Su incomodidad con el calor puede aliviarse bebiendo algo que es amargo y dulce, como el agua tónica. Cuando se publicó *La perfecta salud*, los médicos asociados y yo hicimos todo lo posible para compilar la lista más fiable de características de tipos corporales y las dietas y las sugerencias de salud que los acompañaban. Pero no era creíble que esto pasara como medicina «real» según los criterios occidentales, o los míos. Los pacientes tendían a ser fetichistas con el hecho de comer los alimentos adecuados para un *Vata* o un *Kapha*, si es que ese era su *prakriti*, y en la charla más superficial, en una fiesta, se pasó del «Soy acuario» a «Soy *Vata-Pitta*».

El reto para mí, como lo estableció Maharishi, era reformular el Ayurveda para Occidente. Nadie en Estados Unidos, salvo unos pocos inmigrantes indios, vivía un estilo de vida ayurvédico desde la infancia, pero los *vaidyas* que se habían unido a Maharishi podían dispensar Ayurveda tradicional a cualquiera que estuviera interesado. Yo me convertí en la cara pública del Ayurveda (suscitando más que una pequeña irritación al pequeño cuadro de *vaidyas* tradicionales que habían emigrado a Estados Unidos y establecido pequeñas consultas locales, porque sentían que eran propietarios del conocimiento), pero no era un médico ayurvédico. Mi cometido era mezclar «ciencia moderna con sabiduría antigua», un eslogan al que los medios se agarraron. Resulta que también era el desafío real.

El Ayurveda no tiene sentido visto desde un modelo científico si ya has asumido que sabes qué es el cuerpo humano. La ciencia médica desde luego lo hace. El cuerpo es una máquina biológica con miles de partes móviles intrincadas. En su nivel más fino, las células operan a través de señales químicas y los procesos dictados por el ADN, cuyo gemelo activo, el ARN mensajero, controla los cambios para producir enzimas y proteínas. Todos estos hechos conducen directamente a tratamientos médicos. Un médico hace pequeños ajustes en la máquina cuando esta se rompe, ya sea ofreciendo ayuda química (fármacos) o reparando partes móviles (cirugía). Estoy describiendo esto simplemente aquí, pero no estoy siendo simplista. La medicina moderna es un producto sofisticado de la premisa de sentido común de que nuestros cuerpos son objetos libres en el espacio, mucho más complejos que una roca o un árbol pero no diferentes en su fisicalidad.

El libro de Dossey presentó una objeción basada en lo cuántico a esta hipótesis básica, y yo continué de manera entusiasta esa línea de pensamiento en mi libro *Curación cuántica*. Está específicamente dirigido al misterio médico imperante, las raras ocasiones en que el cáncer desaparece de forma espontánea. Las remisiones espontáneas me fascinaron; sentí que había sido testigo de una con una paciente a la que llamé Chitra. Era una azafata de vuelo india que vivía en Washington y, como muchas jóvenes indias, estaba dominada por su suegra. Hay cierta resignación entre las nueras que viven en una sociedad matriarcal, pero Chitra estaba inusualmente intimidada. Cuando detectó un bulto en su pecho que diagnosticaron como cáncer de mama, no podía soportar que su suegra, que vivía con Chitra y su marido, supiera que estaba enferma. Así que dio el paso irracional de mantener la enfermedad en secreto y no someterse a ningún tratamiento.

Pasaron unos meses, y cuando el médico la volvió a ver la examinó y le solicitó unas pruebas. El asombroso hallazgo dio como resultado que no había señal del tumor maligno. Chitra estaba encantada al principio, pero luego sucumbió a la angustia. ¿Y si no estaba curada de verdad? ¿Y si volvía el cáncer? Cayó en un estado de desesperación que es como la conocí. Quería que yo usara el Ayurveda u otra cosa, lo que fuera, para mantener su enfermedad alejada y darle paz de espíritu. *Curación cuántica* fue escrito en su nombre, y me llevó en una travesía hacia la respuesta de curación.

Descubrí inmediatamente que esa curación es un fárrago de

hallazgos y creencias confusas. La capacidad del cuerpo para sanar puede observarse bajo un microscopio por un patólogo que diferencia cambios celulares, y por supuesto todos hemos experimentado cómo es ponerse bien. Pero estos signos invisibles son como observar filamentos de hierro danzando en una hoja de papel sin ver el imán que se mueve por debajo. La curación es un proceso tan complejo que es la esencia de lo que significa la «inteligencia corporal».

Tendemos a asumir que esa inteligencia es una propiedad humana, el producto de un cerebro avanzado que llegó en la escena evolutiva miles de millones de años después de que empezara la vida. Los investigadores no empezaron a hablar de una especie de inteligencia silenciosa construida en el sistema inmunitario hasta la década de 1980. (El punto de inflexión llegó cuando se descubrió que los neurotransmisores y neuropéptidos con los que se comunican las células cerebrales están presentes en todo el cuerpo.) Al ser testigos de la precisión asombrosa que emplea el sistema inmunitario para bloquear la enfermedad y curar heridas, algunos autores médicos se empiezan a referir al sistema inmunitario como un cerebro flotante: su hogar primario es el fluido del sistema linfático y los vasos sanguíneos.

Lo que era completamente misterioso era el efecto placebo —y su reverso, el efecto nocebo— que mostraban que la simple expectativa de mejorar puede desencadenar el sistema de curación. Esto conducía naturalmente a la posibilidad de que influencias no vistas como las emociones y los rasgos de personalidad puedan afectar drásticamente la curación. Encontré cosas notables para discutir. En una prueba se daba una píldora a pacientes que sufrían de náusea y se les decía que les curaría, y en cierto porcentaje lo hizo, a pesar de que la píldora era en realidad un emético, que induce la náusea. En un caso publicado, el cáncer linfático avanzado de un hombre, tan avanzado que sus glándulas linfáticas eran bultos hinchados, remitió por completo en un solo fin de semana. Los médicos pensaban que el hombre estaba en el umbral de la muerte y que por lo tanto era intratable. De manera que se negaron a inyectarle nada que no fuera solución salina, al tiempo que le decían que estaba recibiendo una forma particularmente nueva y poderosa de quimioterapia. Después el paciente leyó en un periódico que este fármaco anticancerígeno había fallado en las pruebas clínicas. Perdió la esperanza, su linfoma regresó y murió en cuestión de semanas.

La conexión mente-cuerpo no era una curiosidad y ninguna persona razonable podía dudar de ella. Dejando de lado a los médicos que rechazaban el efecto placebo como «medicina no real» (que era un prejuicio ciego), los médicos comprensivos no podían imaginarse cómo aprovechar la mente con propósitos de curación. Surgieron varios cabos sueltos. Había un revoloteo de interés en las llamadas personalidades de tipo A, gente que era impaciente, exigente, tensa y susceptible al desencadenamiento de estrés. El tipo A había sido correlacionado con alto riesgo para un ataque al corazón prematuro. Sin embargo, de manera previsible, esta clasificación limpia se desdibujaba en los bordes y la medicina de la corriente principal estaba demasiado ocupada advirtiendo de los peligros del colesterol para preocuparse con un trastorno psicológico para el que no había fármaco.

Cuanto más atentamente estudiaba la conexión mente-cuerpo, más me daba cuenta de que todo el sistema de curación tenía que redefinirse. Nadie podía negar que la mente pude hacer un gran mal y un gran bien. Cada nuevo hallazgo señalaba a una comprensión del cuerpo como sistema holístico. Miles de millones de células del organismo estaban íntimamente conectadas; escuchaban a escondidas todos los pensamientos y el estado de ánimo de una persona. Esto me conduce a una conclusión ineludible: la medicina podría no comprender nunca la mente y el cuerpo si no los ve como una única entidad. La mente crea materia. Eso puede observarse en el cerebro, porque esas áreas que se «iluminan» en una imagen por resonancia magnética son en realidad productos químicos producidos por el cerebro que no emiten luz visible. Los escáneres cerebrales proporcionan una imagen de actividad invisible en la mente. El vínculo entre inyectar a alguien con solución salina y hacer que su cáncer desaparezca tenía que ser mental. Por primera vez la curación se reducía a la conciencia.

Revisando la bibliografía de miles de casos de remisión espontánea, descubrí que la gente que se había curado sola del cáncer no había seguido el mismo programa, ni mucho menos. Se había intentado todo desde la sanación por la fe al zumo de uva, el laetril de hueso de albaricoque o enemas de café. Estas modalidades fueron desdeñadas por la medicina de corriente principal sin excepción. Habían producido un puñado de curas, pero también muchos miles de fracasos. Solo parecía haber una correlación fuerte. La gente que se recuperó espontáneamente del cáncer sabía de forma inquebrantable que lo haría. Se encuentran anécdotas de mujeres de campo que, al descubrir un bulto en el pecho, visitaban al médico una vez para que las diagnosticaran y volvían a casa, demasiado ocupadas para preocuparse por el tratamiento. ¿Algunas de ellas se habían recuperado como juraron después sus familiares?

Sopesé este enigma y decidí que tenía que haber en juego algo más que el pensamiento positivo. Una mente turbulenta puede obligarse a ser positiva mientras permanece inquieta bajo la superficie. En lugar de una certeza sobre su recuperación, la gente que se recuperó con éxito del cáncer podría haber alcanzado un estado de paz, y después de eso ya no era una cuestión de terror e impotencia, tanto si les iba bien como si no. Se habían rendido al resultado sin interferencia del miedo, agitación, cambios de humor y la esperanza frágil que es tan común en pacientes de cáncer. Este estado de rendición no era resignación, que es una máscara de la derrota. Al contrario, el cuerpo tenía una oportunidad de utilizar sus propios poderes de curación, para regularse y recuperar el equilibrio. ¿Era esta la clave oculta?

Con Chitra mis exploraciones no tuvieron buen resultado. Su terror fue profético. El cáncer regresó después de una breve remisión y ella murió. Pero esto no invalidaba la noción de que la mente tiene el poder de crear cambio en el cuerpo. Si acaso, la conexión mente-cuerpo había funcionado al revés, convirtiendo su miedo en enfermedad. Como yo no había dado del todo la espalda a la formación médica occidental, pregunté a los oncólogos cómo explicaban las remisiones espontáneas. Me parecía que bastaba con que una persona se recuperara de un cáncer letal como el melanoma para que se lanzara un masivo esfuerzo de investigación. (El melanoma era un buen ejemplo, porque era altamente maligno pero también se ha informado de un número más elevado que lo normal de remisiones espontáneas. Todavía estamos hablando de un número muy pequeño de pacientes, eso sí.)

Los oncólogos con los que hablé se encogieron de hombros. El cáncer es un juego de números, dijeron. Las remisiones espontáneas eran casos raros, idiosincráticos. Estudiarlos no ayudaría a tratar los centenares de miles de cánceres normales que aparecen cada año. Normal, parece, significa la exclusión total de la mente.

Puedo mirar atrás a mis años en el Maharishi Ayurveda como un camino por la cuerda floja donde yo me tambaleaba pero nunca caía. En la práctica clínica desarrollé un enfoque complementario. Los pacientes con enfermedades graves eran tratados con el Ayurveda, pero se les recomendaba con insistencia que buscaran cuidado médico convencional. No habría sido ético hacer otra cosa. Me ponía los pelos de punta que Maharishi o alguno de sus discípulos devotos con doctorado hablara de la medicina occidental solo en términos de hacer daño a los pacientes y de crear una sociedad plagada de enfermedades incurables. La afirmación es innegable. Conozco la letanía de acusaciones contra la medicina moderna. Un número asombroso de pacientes llevan a cabo tratamientos que comprometen en gran medida sus sistemas inmunitarios. Otros mueren de enfermedades contraídas en el hospital, lo que se conoce como casos iatrogénicos. Una fijación en la higiene ha provocado «supergérmenes» que han crecido inmunes a los antibióticos. Todos los fármacos tienen efectos secundarios y con el tiempo pierden efectividad. Cuando pintas esta imagen desalentadora, no puedes dejar las muertes no contabilizadas que se producen porque la gente es tan dependiente del enfoque de «bala mágica» que se olvidan de la prevención; la falta de cuidado personal es un asesino masivo.

Ninguna de estas cosas puede pasarse por alto; me llevaron a profundizar cada vez más en tratamientos alternativos. Eso no es lo mismo que saltar al Ayurveda como la única solución, que desgraciadamente ero lo que quería Maharishi. Los defectos de la medicina occidental hicieron que el Ayurveda pareciera prometedor. Expliqué a Maharishi que había un largo camino a recorrer antes de que hubiera pruebas suficientemente sólidas para afirmar que el Ayurveda curaba enfermedades que la medicina occidental no podía curar.

Adoptar esta posición creó los primeros signos de fricción entre nosotros. Las reuniones se alargaban, con Maharishi planeando una campaña mundial para «llevar el Ayurveda a todas las casas» y usando retórica ampulosa como sustituto de la investigación. Esta táctica había funcionado de manera brillante con la meditación. La meditación trascendental hizo afirmaciones que tardaron décadas en verificarse con descubrimientos sólidos. En cambio, la medicina exige que los descubrimientos se verifiquen de inicio. Maharishi estaba impaciente con esa realidad. En el momento en que un nuevo producto ayurvédico estaba preparado para el mercado, insistía en poner un precio exorbitante (las medicinas ayurvédicas son generalmente baratas en India, salvo aquellas con ingredientes exóticos como oro o perlas) y solo tenía que levantar un dedo para que sus meditadores devotos salieran a la palestra con avales sobre los beneficios para la salud que les proporcionaban.

Empecé a inquietarme cada vez más durante las reuniones y luego a sentirme cada vez más frustrado. Me parecía absurdo estar partido en dos por fuerzas opuestas cuando estas podrían trabajar unidas. Se había producido un cambio de opinión respecto a la medicina alternativa. Al principio de la década de 1990, la página editorial de *The New England Journal of Medicine* tenía que enfrentarse a un hecho que incomodaba profundamente al *establishment* médico. Los estadounidenses confiaban más en la medicina alternativa que en médicos tradicionales. Ya no era viable decirle a esas personas que eran delirantes, supersticiosas o víctimas de engaños. Aun así, era la posición oficial de la medicina de la corriente principal, que llegaba a extremos de reacciones alarmistas cuando hacía falta. Al informarse de unos pocos casos de envenenamiento por medicinas herbales, se alzaron voces exigiendo que las hierbas estuvieran reguladas por el organismo de control de alimentos y fármacos, pasando por alto el hecho de que las reacciones fatales a la anestesia y los antibióticos eran mucho más comunes.

El auge de la medicina alternativa era imparable, y Maharishi había llegado a tiempo para pillar la ola. No había necesidad de convertir el Ayurveda en un absoluto, en una elección excluyente entre medicina que sanaba y medicina que mataba. Lo que más me molestaba, ya que no me coaccionaban para que hablara en términos excluyentes, era la tendencia a convertir el Ayurveda en un espejo de las recetas y más recetas que un médico prescribe todo el día en la consulta privada. Eran hierbas en lugar de píldoras de una farmacéutica, lo cual era prometedor. Aun así, la base profunda del Ayurveda estaba siendo dejada de lado. La revolución real en medicina solo se produciría a través de la conciencia. La gente necesitaba ver que la materia era una máscara de la mente. Un ser humano no es una máquina que aprende a pensar; somos pensamientos que aprendemos a construir una máquina.

Estaba dando la vuelta al mundo usando estos aforismos. Eran simplistas, pero había dejado atrás todo mi idealismo. La gente parecía cautivada, lo cual a mi juicio indicaba el ansia por una nueva forma de curarse y permanecer sano. Sabían que eran irremediablemente dependientes de la profesión médica, y aun así la salud era un estado natural que cualquier persona debería poder mantener.

Tal vez gran parte del país estaba demasiado hastiada para escuchar al idealismo. En otros países, desde América del Sur e Irlanda a Australia y Gran Bretaña, la recepción era más abierta de miras. Fui a un programa de televisión de ámbito nacional para hablar del potencial ilimitado de la mente, con frases que hacían que el entrevistador se inclinara hacia delante con fascinación genuina:

«Para ver la imagen de una rosa vas al mismo lugar al que va el universo para crear una estrella.»

«El macrocosmos es lo mismo que el microcosmos. En el sentido literal de la expresión tu cuerpo es el universo.»

«Cada célula de tu cuerpo es parte de la danza cósmica.»

Como estas cosas fascinaban a la gente, yo podía distraerme de los problemas que se estaban fraguando con Maharishi. O para ser más concreto, con su círculo íntimo. La política de *ashram* es despiadada. El círculo íntimo de meditación trascendental no era un *ashram*, pero la gente había estado compitiendo por el favor del gurú durante años antes de que yo apareciera en escena. Las giras internacionales se hacían cada vez más largas. Vendí mi consulta y al cabo de dos años renuncié a mi posición de jefe de servicio en el hospital. En lo que respectaba a los medios, mi nombre era sinónimo de Ayurveda. A menos que los obligaran a ello, los periodistas nunca añadían la parte de «Maharishi«. En ese resbalón menor estuvo la fuente de un distanciamiento que nunca se repararía.

No lo vi venir. La sensación de inquietud y frustración no era una tensión imposible. Cuando un maestro iluminado te dice que comprometas tus creencias y reprimas algunas de tus dudas, sabe mejor que tú lo que le conviene a tu alma. Las cruzadas están alimentadas por una sensación de superioridad total, mientras dura.

El camino que iba a seguir me había quedado claro.

20

Dedo en el pulso

Sanjiv

Recibimos con alegría el éxito de Deepak. Había corrido un riesgo enorme, renunciando a su exitosa consulta para seguir los dictados de su corazón. Esa es una definición del valor. Recuerdo pensar en las observaciones de sir Winston Churchill: «Es correcto considerar que el valor es la primera de las cualidades humanas... porque es la cualidad que garantiza todas las demás.» Inicialmente, cuando Deepak se arrojó a su nueva vida con tanta pasión, yo era un tanto escéptico. Deepak era un explorador intelectual. Había encontrado algo que lo intrigaba e inmediatamente quiso aprenderlo todo al respecto. Pero bien podía ocurrir que al cabo de unos meses tuviera otro objetivo nuevo y glorioso.

Por ejemplo, después de convertirme en apasionado del golf, Deepak y yo jugamos unos hoyos en California. Él llevaba seis meses jugando, pero claramente le intrigaba. Durante el recorrido me preguntó por qué disfrutaba tanto con el golf.

—Deepak —dije—, es al aire libre, es una cuestión de relación entre colegas, concentración, integridad, honestidad y compromiso. —Y al decirlo vi que giraban los engranajes de su cerebro.

Unos seis meses después, estaba en mi oficina y su nuevo libro *Golf for Enlightenment: The Seven Lessons for the Game of Life* [Iluminación: las siete lecciones del golf para el juego de la vida], con una introducción del profesional del golf Jesper Parnevik, llegó a mi escritorio. Deepak se había lanzado al juego del golf, tratando de comprenderlo desde un punto de vista no solo físico, sino también intelectual. No era un libro de aprendizaje de golf, sino que trataba sobre el enfoque mental del juego. Era de hecho un muy buen libro. No obstante, puede que yo sea tendencioso; en la dedicatoria del libro, escribió: «A mi padre Krishan, que me inspiró en el juego de la vida, y a mi hermano Sanjiv, que me enseñó que el juego del golf es un espejo del juego de la vida.»

Un periodista de una revista especializada quería hacer un artículo sobre el hecho de que Deepak se hubiera aficionado al golf y hubiera escrito un libro sobre ello, y propuso que jugaran unos hoyos juntos. Deepak estaba muy nervioso cuando descubrió que ese periodista era un excelente jugador de golf. En la preparación de su partido, Deepak jugó todos los días y tomó lecciones de un buen profesor. Su *putt* mejoró. Los dos jugaron un recorrido y Deepak se desenvolvió bien. Esa fue la cima de su pasión por el golf, igual que después cultivó otras muchas pasiones.

La meditación trascendental y el Ayurveda demostraron ser muy diferentes, por supuesto. La meditación trascendental pronto se convirtió en un aspecto importante de todas nuestras vidas. Amita y yo fuimos a Fairfield, Iowa, para aprender técnicas de meditación avanzada, entre ellas lo que se conocía como vuelo yóguico, y un tiempo después también estuvimos con Maharishi. Cuando lo conocí me presentaron como un médico que había escrito un libro titulado *Disorders of the Liver* [Trastornos del hígado].

—Doctor Chopra —me preguntó—, en ese libro, ¿has incluido un capítulo sobre cómo la medicina occidental puede crear enfermedad en el hígado?

—Maharishi, he escrito un capítulo sobre la toxicidad hepática inducida por los fármacos y hay muchos fármacos que incluso podrían causar una enfermedad hepática fatal. Así que, sí, por supuesto, hay un capítulo al respecto.

Creo que eso le complació.

Entonces dijo:

—Deberías abandonar la medicina occidental, es un barco que se hunde, y deberías abrazar el Ayurveda.

Por mucho que lo respetaba, sabía que no pensaba tomar ese camino. Pero para ser educado le dije:

—Pensaré en ello.

Mi camino en la vida es ser profesor; esa era mi pasión. Al mismo tiempo también invitó a Amita a renunciar a ejercer la medicina moderna y unirse a su movimiento. Amita probablemente estaba más intrigada por esa posibilidad que yo, pero como ella explicó:

—Mi casa, mi corazón y mi camino están con Sanjiv y con mis hijos.

Así que escogió continuar con su carrera en Boston.

Pero habiendo crecido en India era imposible no conocer el Ayurveda; simplemente no era una parte tan importante de nuestras vidas. Mi padre practicaba la medicina occidental y tanto Deepak como yo lo seguimos. Aunque ocasionalmente usábamos remedios naturales para curar cortes menores y hematomas, para cualquier problema médico grave confiábamos en la ciencia. Pero después de que Deepak se implicara tanto en la medicina cuerpo-mente, tanto mi padre como yo lo investigamos más. Ciertamente era imposible desestimarlo, como insistieron en hacer algunos médicos modernos. Y, de hecho, vi cosas que no podían ser explicadas por la medicina que yo practicaba. Por ejemplo, una mañana cuando estábamos de vacaciones en Delhi, un maestro de meditación trascendental llamado Farroukh, que era amigo de mi padre, me dijo:

—Sanjiv, voy a ver ese asombroso médico ayurvédico para que me dé algunas hierbas para un amigo mío. Acompáñame, descubrirás una experiencia maravillosa.

Fuimos en coche. Farroukh me contó varias historias asombrosas del hombre al que íbamos a ver. Se llamaba doctor Brihaspati Dev Triguna y era bastante bien conocido por ser capaz de diagnosticar a la gente tomándole el pulso en la muñeca. Farroukh me explicó que Triguna había diagnosticado precisamente a un colega diciéndole:

—Años atrás tenía un tiroides hiperactivo y cuando eras joven te operaron de cifoescoliosis.

Todo esto solo tomándole el pulso unos segundos. La mujer de este colega también fue a ver al doctor Triguna. Le tomó el pulso y le preguntó:

—¿Has tenido problemas al despachar?

Ella no tenía ni idea de a qué se refería.

—¿Despachar?

El ayudante del doctor Triguna explicó entonces:

—Está preguntando si tuvo problemas para concebir y dar a luz.

Estaban atónitos. Habían estado tratando de tener hijos sin éxito durante años. Entonces el doctor Triguna le dijo:

—Tienes un tumor muy grande pero benigno en el útero. Por eso estás teniendo dificultad para quedarte embarazada.

Claro está, en Boston hicieron una ecografía uterina y los médicos descubrieron un gran fibroma. Escuché embelesado, aunque, francamente, historias como esta no eran tan raras para Deepak y para mí cuando vivíamos en India. Pero nunca me había encontrado a nadie que tuviera experiencia de primera mano con una capacidad tan asombrosa. Así pues, tenía mucha curiosidad por conocer a este gran médico ayurvédico.

Unas trescientas personas estaban esperando en silencio en el patio para verlo. Por la forma en que iban vestidos era obvio que procedían de todas las clases sociales, muy ricos y muy pobres. Incluso había muchos occidentales. Yo sentía curiosidad y escepticismo a partes iguales.

Farroukh me llevó a la parte delantera de la cola y me senté. El doctor Triguna estaba sentado con las piernas cruzadas en un diván. Nos colocamos en frente de él. Prescribió rápidamente unas hierbas a Farroukh y luego me dijo en hindi.

—Muy bien, ¿qué ocurre?

Yo contesté con voz educada, pero no exenta de un deje de confrontación.

—Estoy bien. Se supone que es usted un asombroso doctor ayurvédico, así que, por favor, dígame qué me pasa.

—De acuerdo —dijo—, acerca la muñeca.

Usando tres dedos me tomó el pulso tanto en mi muñeca izquierda como en la derecha, sosteniendo su mano allí solo unos segundos.

Entonces dijo:

—Hay tres cosas mal. La primera es que tienes un fuerte ardor de estómago.

Estaba anonadado porque tomaba medicinas de manera regular para contrarrestar el ardor de estómago. Pero el ardor de estómago es muy común, así que podría aplicarse a casi cualquier occidental al que le tomara el pulso.

—Vale —dije—, ¿qué más?

—Tienes dificultad para respirar por la nariz.

Eso también era cierto. Tengo un notable desvío del tabique nasal. Pensé que, siendo un clínico astuto, quizá se había fijado en ello cuando me senté y lo miré.

Finalmente dijo:

—Listo. El siguiente.

—Espere —dije—. Ha dicho que había tres cosas. ¿Cuál es la tercera?

Se encogió de hombros.

—La tercera es *mamuli*.

Eso significaba que era totalmente trivial, realmente inconsecuente.

—No, no, por favor. —Estaba increíblemente fascinado—. Dígame qué es.

—Cada vez que te duchas, se te enrojecen mucho los ojos.

Estaba absolutamente anonadado. Eso es exactamente lo que me ocurre. De hecho, cuando Amita y yo nos casamos ella pensaba que bebía en la ducha. Se trata de alguna clase de reflejo, pero era asombroso que él pudiera diagnosticarlo simplemente tomándome el pulso unos segundos.

—¿Puede enseñarme a hacer esto? —le pregunté—. Sobre todo, ¿puede explicarme cómo tomar el pulso de un paciente de forma tan precisa que pueda diagnosticar una enfermedad de hígado?

—Puedo —dijo—. Sería un aprendizaje de dos años. ¿Cuándo le gustaría empezar?

No había forma de que me tomara dos años sabáticos para hacer una incursión en territorio desconocido.

En cierto modo me recordó las capacidades diagnósticas mostradas por el doctor Elihu Schimmel, que era capaz de determinar el historial médico de un paciente mirando su radiografía. Lo que aprendí del doctor Triguna era que en la práctica de la medicina hay mucho más que lo que ya conocemos. Él y Deepak finalmente se hicieron amigos y Deepak lo trajo a Estados Unidos, donde demostró su notable capacidad de diagnosticar pacientes con una variedad de trastornos médicos simplemente tomando el pulso durante unos segundos. Creo que a partir de ese momento empecé a prestar al menos un poco más de atención —y quizás incluso adquirí un atisbo de respeto— por la antigua y presente práctica del Ayurveda.

Lo que también me sorprendió agradablemente fue que nuestro padre, en una fase final de su vida, pudo aceptar aspectos de la conexión mente-cuerpo. Mi padre siempre estaba abierto a nuevas experiencias. Él y mi madre habían empezado a meditar. Vio a Maharishi Mahesh Yogi muchas veces y tenían largas conversaciones hasta altas horas de la noche. Cuando nuestro padre empezó a investigar el poder de la mente para controlar el cuerpo, recordó experiencias de su propia vida que no podía explicar mediante la medicina occidental. Su madre —mi abuela— había sufrido una herida grave en la cabeza en un accidente y había quedado en coma. Él y mi madre corrieron al hospital. Cuando llegaron, mi abuela estaba en situación crítica, con los dos brazos paralizados, y los médicos no le detectaban el pulso ni la presión sanguínea.

«Parecía —escribió mi padre años después— que estaba esperándome. Fui a su cama y me incliné sobre su cara. Su respiración se hizo inmediatamente perceptible y más rápida. Abrió los ojos, susurró mi nombre y, colocando su brazo paralizado en torno a mi cuello, tiró de mí hacia ella y me besó en la mejilla. Entonces cayó y dejó de respirar... Su voluntad, tan dinámica y fuerte, tenía que estar funcionando desde fuera de su conciencia individual, desde lo que yo solo podía pensar como un nivel cósmico, dirigiendo el miembro paralizado del cuerpo sin pulso para levantarlo y abrazarme. Yo la besé en la cara una y otra vez.»

Aunque nunca abrazó por completo el Ayurveda, nuestro padre integró aspectos importantes de él en su propio servicio de cardiología. Al tratar a Maharishi, por ejemplo, confió en la medicina occidental cuando lo sentía necesario. Cuando Maharishi sufrió su ataque al corazón, fueron las técnicas de medicina moderna las que lo mantuvieron vivo y dieron a su cuerpo tiempo para recuperarse. Pero al mismo tiempo también destacaba la importancia de la reducción de estrés, dieta y otros elementos del Ayurveda en su trabajo.

Hacia el final de su vida, mi padre publicó dos libros, entre ellos *Your Life is in Your Hands* [Tu vida está en tus manos]. En ese libro resumió lo que había aprendido escribiendo: «Creo que puedes curarte de manera más eficaz cambiando tu estilo de vida y participando en actividades y relaciones que levantan olas de amor, felicidad, compasión y otros pensamientos y emociones positivos.» Por supuesto, ese es un consejo sensato de cualquier doctor. Pero en ese libro también tituló una sección «Nuestros pensamientos pueden incluso influir en si vivimos o morimos». Ahí contó una historia de uno de los pacientes de Deepak cuando este era interno. El paciente era un hombre anciano que había decidido que era el momento para morir, pero Deepak, que iba a estar un mes ausente del hospital, le dijo: «No puedes morir hasta que vuelva a verte.» Ese hombre esperó un mes entero hasta que Deepak regresó, y entonces murió pacíficamente.

Pero lo que era más revelador era la propia vida de mi padre y su muerte. El doctor Krishan Lal Chopra fue un hombre de ciencia; tenía una sed insaciable de conocimiento. Durante veinticinco años fue director del Departamento de Medicina y Cardiología en el prestigioso hospital Molchand Kairati Ram, donde se practicaba la medicina basada en los hechos. Tenía ochenta y tres años cuando se casó mi hija Kanika. La boda se celebró en India porque su marido, Sarat, quería la bendición de los dos pares de abuelos. Así que alrededor de ciento cincuenta personas viajaron a India desde Estados Unidos. Las bodas indias son grandes celebraciones y hasta seiscientas personas asistieron a las cinco ceremonias. En la boda, mi padre cantó y bailó y bendijo a todos los invitados. Fue un momento de gran celebración y alegría para él. Además de su boda, su segundo libro, *The Mistery and Magic of Love* [El misterio y la magia del amor], estaba completado y a punto de publicarse.

Unas dos semanas más tarde, a media noche, le dijo a mi madre:

—Pushpa, me voy a ir, te quiero.

Y después de esta premonición falleció. Había vivido toda su vida como un santo y murió del mismo modo.

Todos volvimos otra vez a India, esta vez para una despedida. Después de la cremación le pedimos a mi madre que viniera a vivir con nosotros a Estados Unidos.

—Puedes quedarte con nosotros —dijo Amita— o puedes estar con Deepak y Rita. Tus hijos están en Estados Unidos. Tus nietos están en Estados Unidos. Ven a estar con nosotros.

Se negó.

—Voy a morir en India —dijo—. No quiero morir en Estados Unidos.

Fue frustrante para todos los que la queríamos.

—¿Qué es India? ¿Qué es Estados Unidos? Solo hay un mundo —dije.

Pero ella fue categórica. India era su hogar y no iba a marcharse. Deepak y Rita, Amita y yo decidimos que uno de nosotros, incluidos nuestros hijos, iría a India cada mes y pasaría al menos una semana con ella. Quizá nos habíamos convertido en estadounidenses en muchos sentidos, pero en lo referente a la familia seguíamos siendo indios. Había algunos miembros de nuestra familia en India que eran totalmente escépticos de que Deepak y yo cumpliéramos con este plan, pero cada mes durante casi seis años Deepak, Rita, Amita, nuestros hijos o yo estuvimos allí para que ella pudiera saber que al mes siguiente, cada mes, alguien iba a estar con ella.

Cada uno de nosotros sabía que cada vez que nos marchábamos, durante los seis años, era posible que fuera la última vez viéramos a nuestra madre o nuestra abuela viva. No hay forma de describir esa sensación, salvo que enfatizaba cada recibimiento y cada despedida, y nos hacía apreciar la importancia de la familia.

Como mi padre, yo había examinado los beneficios potenciales de todas las formas de medicina alternativa. Siempre había tenido mentalidad abierta y comprendo que no todas las formas de medicina pueden juzgarse solo por la ciencia. Por ejemplo, sorprendentemente hay pocas pruebas científicas de que la acupuntura tenga algún beneficio. No hay una sola forma aceptada de acupuntura; diferentes profesionales prueban diferentes puntos en el cuerpo de un paciente con sus agujas para conseguir resultados, lo que impide su validación por el método científico tradicional. Pero hace varios años me operaron la rodilla derecha por dos meniscos rotos y después de eso se me hinchaba en ocasiones de forma bastante dolorosa. Cuando pasaba eso me costaba mucho caminar. En el pasado había visto un acupunturista por problemas de espalda y encontré un alivio sustancial, pero al mismo tiempo estaba perdiendo peso, haciendo abdominales e incorporando otros tratamientos, así que no era posible estar seguro de que la mejoría notable fuera directamente resultado del tratamiento de acupuntura. Decidí ver a este acupuntor por mi rodilla.

Una tarde de viernes entré cojeando en su oficina. Al cabo de una hora, la sesión había terminado. Bajé de su mesa de examen y me miré la rodilla. La hinchazón había desaparecido. Como escribí en mi libro, *Live Better, Live Longer* [Vive mejor, vive más]: «Mi primera reacción fue: Dios mío ¿cómo ha ocurrido esto? Mi segunda reacción fue: todavía hay luz de día, ¡quizá pueda jugar nueve hoyos!» Y lo hice con prontitud y sin dolor.

No tengo que ver pruebas científicas para saber que en ciertas situaciones la acupuntura puede ser beneficiosa. Usando esos mismos criterios no puedo desdeñar la posibilidad de que el Ayurveda sea beneficioso solo porque no hay mucha ciencia que lo apoye. Mi sensación general es que el Ayurveda o, de hecho, cualquier tipo de medicina holística, podría tener un papel en la prevención. Pero todavía tengo que ver un solo fármaco no occidental que erradique el virus de la hepatitis C; o si un paciente necesita un trasplante de hígado o una cirugía de *bypass* o una prótesis de cadera, no he visto ninguna alternativa a la medicina occidental clásica que sea efectiva. Cuando tienes un clavo oxidado en la pierna necesitas una inyección antitetánica para impedir la infección; que yo sepa, no hay ninguna medicina ayurvédica o hierba china que reemplace esa inyección. Si un paciente tiene neumonía recurrente debido a una bacteria, ese paciente mejora con el antibiótico adecuado. Así pues, que no me vengan con que tiene seis mil años de antigüedad y se ha practicado durante siglos y que por lo tanto es en sí mismo meritorio. Desde luego que podría tener efectos benéficos, pero lo que me parece un horror es que la gente crea que puede abandonar todos los milagros de la medicina occidental y reemplazarlos de forma segura con tratamientos alternativos.

No hay alternativas. El término que afortunadamente se usa en la actualidad es «medicina complementaria» o «medicina integrada», lo que significa que un médico puede integrar todos o varios métodos en su práctica. Pero para mí no hay sustituto de la medicina occidental.

Cuando Deepak inicialmente se implicó en esto lo discutimos, lo debatimos, del modo en que discutimos muchas otras cuestiones en nuestra vida. Deepak, siendo muy bueno en el debate, siempre aporta perspicacia a la discusión. Tuvimos nuestras disputas al respecto.

—Tiene un papel en la prevención —admitía yo—, pero enséñame a un paciente con diabetes de larga duración que ya no necesite dosis diarias frecuentes de insulina porque le has dado una hierba o una medicina ayurvédica. Muéstrame a un solo paciente.

Y por supuesto no podía.

Mi hermano nunca ha temido ocuparse de cuestiones difíciles o controvertidas, pero a mí me preocupaba especialmente que su trabajo impidiera que la gente recibiera la atención que necesitaba. Por desgracia, lo había visto ocurrir en otros casos. Está la historia de un paciente que tenía un tumor neuroendocrino en su páncreas y pasó más de un año intentando tratarlo con medicina no occidental. Más de doce meses. Un tumor neuroendocrino generalmente tiene un crecimiento lento. Si no se ha extendido, el pronóstico es extremadamente bueno si se extirpa quirúrgicamente en una fase temprana. Pero en este caso había transcurrido un año, se había extendido al hígado y el paciente finalmente murió. Si tienes un tumor maligno en el páncreas, has de ver a un cirujano excelente, que te opere y que extirpe ese maldito tumor. No deberías dejarlo o posponerlo o desperdiciar un año buscando tratamientos alternativos.

—Deepak —le dije—, has de ser cuidadoso cuando estás tratando con las vidas de los pacientes.

Pero al menos algo de lo que Deepak había dicho sobre el Ayurveda se había entendido mal. Siempre ha sido muy claro sobre el hecho de que hay cuestiones médicas que requieren tratamiento por métodos occidentales aceptados. El paciente con el tumor neuroendocrino no fue alguien que consultó con él, por ejemplo. Si lo hubiera hecho, probablemente le habría dado el mismo consejo que ha ofrecido a muchos otros pacientes.

—Esto es lo que recomiendo —explica—. Habla con tu oncólogo o especialista del hígado y sigue mis recomendaciones solo con su aprobación.

Sabio consejo de hecho.

También resulta que hay montones de medicinas de hierbas y ayurvédicas que tienen interacciones significativas y perjudiciales cuando se toman junto con medicinas que son prescritas por médicos que practican la medicina occidental. Años atrás le recordé a mi hermano un paciente mío que había pasado por un trasplante de hígado. Estaba tomando un fármaco llamado Tacrolimus. Un amigo le dijo que el zumo de uva tenía efectos benéficos para la salud, de manera que empezó a tomarlo. Era un consejo peligroso. Hay una interacción entre el zumo de uva y la forma en que se metaboliza el Tacrolimus. Este consejo podría haber causado una reacción extremadamente grave.

Deepak me aseguró que cuando uno de sus pacientes tiene cáncer de pulmón o de colon, por ejemplo, siempre le dice que siga las recomendaciones de su oncólogo. El consejo que les da, señala, no va en detrimento de la terapia, sino que más bien es algo que les ayudará con la cirugía o sus efectos secundarios. Ha sido muy cuidadoso asegurándose de que sus pacientes discuten todo con su médico de atención primaria y su especialista.

Pero yo también escuché a mi hermano. Y de hecho, a lo largo de los años he tomado un buen número de medicinas y complementos ayurvédicos y he descubierto que algunos me han ofrecido un singular alivio.

21

Dolores de parto

Deepak

Sin quererlo, me convertí en un choque de culturas andante. Las limusinas me recibían en el aeropuerto para llevarme a una casa lujosa en las colinas de Hollywood o a un palacio presidencial en América del Sur. De manera distraída pasaba la mano por los asientos de cuero suave como mantequilla y me preguntaba cómo explicar el conocimiento védico a la persona que me había invitado: una actriz que se había convertido en la mejor pagada del mundo, el presidente de la República Checa, un magnate de Hollywood o el primer ministro del lugar donde aterrizaba. Yo era una versión de todos ellos, un buscador espiritual que presentaba la imagen de éxito al mundo.

Estos dos impulsos llegaron a un punto crítico en un libro que captó más atención que ningún otro de los que había escrito, *Las siete leyes espirituales del éxito*. En él argumentaba que el éxito debía medirse en términos de satisfacción y no en términos de recompensas externas. Las tradiciones de sabiduría del mundo trazan el camino a la satisfacción interior, y si las destilas a su esencia, hablan del valor de lograr lo que quieres al confiar en el espíritu. Esto se convirtió en la ley del menor esfuerzo en mi libro, y lo estaba separando conscientemente del cristianismo, aunque Jesús dijo: «Pedid, y se os dará.» Tampoco me refería a Maharishi, que dijo: «Haz menos y consigue más.»

La ley del karma se deriva de una creencia de ámbito mundial que se remonta a hace muchos siglos, según la cual las buenas acciones conducen a buenos resultados y las malas acciones a malos resultados. No tenía que citar el Nuevo Testamento cuando decía: «Lo que siembres, recogerás.»

Este esfuerzo para tratar por igual todas las tradiciones de sabiduría estaba engranada en mí. No tengo tolerancia para el dogmatismo (me encanta el adhesivo del parachoques que dice MI KARMA ATROPELLA A TU DOGMA), y en la casa de mi infancia los niños que entraban y salían corriendo eran hindúes, musulmanes, cristianos y parsis. Pero había en juego algo más que un impulso ecuménico. Me negaba a escribir sobre nada que no hubiera experimentado personalmente. La vida cotidiana no proporcionaba la clase de experiencias interiores que quería. Estar con Maharishi sí lo hacía. La clave es que los gurús derriban fronteras. No son tu mejor amigo; pueden parecer abuelos sabios, pero en presencia de Maharishi la situación podía ser enloquecedora, agotadora, aburrida e inducir al sueño, así como inspiradora, feliz y llena de luz. Él y yo teníamos una relación especial, y cuando se lo conté a un hombre que había estado durante décadas en el movimiento, rio.

—Ese es el gran secreto —dijo—. Todos piensan que tienen una relación especial con Maharishi, porque la tienen aquí. —Señaló a su corazón.

Pese a todos los cuentos que se extienden sobre charlatanes espirituales, nadie sabe cómo es entrar en intimidad con un gurú hasta que realmente lo hace. Las apariencias engañan. Imagina tratar de explicar el amor a alguien que nunca lo ha sentido. Ah, pero ha visto a personas que están enamoradas. Están distraídos, taciturnos, obsesionados con la persona amada y en un dilema entre reír y llorar. No puedes hablarles más de lo que puedes hablar con un loco. Nada de esta conducta se acerca a la experiencia real de enamorarse. En función de mi experiencia personal puedo atestiguar que el caldero de emociones que es el amor se acerca a la agitación interior suscitada por un gurú. Flechas que no son románticas también pueden atravesar el corazón.

Después de una campaña ridículamente agotadora y en última instancia inútil para establecer centros de Ayurveda en todo Estados Unidos —Maharishi quería que lo consiguiera en un fin de semana—, un veterano de la meditación trascendental se encogió de hombros.

—Siempre ha sido así —me dijo—. Donde está Maharishi encuentras pura creación y pura destrucción. Te mantiene agitado.

Esto está de acuerdo con los textos indios que hablan de la falta de equilibrio de un discípulo espiritual: siempre tambaleándose, pero sin caer nunca.

Cuando mi relación con Maharishi llegó a una crisis, la causa fue insignificante y me pareció poco razonable. Había vuelto a casa después de una gira de conferencias y me encontré a Maharishi echando pestes. Un grupo de meditación trascendental en Australia había promocionado mi conferencia con un cartel en el que mi imagen aparecía más grande que la suya. Aunque yo no tenía control sobre la publicidad en un país situado a miles de kilómetros de distancia, él estaba cascarrabias y fuera de sí. Claramente el mensajero iba a ser castigado por el mensaje.

—Necesitas un descanso —dijo Maharishi—. Has estado trabajando mucho. Quédate un tiempo conmigo.

Cualquier discípulo en una parábola budista del Nuevo Testamento se habría regocijado con la oportunidad de pasar un año con el maestro. Pero yo había visto a Maharishi jubilando de ese modo a más de un miembro importante del círculo íntimo. «Descansar» significaba ser apartado.

Rechacé su oferta. Mi carga de trabajo era pesada, expliqué, pero había sido así desde que me había hecho médico. Tomarme un año sabático presentaba riesgos para mis medios de vida si dejaba de ver pacientes y dar charlas. Maharishi escuchó con impaciencia, arrastrando el chal de seda de hombro a hombro como hacía cuando estaba nervioso. Insistió. Resistí. Entonces presentó un ultimátum. O bien dejaba la gira de conferencias durante un año y me quedaba a su lado o podía irme. Fue un momento desconcertante y muchos hilos empezaron a desenredarse.

Me levanté sin decir una palabra más y salí de la habitación.

Al día siguiente, según me enteré después, Maharishi miró a su alrededor y preguntó desconcertado: «¿Dónde está Deepak?» No comprendía que me hubiera tomado en serio su ultimátum. En su mente, pasar de un estado de ánimo a otro era perfectamente normal. Yo tenía que reconocer el conocimiento culposo de que había querido marcharme desde hacía mucho tiempo.

Me sentía encerrado. Quería una salida creativa donde el movimiento buscaba un portavoz oficial; lo cual mostraba lo mucho que me había convertido en un choque de culturas andante. No era Estados Unidos el que rechazaba a India; era el estadounidense que había en mí. En un momento dado conocí a una envejecida Laurance Rockefeller, de los cinco legendarios hermanos Rockefeller. Su madre era una budista intensa (su colección privada de arte budista no tenía parangón en Occidente), y Laurance, creo, era la que heredó sus intereses espirituales. Conversaba con dulzura y elegancia cuando nos conocimos, y dejó que yo hablara casi todo el tiempo.

En ese momento, yo estaba viendo al menos seis personas al día, así que no recuerdo exactamente de qué hablamos. Pero cuando me estaba yendo, dijo:

—Vas a llegar lejos. Llegarás todavía más lejos si no te cuelgas de los faldones de Maharishi. Suéltate.

El comentario me sobresaltó y me tentó al mismo tiempo. En mi mente mi relación con Maharishi era pura. Era el espejo del rol clásico gurú-discípulo que había leído en los textos antiguos. Un gurú tiene derecho a hacer pasar al discípulo por diferentes pruebas. En una historia clásica, a un discípulo le piden que construya una cabaña de piedra a mano. Se ocupa de la tarea y cuando termina el gurú mira su obra y dice: «Ahora muévela un metro a la izquierda.»

Yo había pasado siete años moviendo la cabaña.

Si no podía quitarme de la cabeza el consejo de Rockefeller, no era porque estuviera preparado para otro salto impulsivo. Empecé a ver un patrón dentro de mí, y no estaba relacionado con desertar. De alguna manera, estaba sintonizado con una voz silenciosa, y cuando hacía cambios repentinos era como si me observara a mí mismo atravesándola. Mi conducta hablaba de alguien que había llegado al límite y necesitaba liberarse, pero por dentro me sentía calmado, y la libertad que necesitaba era inexplicable. Era la libertad absoluta del alma, y por eso Krishnamurti acertaba al llamarla «la primera y última libertad».

La paradoja fue que al alejarme de Maharishi en 1992 me convencí más que nunca de mi misión espiritual.

Cada yo está construido como un mosaico, pieza a pieza, con la diferencia desconcertante de que no importa cuántas piezas encajen, sigues sin saber qué representa la imagen. Pasé años construyendo una versión del Ayurveda que encajara en las necesidades occidentales, pero de algún modo la imagen no era sobre el Ayurveda, sino sobre reinventar el cuerpo humano. He tocado brevemente este tema, y ahora es el momento de extenderme sobre él, porque, dentro o fuera del movimiento meditación trascendental, había que afrontar realidades severas sobre lo que significan realmente la curación y la medicina.

A mis cuarenta y tantos, podía ver, desde la perspectiva de un doctor con experiencia, las grietas y desgarros que se estaban produciendo en viejas concepciones que en un momento habían parecido completamente ciertas. Tratar al cuerpo como una máquina, que es fundamental en la medicina basada en la ciencia, es un enfoque errado para empezar. Las máquinas se gastan con el uso; nuestros músculos y huesos se fortalecen con el uso. Las máquinas se forman con partes separadas que funcionan; el cuerpo humano es un sistema holístico que está tejido orgánicamente. Cada célula es un microcosmos de inteligencia dentro de un macrocosmos de inteligencia. Lo que me entusiasmaba del Ayurveda era que podía ser la llave para cambiar el sistema completo, pero reinventar el cuerpo no tenía opción mientras la medicina principal se interpusiera en el camino.

Los médicos, siendo técnicos altamente preparados, desdeñan la clase de objeciones que estoy planteando como metafísicas. Para ellos, curar el cuerpo no requiere filosofía. Lo que cuenta son los resultados. Pero sabía que los resultados se deshilachaban por los bordes. Una zona deslumbrante era la enfermedad cardíaca. Cada año alrededor de un millón de pacientes del corazón son sometidos a un *bypass* coronario por causa de sus arterias obstruidas. En ocasiones, el paciente es un hombre de mediana edad que siente dolor en el pecho, el síntoma clásico de una angina de pecho. Más probable es que no sienta dolor pero que se agote con un esfuerzo suave o que le salga mal la prueba en la cinta de correr.

Tiene amigos de su edad que se han sometido a cirugía de *bypass*. Le han dicho que duele mucho durante un rato, pero que las técnicas de cirugía moderna permiten que estés caminando al día siguiente de la operación. El cirujano coge una arteria limpia de alguna otra parte del cuerpo, normalmente de la pierna, y, una vez que la ha cosido en su lugar, el corazón recibe un flujo de sangre sin trabas. El proceso conlleva pocos riesgos; es casi como un rito de pasaje de la mediana edad. Así que con cierta ansiedad, pero con mucha tranquilidad, el hombre se somete a la cirugía, pagando un promedio de cien mil dólares. Una gran cantidad, piensa, pero su vida está en juego.

Probablemente sus planes se desbaratarían —y con razón— si supiera que solo el 3 % de los pacientes tienen una vida más larga con una cirugía de *bypass*. Desde el principio se reconoció que la cirugía coronaria de *bypass* tenía que usarse en casos limitados, sobre todo cuando la arteria principal que baja de la parte izquierda del corazón está tan bloqueada que el riesgo de un ataque cardíaco fatal es alto. De lo contrario, el procedimiento en gran medida solo mejora los síntomas del paciente y en dos meses la arteria recién implantada se ha atascado otra vez, a menos que el paciente haya acometido cambios radicales de estilo de vida; y pocos lo hacen, porque después de todo esperan que la cirugía los cure.

Que te abran el pecho es aterrador, y hay otro proceso que no implica cirugía a corazón abierto: la angioplastia coronaria, donde se inserta un pequeño globo en una arteria coronaria y se hincha. El objetivo es expandir el vaso sanguíneo estrechado y permitir un mejor flujo de oxígeno al corazón. Normalmente se inserta un *stent* para mantener abierto el vaso sanguíneo. En 2006, se llevaban a cabo anualmente 1,3 millones de angioplastias en Estados Unidos, con un coste promedio de unos 48.000 dólares. En la actualidad, no obstante, la angioplastia y los *stents* solo benefician a un 5 % de los pacientes en términos de longevidad añadida. El proceso conlleva el riesgo muy real de desplazar parte de la placa endurecida en el interior de la arteria obturada. Basta con que una pizca de placa circule con libertad para producir una embolia pulmonar (un coágulo en el riego sanguíneo a los pulmones).

En todos los frentes el número de cirugías y procedimientos innecesarios llevados a cabo cada año se sitúa en los centenares de miles: la cifra precisa es objeto de controversia. Los fármacos son mucho menos eficaces de lo que asegura su publicidad. En años recientes llegaron noticias inquietantes según las cuales los antidepresivos más populares, todos ellos fármacos que generan miles de millones de dólares, son poco más eficaces que los placebos en casos de depresión entre leve y moderada. Es solo el último caso de una historia continuada de fármacos milagrosos que pierde su brillante reputación.

Añadamos a esto el número de pacientes que mueren por errores cometidos por los médicos. Entre 1999 y 2012, cuando escribo esto, el número de muertes relacionadas con errores médicos se elevó de casi 98.000 a una estimación de 200.000, convirtiéndose en una importante causa de muerte en este país. Estos errores están causados por varios factores, entre ellos el exceso de trabajo y la creciente complejidad de los procesos médicos modernos. Sin embargo, curiosamente, los médicos están tratando de evitar errores haciendo un sinfín de pruebas. En el período de 1996 a 2012, se triplicó el número de visitas al médico que resultaron en cinco o más pruebas, y el número de tomografías, con frecuencia sin razón médica válida, se cuadruplicó.

Presentar estas objeciones irrita al *establishment* médico, y sabía que, si continuaba, mi credibilidad sufriría. Un sistema solo puede soportar las críticas hasta cierto punto antes de castigar a los denunciantes. Cuando yo era la cara pública del Ayurveda Maharishi, mi papel estaba tan alejado de la corriente principal que esas preocupaciones eran irrelevantes. Por fortuna, podía llevar conmigo mi escudo. Si me contentaba con ser un médico New Age, probablemente el médico New Age por excelencia, todo el mundo sabría el nicho al que pertenecía. Estados Unidos es tolerante con los estilos de vida excéntricos y las creencias raras. En una película de ciencia ficción el público reía cuando uno de los personajes se vuelve hacia otro y dice: «Creo que Jerry está canalizando a Deepak Chopra.» Yo también reí, pero la presión silenciosa dentro de mí no iba a parar.

Rita estaba ansiosa por mi abrupto movimiento de alejamiento de la meditación trascendental, pero ella tiene poderes de adaptación maravillosos. Nuestros amigos de Boston seguían siendo en su mayoría médicos indios, y si arqueaban las cejas por el Ayurveda, la fama era otro asunto. Se produce un silencio glorioso cuando suena el teléfono y tu mujer dice: «Deepak, es Madonna» o algo por el estilo. Gracias a su madre, Mallika y Gautam crecían en un hogar estable y amoroso aislados por completo de la máquina mediática que mordisqueaba los bordes de mi vida. Maharishi mismo adoptó una actitud enigmática hacia mí. Me invitaban a celebrar su cumpleaños cada enero y sus parientes me llamaban si tenían problemas de salud como si yo fuera su médico particular. La consternación que se sintió en el movimiento de meditación trascendental después de mi marcha es la que esperas cuando un auténtico creyente se convierte en apóstata. El mayor favor que me han hecho nunca fue la oferta de Maharishi de dejarme ir más allá de la rigidez de fármacos y cirugía. Esto solo incrementó la gran decepción por mi cambio de idea. Cuando la vieja guardia cerró filas posteriormente, algunos comprendieron en privado mi situación. La mayoría no lo hicieron.

Estaban cautivados por todo lo que implicaba la expresión «maestro iluminado». No importaba lo que les dijera, Maharishi no podía equivocarse. Pero mantenía viva en mi corazón una convicción que era lo definitivo en choque de culturas: Maharishi sabe lo que estoy haciendo. Este es mi *dharma* y quiere que lo siga.

No hay separación entre *dharma* y *Dharma*, el grande y el pequeño. Si un individuo hace caso a una llamada, la misma voz habla a todos. Cada uno de nosotros cumple un papel diferente, pero en el frente más amplio evolucionamos juntos. Creía sinceramente eso, y mi ambición torrencial por cambiar la corriente principal de la medicina me había dejado aislado. En 1992, la fachada de la medicina de fármacos y cirugía se estaba derrumbando. Investigadores pioneros, como Dean Ornish en Harvard, estaban demostrando que los trastornos del estilo de vida podían tratarse sin fármacos ni cirugía. Las enfermedades cardíacas, diabetes, cáncer de próstata, cáncer de mama y obesidad representan las tres cuartas partes de los costes del sistema sanitario, y aun así en gran medida pueden prevenirse e incluso son reversibles cambiando la dieta y el estilo de vida.

Nadie con conciencia puede quedarse ocioso y observar que la medicina estadounidense se convierte en una aplastante carga económica para millones de personas cuando la alternativa era barata y estaba disponible prácticamente para todos. Un estudio publicado en 2004 en la destacada revista médica británica *The Lancet*, siguió a treinta mil hombres y mujeres de seis continentes y descubrió que cambiar el estilo de vida podía prevenir al menos el 90 % de todas las enfermedades cardíacas. Sin embargo, por cada dólar gastado en atención sanitaria en Estados Unidos, noventa y cinco centavos van a tratar la enfermedad después de que esta se haya producido.

Existimos, dicen las escrituras védicas, para llevar a cabo un segundo nacimiento en el nombre del espíritu. De forma extraña, eso solo me ocurriría si me ocupara de los dolores de parto de una nueva medicina.

Si reinventar el cuerpo era todavía una esperanza lejana, reinventarme a mí mismo era una necesidad urgente que tenía que atender enseguida. Había vendido mi consulta privada. No era factible para mí regresar a la endocrinología como si no hubiera ocurrido nada en los últimos siete años. ¿Es posible tener un destino interrumpido?

Curiosamente no recuerdo haber discutido mucho de medicina alternativa con Sanjiv. Simplemente se convirtió en mi campo como él tenía el suyo. Recuerdo que a él le preocupaba que alejara a gente de los tratamientos demostrados de la medicina convencional. Estaba haciéndose eco de una advertencia del *establishment* que nunca había sido cierta conmigo. La suposición era que un médico como yo, trabajando fuera del sistema, alentaba a sus pacientes a renunciar a la medicina «real». Sanjiv no estaba diciendo eso, pero desde luego él era una figura emergente en el *establishment* de la medicina. Para un observador externo éramos una pareja extraña: un hermano era una autoridad en un solo órgano, el hígado, mientras que el otro consagraba su atención a tratar a la persona completa.

No estaba claro que mi punto de vista fuera a ser aceptado. Entretanto, Sanjiv había prosperado como especialista. Si quieres un verdadero trabalenguas, ¿qué tal «gastroenterólogo holístico»? Si pudiera haberle mostrado a Sanjiv que tal cosa era posible, quizá sus dudas se habrían apaciguado. (No teníamos forma de saber que veinte años después habría médicos que usarían ese título.) ¿Por qué las tripas, que es lo que tratan los gastroenterólogos, no iban a intimar con cada una de las células del organismo? Nuestros instintos son transportados químicamente del abdomen al cerebro. No puede ser una línea telefónica monodireccional.

Por un lado, el severo contraste entre nosotros era innegable. Yo creía fervientemente en el enfoque holístico y valoraba visiones lejanas del futuro. Sanjiv creía en el método científico y confiaba que sería igual de fuerte en el futuro como lo es hoy. Había cuestiones de convicción profunda. Por otro lado, no existía fisura real entre nosotros, porque confiábamos el uno en el otro. Yo confiaba en el conocimiento científico de Sanjiv; él confiaba en que nunca diría una palabra para hacer daño a un paciente, por más rocambolesco que fuera mi pensamiento visto desde el escepticismo de la corriente principal. Estoy seguro de que le divertía tanto como a mí que un doctor airado me desafiara y se quedara de una pieza al ver que conocía realmente la medicina occidental convencional. (¿Tenía una veta de la determinación de mi padre cuando los británicos no le hacían caso en las rondas generales, de manera que tenía que ser el doble de médico que ellos?) En cierto punto les dije a mis editores que dejaran de poner doctor antes de mi nombre. No merecía la pena insistir en demostrar a otros médicos que tenía credenciales respetables. (Después también renuncié a cobrar a los pacientes por las consultas, solo para evitar cualquier insinuación de aprovecharme de su desazón mediante falsas esperanzas.)

En cierto modo, se había formado un nicho donde podía juntar todas las piezas. En una conferencia sobre el Ayurveda conocí al doctor David Simon, neurólogo que también se había formado como maestro de meditación trascendental. Simpatizamos de inmediato, empezando en el momento en que contó inesperadamente su chiste favorito de médico judío.

Dos amigos judíos están discutiendo sobre cuándo un feto se convierte en un ser humano.

—Ya sé —dice uno al otro—, preguntemos a un rabino.

Encuentran a un grupo de rabinos viejos y sabios y plantean su pregunta. Los rabinos se reúnen y dan con una respuesta.

—Un feto se convierte en ser humano —dijeron— cuando se licencia en la facultad de medicina.

David era un ser humano según los criterios rabínicos. Era delgado como un galgo, con gafas, actitud entusiasta y una mente aguda. Había consagrado más años que yo al estudio profundo de tratamientos alternativos, y estos se habían convertido en su pasión. También sabía qué era ser un *outsider* en su campo.

—Si estás interesado en la conciencia —dijo—, la última persona a la que has de preguntar es a un neurólogo. Son todos mecánicos del cerebro.

David había empezado a meditar mucho antes de conocernos, cuando era un estudiante de antropología de diecisiete años en la Universidad de Chicago, centrándose en el papel de los chamanes en las culturas no occidentales. Al cabo de poco tiempo me invitó a hacer rondas generales en su hospital de San Diego, uno de las varios dirigidos por Sharp HealthCare. Yo hablé de la conexión mente-cuerpo a algunos médicos y miembros del personal reunidos. Algunos estaban interesados, y yo ya estaba acostumbrado a las insinuaciones de desdén profesional del resto.

Entonces los engranajes invisibles empezaron a girar. El director general de Sharp, Peter Ellsworth, tenía una idea de hacia dónde debería moverse la medicina. Predijo la fusión de mente, cuerpo y espíritu en un todo integrado. David le recomendó que visitara Lancaster. Ellsworth trajo a dos colegas y su experiencia fue positiva. Sintió que yo podría ser el hombre que estaba buscando. Cuando volvieron a casa, Ellsworth propuso a Sharp abrir un centro de «medicina integrada», un término que apenas se usaba entonces. Que supiéramos, fue el primer centro de este tipo en Estados Unidos. Yo iba a ser el director. David, que era médico jefe del Sharp Memorial Hospital, sería codirector.

De entrada, la propuesta era demasiado radical para superar la política compleja de un gran hospital. Pero los directores generales son persuasivos y le dije a Rita que nos habían sacado del limbo. Mi nuevo trabajo era como médico asalariado para un centro sanitario que estaba a más de cuatro mil kilómetros de distancia. Como los niños todavía iban a la escuela, tendríamos que ser una familia separada durante un tiempo, y recuerdo que la nueva casa en La Jolla se fue amueblando gradualmente, un signo de cautela por parte de Rita. También estaba el factor humano, porque Rita había resistido con elegancia el papel de separada de un marido que viajaba trescientos días al año. La Little India en Jamaica Plain se había convertido en una colonia Chopra en un bonito barrio residencial. Rita tenía amigos y familia a su alrededor en Boston; su hermana Gita y su marido también habían venido después de vivir diez años en Inglaterra. Durante dos años, el tiempo que Sharp financió nuestro centro, David y yo tuvimos completa libertad para enseñar a pacientes cómo ir más allá de estar sanos. Estábamos convencidos de que la conexión mente-cuerpo y el bienestar significaban una vida plena. Al principio, atrajimos sobre todo a pacientes que eran lectores de mis libros, pero David era el motor que cambiaba sus vidas en términos prácticos. Se les enseñaba meditación y yoga. Aprendían ejercicios de respiración y dieta. Se les ofrecían programas personales basados en los tipos corporales ayurvédicos; incluso los mantras eran personalizados, usando antiguas formulaciones del *Shiva Sutras*.

David había seguido el mismo camino que yo. Su entusiasmo por el Ayurveda, alimentado por el renacimiento que imaginó Maharishi, se convirtió en frustración con las limitaciones del movimiento. En el centro Sharp podía volar, con solo una pequeña dificultad: no ganábamos dinero. Al margen de la gente que había leído mis libros, nadie más parecía interesado. Los otros médicos de Sharp también eran desdeñosos.

Admiraba profundamente la forma de actuar de David con gente enferma, que era al mismo tiempo precisa y cuidadosa. Una vez, en una conferencia de medicina alternativa, una paciente de cuarenta y tantos años se presentó con una enfermedad inflamatoria intestinal persistente. Tenía dolores casi constantes y había sido hospitalizada recientemente. Yo estaba en el público mientras que David estaba en la mesa. A cada médico se le preguntó cómo trataría a esa mujer.

El doctor occidental dijo que atacaría la inflamación con esteroides y procedería con dosis más elevadas y diversas medicaciones en función de cómo respondieran los síntomas. El acupuntor de la mesa dijo que el trastorno dependía de varios puntos meridianos que podía tratar. El naturópata aseguró que empezaría examinándole la boca, porque sospechaba que podría tener empastes de mercurio.

Cuando le llegó el turno, David no ofreció tratamiento. Bajó del estrado y se sentó al lado de la mujer, tomándole la mano.

—Dígame, ¿cuándo empezó a sentir ese dolor? —preguntó.

Había detectado algo esquivo en su dolencia. En ese momento ella se echó a llorar y desplegó una historia espantosa. Su hijo pequeño había muerto en un accidente de automóvil, y poco después ella empezó a sentir dolor abdominal. Este se incrementó cuando su propiedad quedó en manos de abogados, cuyas interminables batallas condujeron a enormes gastos. Había llegado al punto en que ya no podía afrontar los pagos de la hipoteca y, entretanto, su sensación de *shock* y dolor era abrumadora.

David escuchó a la mujer y, mientras se vertían su rabia y su pena, pareció ocurrir algo catártico. David miró al público.

—¿Todos ven lo que deberíamos tratar? Su cuerpo está inflamado, sus emociones están inflamadas. Estas energías reprimidas la han puesto enferma.

Con cierta ironía puedo señalar que todas las cosas de las que prescribimos a principios de los noventa —dieta, ejercicio, yoga, meditación, etcétera— están cubiertas ahora por la seguridad social. Lo que es más importante, se ha aceptado que la conexión mente-cuerpo es vital. Centenares de genes están afectados por los cambios de estilo de vida. Pero cuando recurrimos a otros médicos de Sharp —derivaciones suyas habrían sido muy útiles— uno de ellos explicó pacientemente:

—Por aquí a lo que ustedes hacen lo llamamos charlatanería.

Después de dos años, David y yo dejamos Sharp, sin duda para su alivio general, y abrimos nuestro propio centro en La Jolla. Fue un punto de orgullo que el lugar se llamara centro para el bienestar. Pretendíamos practicar una medicina superior. Como yo, David quería fervientemente que su sueño se hiciera realidad. También señaló que no vendría mal rezar para tener pacientes.

La primera vez que la mayoría de los estadounidenses conocieron mi existencia fue cuando aparecí en el programa de televisión de Oprah Winfrey en 1993, invitado a hablar de la «nueva tercera edad». El concepto en sí no era nuevo. La longevidad ha ido en aumento desde que empezó la civilización. La gente ha ido viviendo más por toda clase de razones. Estas eran en su mayor parte externas: entre ellas, la mejor salubridad y el aumento de la medicina moderna desempeñaron la parte principal. Pero la nueva tercera edad es diferente. Llegó a través de un aumento de expectativas. En lugar de esperar convertirte en inútil y débil en torno a los sesenta y cinco años para luego comenzar una cuesta abajo desde ahí, la generación de los *baby boomers* reformuló la tercera edad como una extensión de la mediana edad y posiblemente mejor. Sería una época activa —en la que el vigor físico y mental se mantiene—, libre de las tensiones del trabajo: la jubilación sería satisfactoria de otra forma. La gente podría ser libre de vivir como siempre había querido.

Oprah no me necesitaba para que le contara a su público cosas que ya habían sido ampliamente publicitadas. Para un estadístico la nueva tercera edad era solo una cuestión de cifras. Los *baby boomers* ya habían experimentado una buena salud sin precedentes; sus padres y abuelos habían vivido más que generaciones anteriores. Pero intervine para promover una idea más radical. El envejecimiento es un espejo de la conciencia de una persona. No hay imperativo biológico que corte la longevidad humana. Nuestros cuerpos responden a toda clase de estímulos, y con cuanta más conciencia respondas, mejor envejecerás.

Como envejecer es algo que le ocurre a todo el mundo, mi idea interesó. Oprah estaba en la cima de su influencia; ella también tenía una profunda vena de búsqueda espiritual, como descubrí cuando nos hicimos aliados directos casi veinte años después. Al tenerme en su programa, ella convirtió en *best seller* mi libro *Cuerpos sin edad, mentes sin tiempo*. Mucha más gente empezó a gritar ¡Deepak! cuando iba por la calle. Para mí toda la cuestión del envejecimiento era la llave de mi campaña para reinventar el cuerpo.

Era la cuestión perfecta. Aunque todo el mundo envejece, nadie muere de viejo per se. No es una enfermedad. En el momento de la muerte, más del 99 % de los genes de una persona están intactos, y si un sistema clave del organismo no se ha roto (normalmente el sistema respiratorio o cardiovascular), más del 90 % de las células siguen viviendo. Ni siquiera está claro por qué ha de existir el envejecimiento. La teoría de que estamos genéticamente programados para envejecer se contrarresta con la teoría de que los genes se deforman por mutaciones accidentales o daño externo.

Sin embargo, no era necesario encontrar una respuesta al misterio si podía esbozar una forma de mantener a raya el envejecimiento. Un famoso dicho de Buda es que cuando te encuentras en una casa que se está quemando, deberías encontrar una forma de huir lo más deprisa que puedas; no has de esperar a descubrir cómo se inició el fuego. El envejecimiento es como una casa que se quema muy, muy lentamente, alrededor de un 1 % al año, el promedio en que la gente envejece después de cumplir los treinta años. Una cosa está clara en medio de tanta incertidumbre. Cada célula participa de cómo vivimos, escuchando cada pensamiento, identificándose con cada sensación, sufriendo cada decisión. Ninguna parte del cuerpo se desmarca cuando tomas una copa; el alcohol impregna el organismo. Igual que la depresión. Igual que el estrés.

El envejecimiento consciente tiene sentido porque la nueva tercera edad ya es un cambio en la conciencia. Es bueno para gente de noventa años ir al gimnasio para que sus músculos no se atrofien. Este hecho siempre ha sido cierto. Lo que ha impedido que la gente de noventa años levante pesas o corra en la cinta era psicológico: todo ello era impensable, arriesgado o simplemente no se hacía. Envejecer en su conjunto puede reducirse a una cosa: el lazo de retroalimentación que gobierna tu cuerpo cada minuto que estás vivo. Recibes estímulos de todas las direcciones; tu cuerpo responde. En este intercambio automático puedes insertarte como agente consciente o no. Reinventar el cuerpo se reduce a insertarte como el líder del cuerpo, la fuerza que da órdenes basadas en las creencias que mantienen la vida.

En el momento de escribir esto, el concepto radical que hay detrás de *Cuerpos sin edad, mentes sin tiempo* se ha convertido casi en lugar común. Ha quedado bien establecido que las decisiones positivas de estilo de vida, en términos de ejercicio, dieta, meditación y estrés, causan profundos cambios biológicos, hasta el nivel de nuestros genes. Un marcador físico del envejecimiento es la fragilidad de los telómeros, que son los extremos de los cromosomas. En la gente joven, los telómeros son largos; rematan el cromosoma como el punto al final de una frase, manteniendo su estructura firmemente intacta. En la gente mayor los telómeros están reducidos, como si la frase genética quedara colgando. Cuanto más frágil es un cromosoma, más signos de envejecimiento muestra la célula. Sin embargo, parece que la meditación incrementa la enzima telomerasa, que es fundamental para mantener la longitud de los telómeros.

Por distintos detalles, se ha postergado la inevitabilidad del envejecimiento. Pero no basta con eso. ¿Cuál es el sentido de reinventar el cuerpo? Recuperar algo invisible, precioso y escurridizo: escribir tu propio destino. Cada uno de nosotros debería ser el autor de su propia vida. No hemos de dejar que la biología, o incluso el karma, escriba nuestro destino. El karma es la acumulación de actos inconscientes que retornan para mordernos. Si se inyecta conciencia en todo el sistema —mente, cuerpo y espíritu— siempre ocurre lo mismo. Los seres humanos se hacen más humanos y adquieren un sentido de mayor profundidad. El envejecimiento no se resolverá hasta que la idea más escandalosa de la vieja India se convierta en clisé. La idea fue expresada por el que quizá sea el sabio más eminente del *Vedanta*, Adi Shankara, cuando escribió que «la gente envejece y muere porque ve que otros envejecen y mueren».

Hacer esta declaración menos escandalosa está a nuestro alcance. Pero alguien tan persistente como yo tiene que desbaratar los planes. Toda clase de creencias atesoradas han de acabar en el desagüe. La creencia de que el envejecimiento es una maldición, que el individuo no tiene control sobre él, que la demencia y la pérdida de memoria son causa del azar, que el cáncer acecha en nuestro futuro y es imparable: todas estas creencias gastadas ya están cambiando. Han de caer por el desagüe de una vez por todas.

Dios ha estado sorprendentemente ausente de esta historia hasta ahora. Mi vida podría reescribirse exclusivamente en términos de Dios, pero requeriría cambiar de marcha. Todo el mundo vive en más de una dimensión. En el nivel de la vida cotidiana, prestamos atención a los sucesos que nos rodean. Afecta profundamente a la forma en que nos ganamos la vida, educamos una familia y manejamos los retos que nos llegan antes de que se conviertan en crisis. Sin embargo, en un segundo nivel intuimos que está ocurriendo algo muy diferente. Si vemos la vida solo en términos de sucesos cotidianos, la espiritualidad puede parecer completamente ajena.

Pongámonos en el lugar de un pastor, un albañil o un campesino en la costa norte del mar de Galilea hace dos mil años. Ascendías una colina bajo el sol abrasador, te unías a un grupo de gente que escuchaba y que tenía la mirada puesta en un rabino errante sentado bajo un árbol. Empieza a contar ciertas verdades que ha oído de Dios: la Providencia se ocupa de un gorrión caído, entonces ¿cuánto más se ocupará de ti? Eres querido por tu Padre en el cielo. Haz acopio de tus bienes con él: es mucho mejor que hacer acopio de trigo en un granero. Los pájaros del aire no trabajan. Las flores del campo no tejen y aun así Salomón en toda su gloria no está engalanado como ellas.

Estarías inspirado, pero ¿tu razón no se rebelaría al mismo tiempo? Los campesinos que no almacenan trigo para el invierno mueren de hambre. Los tejedores que dejan de tejer están desnudos. El misterio de hacer lo que Jesús aconsejó —estar en el mundo pero no ser del mundo— no es exclusivo del cristianismo. Toda tradición espiritual posee el mismo misterio, que se reduce a sobrevivir en este mundo mientras obedecemos las exigencias de un mundo superior.

El misterio solo puede resolverse en la conciencia. ¿Es posible ser consciente de quién eres en el mundo y al mismo tiempo conocer tu alma? Pasé mucho tiempo demasiado asustado por todo ese asunto para escribir sobre ello. Era un punto de orgullo no utilizar las palabras «Dios» o «alma» en los primeros libros que escribí, simplemente para escapar de sus asociaciones con la religión organizada. Cuando oí la frase: «Dios transmitió la verdad y el diablo dijo: "Déjame organizarla."», reí y asentí con la cabeza. Pero una vez que pasas de la mente y el cuerpo al espíritu no hay escondite detrás de la terminología. Hay que afrontar a Dios.

Una cosa que muestra la meditación, de forma muy directa y personal, es que la mente es más que un flujo diario de pensamientos y sensaciones. Hay un nivel de silencio más profundo, y todas las tradiciones espirituales apuntan a él. El silencio en sí mismo parece no tener ningún valor, pero tiene una importancia abrumadora si es nuestra fuente: «Quédate en silencio y sabrás que soy Dios» solo tiene sentido si el silencio está preñado de divinidad. Cristo se hace eco del Antiguo Testamento con «el Reino de Dios está en tu interior». Esto implica que debes prestar atención a tu vida desde un nivel superficial de la mente o desde un nivel más profundo. Yo me encariñé de un término sencillo, «segunda atención», para describir este nivel de conciencia más profundo.

No se puede pasar por alto ningún suceso en mi vida si se pasa de la primera atención a la segunda atención. Cada pregunta cambiaría. En lugar de «¿Qué está ocurriendo?» se preguntará «¿Por qué está ocurriendo?». La segunda atención tiene que ver con el significado de la vida. La primera atención es una cuestión de etiquetas: nombre, dirección, colegio, ocupación, cuenta bancaria, nombre del cónyuge, etcétera. No solo en Estados Unidos estas etiquetas, que están vinculadas a factores externos, se consideran la forma correcta de hacer que tu vida sea significativa. India, sobre todo la nueva India del grupo BRIC (después de unirse a países de crecimiento rápido como Brasil, Rusia y China y convertirse en una economía envidiable), abraza los mismos valores.

El materialismo es un camino. No hay nada inmoral en ese camino, pero como sustituto de Dios llega a un destino equivocado. Una vez vi un documental en la televisión pública sobre la búsqueda de Dios. El presentador, que era muy británico y civilizado, iba por el mundo preguntando a la gente si había experimentado a Dios. Se sentaba en bancos de una iglesia evangélica y bailaba al son de la música. Entrevistó a un hombre de una tribu africana que no solo había experimentado a Dios, sino que podía dibujarlo (la deidad tiene una barba negra y cejas muy pobladas). En el último episodio, después de que termina el recorrido, el presentador se pregunta a sí mismo si cree en la existencia de Dios. Cree, porque su definición de Dios ha cambiado. Dios es aquello que veneras con devoción profunda. Por consiguiente, para un entusiasta furibundo del fútbol, el fútbol es Dios.

Cuando me estaba integrando en la cultura estadounidense, la animadversión contra un extranjero que se atrevía a desafiar al cristianismo era alarmante y fuera de lugar. (Yo he escrito dos libros favorables a Jesús.) Pero la cuestión real se reduce a mostrar la diferencia entre religión y espiritualidad. Estados Unidos es supuestamente la nación desarrollada donde más gente va a la iglesia. Hasta un 40 % de la población asiste a servicios religiosos en comparación con alrededor de un 10 % en Inglaterra y Escandinavia. Pero ir a la iglesia, como yo lo veo, es principalmente un acto social. Muestra que aceptas la norma de la veneración religiosa, lo que significa que aceptas el pensamiento de grupo. Defines a Dios de forma indirecta, a través de revelaciones dadas a profetas y maestros hace muchos siglos.

La espiritualidad es una experiencia directa. Te lleva en un viaje interior desde la esperanza y la fe al conocimiento real de que nadie te da de comer en la boca. Para alguien que tiene este punto de vista, mi momento era correcto. Millones de personas estaban apartándose en silencio de la fe en la que habían sido educadas. Ya no creían en viejas verdades, y sin embargo su ansia de Dios y del alma no había muerto, ni mucho menos. Estar en la senda espiritual, tratar de despertarse, ver a Dios en rincones extraños del mundo, quizás incluso apuntar a la iluminación, todo ello se hizo mucho más común y aceptable.

Todo ello era muy molesto para los religionistas, los clérigos y rabinos que no querían derribar altares. Sin embargo, encontré bolsas de franqueza, en ocasiones en lugares donde las esperas, como las liberales facultades de teología de las grandes universidades, pero también entre algunos jesuitas. Querían agudizar su razonamiento sobre Cristo comprendiendo mi lógica. Después de varios años de hablar con todo tipo de gente, presenté mi mejor argumento en un libro: *Conocer a Dios*.

Dios, empecé, ha llevado a cabo el ardid de ser adorado e invisible al mismo tiempo. Es aceptado sin experiencia directa, temido sin conocimiento siquiera de que exista. Así pues, en términos prácticos, uno debe preguntar si Dios cambia alguna cosa. Si siguiéramos a un creyente toda su vida con una cámara de vídeo montada en su hombro y a un ateo ataviado del mismo modo, ¿sus vidas serían diferentes? En otras palabras, Dios solo puede conocerse por las diferencias que provoca. Beber agua termina con la sed. Comer termina con el hambre. ¿Qué hace para ti adorar a Dios?

Para empezar, la cuestión es demasiado amplia. Dios es definido como infinito, eterno y omnisciente. Un ser así no puede ser un patriarca de barba blanca sentado en un trono por encima de las nubes. Hemos de empezar por desembarazarnos de la imagen popular de Dios como una persona. Cada religión da un lugar al Dios impersonal que es pura esencia o presencia. El Espíritu Santo en el cristianismo, Shejiná en el judaísmo, Shiva en el hinduismo, cada tradición espiritual nombra a Dios en su esencia espiritual como luz o ser. Pero esto nos lleva a un problema nuevo. La esencia pura no tiene forma, y ser infinito e impregnarlo todo no puede estar limitado por imágenes o ideas en nuestras mentes.

Para resolver este dilema, se ha reducido a Dios a nuestro tamaño; lo infinito se convierte en finito. Proyectamos forma humana sobre Dios, pero eso es solo un ejemplo burdo. Lo que proyectamos en un nivel más sutil es «Dios hecho a semejanza del hombre». Esto no es blasfemo; es solo como funciona el sistema nervioso. Experimentamos el amor humano, y eso nos da espacio para ver el amor divino. Queremos sentirnos seguros, así que proyectamos a Dios como padre protector. Nuestra necesidad de orden en lugar de caos hace que proyectemos a Dios como dador de ley. Existen tantas formas de proyectar a Dios como personas hay. Aun así, Dios es espejo de las necesidades de los seres humanos en general. Necesitamos sentirnos seguros, protegidos y amados, y por eso Dios posee esos atributos.

Para el 90 % de la humanidad con esto basta. Si añadimos las leyes y reglas complejas en las que viven los ultraortodoxos, ya sean los brahmines en India o los judíos jasídicos en Brooklyn, Dios ya es conocido. Hay una clase de lazo de retroalimentación, un círculo que abraza a Dios, la creación y al adorador. El mundo que ves, la deidad que adoras y la persona que ves en ti mismo, todo encaja. Hasta que la historia rompió el círculo: el Holocausto, un siglo de guerras mundiales, la bomba atómica y las dictaduras totalitarias impidieron que los creyentes vieran cómo una deidad de amor y protección muy humana puede reinar sobre un mundo destruido y dejar que el mal campe a sus anchas.

La única respuesta era dejar de proyectar, elevarse por encima de concepciones gastadas y experimentar directamente la esencia de Dios. La mayor parte de *Conocer a Dios* estaba consagrada a describir cómo un buscador podría trocar la religión por la senda espiritual. El hecho era que Occidente sabía muy poco de los caminos orientales. Buda tiene un halo de prestigio sobre él, pero el resto de India eran vacas sagradas y disturbios religiosos. Sentí una profunda urgencia de modernizar la espiritualidad oriental, de ponerla en un lenguaje cotidiano que pueda encajar en las vidas modernas. Esta vez fui mucho más profundo de lo que lo había sido en *Las siete leyes espirituales del éxito*, confiando en que el lector querría reconectar con lo divino por un ansia de significado.

Pasar de un libro a la vida real proporcionó muchos sobresaltos. Estaba seguro de que todos albergaban la misma ansia, pero para llegar a ella uno tenía que atravesar mucho dolor y patetismo. Di un curso sobre cómo conocer a Dios en Agra, literalmente a la sombre del Taj Mahal, y una tarde abracé a una mujer de Estados Unidos que sollozó durante dos horas mientras daba rienda suelta a lo que parecía toda una vida llena de penalidades. Mi papel no era ser su terapeuta ni su gurú. Estábamos en el mismo viaje, y mi única ventaja era que yo tenía el peculiar talento de mirar por la ventana y describir el paisaje al pasar. La *Divina Comedia* de Dante comienza con un hombre en mitad de su vida perdido en un bosque oscuro. Yo no tenía autoridad para decirle a nadie cuál era la verdad absoluta, pero me sentía obligado a decir: «Estamos todos en el bosque, y yo puedo ver delante. Lo creas o no, estamos a salvo.»

Para mí eso era prueba de Dios en movimiento, una guía invisible que muestra el camino de la oscuridad a la luz.

22

Curas milagrosas

Sanjiv

Recuerdo una historia que mi padre nos había contado a Deepak y a mí sobre un paciente suyo, un hombre que sufría cáncer de pulmón. Este paciente, un rico hombre de negocios, se enteró de un sanador por la fe filipino que podía hacer cirugía sin sangre para extirpar el tumor.

—Insistió en ir a verlo para que lo tratara —explicó mi padre—. Era rico, podía costeárselo y no había nada que pudiera hacerle cambiar de opinión.

Cuando el hombre regresó dijo que se sentía mucho mejor y le mostró con orgullo a mi padre una radiografía de su pecho: el tumor había desaparecido.

—Oh, vamos —le interrumpí—. El tipo es un charlatán. Le dio una radiografía de otra persona y engañó al paciente.

Mi padre continuó con su historia.

—Al cabo de unas semanas vino a verme porque no se sentía bien. Le hicimos una exploración y, por desgracia, vimos que su tumor había crecido. No podíamos hacer nada más por él.

Cualquier médico puede entender la desesperación de este paciente. Sospecho que todos conocemos pacientes como este hombre, que lo han intentado con lo mejor y más moderno de la medicina occidental y eso no ha bastado para curarlos. Su necesidad desesperada de creer que había algo más que podían hacer por salvar su vida causó que buscaran un charlatán. Por desgracia, el mundo de la medicina está lleno de personas que están dispuestas a vender promesas. Existe, por ejemplo, una enorme industria multimillonaria de complementos sin que haya ninguna prueba científica de que la mayoría de sus productos causen algún efecto positivo. Así que al menos durante un tiempo, cuando oía términos como «medicina alternativa», «complementaria» u «holística», me preguntaba cuál era su valor. Y me preocupaba que pacientes que podrían ser ayudados por la medicina moderna buscaran en cambio poner su fe —y su dinero— en estas técnicas no probadas.

Pero siempre he estado dispuesto a escuchar y aprender. En mi actual posición como decano de EMC (educación médica continuada) de la facultad de medicina de Harvard, doy conferencias a cincuenta mil profesionales de la salud cada año. También soy director de decenas de cursos cada año, lo cual significa que al principio de una conferencia soy la primera persona en subir al estrado para recibir a los asistentes y darles una idea de lo que vamos a aprender en los días siguientes. Asimismo, doy una serie de charlas en cada conferencia y me aseguro de que incorporo las últimas novedades de la medicina basada en las pruebas. ¿Cuáles son los estudios que muestran que esta medicación en particular funciona en esta situación?

En la presentación y bienvenida siempre digo lo siguiente:

> Estoy encantado de verles aquí. Me gustaría que para empezar todos nos tomáramos un momento para reflexionar sobre nuestra profesión médica. El juez Louis Brandeis dijo en una ocasión que hay tres atributos de una profesión, y para la profesión médica el primer atributo es que hay un corpus especializado de conocimiento, atesorado principalmente por quienes lo practican. El segundo atributo es que practicamos medicina moderna más por el beneficio de la sociedad que por provecho personal. Así pues, todos nosotros nos ganamos la vida decentemente, algunos especialistas ganan mucho dinero,

pero todos estamos aquí para servir a la sociedad. Y el tercer atributo es que la sociedad a su vez garantiza gran autonomía a la profesión. Por consiguiente, hacemos reglas. ¿Cuántos años de facultad de medicina? ¿Cuántos años de internado o residencia? ¿Cuántos años de una beca para ser cardiólogo? ¿Qué hay de la renovación de licencia, recertificación, créditos EMC? Así que estos son los tres atributos fundamentales.

Hace unos años el doctor Dan Federman, que fue el primer decano de EMC en la facultad de medicina de Harvard y uno de mis mentores, añadió un cuarto: para la profesión médica tiene que haber un imperativo moral general. Y me gustaría tomarme la libertad de añadir un quinto atributo: aprender. Aprender es un privilegio de toda una vida, no un proceso; si lo perseguimos con pasión y celo veremos cómo llena nuestro mundo. Estamos en la profesión más formidable, donde es nuestra obligación moral, nuestro deber y *dharma* comprometernos en un aprendizaje de toda la vida. Aprendemos todos y cada uno de los días, y lo hacemos en libros de texto y conferencias, en revistas médicas. Aprendemos de nuestros colegas, de nuestros estudiantes, de las enfermeras y los farmacéuticos con los que trabajamos, y es muy importante que aprendamos de nuestros pacientes.

Como averigüé, para la mayoría de la gente que se dedica a la profesión médica el aprendizaje nunca termina. Es vigorizante. Se convierte en una pasión. Aunque yo tardé tiempo en aceptar el valor de la medicina complementaria. He de reconocer que Amita la abrazó mucho antes que yo. El Ayurveda siempre la había intrigado; quería estudiarlo. Pero nunca había contado con el tiempo que necesitaba. Lo explicó así:

Estaba tan ocupada atendiendo a mis pacientes que realmente no tenía tiempo para adentrarme en ninguna de las disciplinas orientales. Pero finalmente tuve la oportunidad cuando estuve en una práctica de grupo grande en Cambridge. Teníamos quinientos médicos en catorce centros de salud diferentes, y decidimos incorporar la medicina alternativa, que después se llamó medicina complementaria o medicina integrada.

Empezamos un programa piloto en el Cambridge Center, que incluía quiropráctica, masaje terapéutico y acupuntura. Integramos todo ello con la medicina moderna y el éxito fue tan grande que muchos otros centros lo adoptaron rápidamente. Fue un principio.

Ahora estoy jubilada y cuando pienso en ello todavía me gustaría integrar el *pranayama*, técnicas de respiración, para tratar varios trastornos físicos. Por ejemplo, me gustaría enseñar técnicas de respiración a niños con asma.

La dificultad para un médico como yo, que practica y enseña medicina basada en la ciencia, es que hay muchos casos de beneficios drásticos que la ciencia moderna no puede explicar. Estos son las llamadas curas milagrosas que no pueden entenderse mediante el conocimiento que tenemos y que con frecuencia no pueden replicarse. Sabemos que ocurre algo más que no podemos comprender.

Una vez tuve un paciente con osteosarcoma con metástasis, un cáncer de huesos terminal, que desarrolló una infección en la pleura. Sospechábamos que tenía una enfermedad llamada empiema. Hubo una discusión animada entre estudiantes, internos, residentes y médicos que habían terminado su residencia sobre si deberíamos tratar a este paciente o simplemente hacer que estuviera lo más cómodo posible y explicar la situación nefasta a la familia. Y si lo tratábamos, ¿deberíamos usar antibióticos, ponerlo en la unidad de cuidados intensivos, insertarle un tubo en el pecho para extraer pus? Decidimos que, como lo más probable era que tuviera una infección, debíamos insertar un tubo en el pecho para extraer el pus y darle antibióticos potentes. Insertamos una aguja en el espacio pleural y efectivamente salió pus. Tenía un empiema. Lo tratamos con antibióticos de amplio espectro.

La infección desapareció; mejoró notablemente y fue dado de alta del hospital. Y entonces ocurrió lo milagroso: seis semanas después dijo que se sentía muy bien, la tonalidad de su piel parecía sana y ya no tenía dolor. Un escáner de huesos reveló que multitud de lesiones óseas de metástasis habían desaparecido. Estaba realmente curado. Años más tarde estaba vivo.

No existe una buena explicación científica de esto. La hipótesis es que está relacionado de algún modo con el empiema y que su cuerpo, en su infinita sabiduría, montó una impresionante respuesta inmunitaria para combatir la infección, y al hacerlo erradicó su cáncer de huesos. ¿Cuál es el mecanismo real? ¿Cómo ocurrió? Realmente no lo sabemos. No hay ninguna respuesta clara.

Tuve otro paciente con hepatitis C crónica, que puede evolucionar en cirrosis o cáncer de hígado. Yo soy considerado uno de los destacados expertos de Estados Unidos sobre esta enfermedad y he participado en pruebas clínicas, escrito muchos capítulos y presentado en prestigiosos simposios nacionales para educar a médicos sobre este trastorno vírico. He visto la hepatitis C en todas sus formas. Es una enfermedad que en el momento en que vi a ese paciente podía curarse en el 20 % de los casos, pero requería un tratamiento de un año con inyecciones semanales y muchos efectos secundarios, algunos de ellos muy debilitantes. Hay varias opciones en lo que respecta al tratamiento. En este caso, el paciente tenía una enfermedad leve, como determinó la biopsia de hígado. Considerando el 20 % de éxito y la dificultad de tratamiento, él y yo decidimos que lo mejor era controlarlo de cerca y simplemente esperar a posteriores avances en el tratamiento. Durante un período de diez años su enfermedad permaneció estable; no tomaba alcohol y consumía al menos dos tazas de café al día. Así que un enfoque conservador era muy razonable.

Entonces este paciente se fue de vacaciones a Martha's Vineyard y aparentemente lo mordió una garrapata. Cuando fue ingresado en cuidados intensivos estaba mortalmente enfermo. Tenía fiebre alta; una profunda anemia, los leucocitos disparados; y sus glóbulos rojos se estaban destruyendo. Lo visitó el médico de enfermedades infecciosas, que diagnosticó correctamente la enfermedad de Lyme; ehrlichiosis, una infección bacteriana transmitida por una mordedura de garrapata; y babesiosis, un síndrome similar a la malaria. ¡Tenía las tres enfermedades! Era sumamente inusual y daba cuenta de las capacidades y sagacidad del médico de enfermedades infecciosas. Recibió transfusiones y el tratamiento recomendado por ese doctor.

Al cabo de una semana, su estado mejoró, yo recibí un mensaje de correo electrónico del interno que se encargaba de él informándome de que las enzimas del hígado del paciente, que habían sido anormales durante la década anterior, eran completamente normales. Eso era interesante, respondí, pero sugerí que repitieran la prueba de enzimas hepáticas para asegurarme de que no se trataba de un error de laboratorio. Si volvían a salir normales llevaríamos a cabo un test del ARN de virus de la hepatitis C por PCR (polimerasa de reacción en cadena).

Al cabo de tres semanas, el paciente vino a verme. Cuando entró en mi consultorio tenía un aspecto muy saludable.

—Doctor Chopra, ¿qué ha pasado con mi test? —preguntó—. Espero que mis niveles de virus no hayan aumentado.

Miré todos sus resultados en el ordenador y, ¡quién lo iba a decir!, el test PCR, que puede detectar incluso trazas minúsculas del virus, había dado negativo.

—Es un milagro —dije—. Es posible que esté curado. Quiero repetir el test dentro de tres meses y otra vez dentro de un año, y si en ninguno de los dos tests hay rastro del virus, estará curado.

Eso es exactamente lo que ocurrió. Un año después, sus enzimas hepáticas permanecían completamente normales y el test más sofisticado posible de la hepatitis C no detectó nada. Cuando le dije que ya no necesitaba verme, sonrió.

—Doctor Chopra, ¿es un nuevo tratamiento para la hepatitis C crónica? ¿Qué te muerda una garrapata, estar mortalmente enfermo, sobrevivir y eliminar el virus?

—No, ese no es el tratamiento —dije—, pero claramente allí hay una pista importante.

Lo que probablemente ocurrió fue que, al luchar con tres infecciones que amenazaban la vida al mismo tiempo, su sistema inmunitario había provocado una majestuosa respuesta de interferón y había eliminado el virus. La base de una prueba científica es que sea repetible y desde luego eso no lo era. En respuesta a mi afirmación inicial, no hay estudios que muestren que eso funcionaría. Simplemente ocurrió.

Yo personalmente también he experimentado cosas como paciente que no puedo explicar científicamente. Tengo una hernia discal en la espalda, así como una estenosis leve. En ocasiones era extremadamente doloroso y lo trataba con novocaína por vía epidural y esteroides de acción prolongada, un tratamiento que proporcionaba un alivio sustancial, pero solo durante un mes.

En 2008, estaba dando una conferencia para cuatro mil médicos clínicos en Houston. Después de responder a varias preguntas, bajé del estrado para hablar con algunos médicos situados al fondo que me habían planteado algunas cuestiones de seguimiento. Antes de que planteara su pregunta, la última persona se fijó en que yo estaba extremadamente incómodo. Le expliqué que estaba sufriendo un dolor en la parte baja de la espalda y que en realidad necesitaba sentarme. Lo invité a unirse a mí en el salón de la facultad para comer.

Cuando le hablé de mis problemas de espalda me ofreció una forma de ejercicio chino que él había usado con éxito con muchos pacientes. Fui educado, había estado con algunos de los doctores más expertos del mundo y no habían conseguido aportarme mucho alivio. Desde luego no esperaba mejores resultados de él. Pero allí mismo, en el suelo del centro de convenciones, demostró de qué estaba hablando: básicamente consistía en doblar las rodillas y hacer una maniobra tipo *hula hoop*, de izquierda a derecha veintisiete veces y luego de derecha a izquierda veintisiete veces. Explicó que tenían que ser veintisiete veces. Lo intenté y para mi sorpresa sentí un alivio significativo. Lo convertí en parte de mi rutina diaria. Lo hacía por la mañana y en alguna ocasión por la tarde, y desde entonces apenas he necesitado de epidural. No tengo ni idea de cómo funciona. No hay estudios que muestren este mecanismo, pero funciona para mí. Tengo un dicho: no discuto con el éxito.

El difunto autor sudafricano Lyall Watson definió el absurdo como aquello que para nuestro actual estado mental es ininteligible. Hace quinientos años, predecir que un día el hombre caminaría por la superficie de la Luna habría sido considerado una blasfemia y al que lo hubiera dicho podrían haberlo colgado en la plaza pública. He aprendido que solo porque no tengamos una explicación mecánica no significa que se trate de una tontería. El alivio que experimento de mis dolores de espalda me lo dice a diario.

Así pues, escuché a mi hermano y leí sus libros y presté atención a lo que estaba diciendo. Creo que Deepak tiene mucha sabiduría y es capaz de encajar las piezas. También ha conocido y colaborado con algunos científicos asombrosamente brillantes y ha estado más que dispuesto a mantener un diálogo con sus críticos. Busca ardientemente a gente que apoye lo que está diciendo, así como a sus más temibles críticos. Admiro mucho eso. Comprendo lo que está diciendo en unos términos un poco simplistas y reconozco que comprender su filosofía se ha convertido en importante para los profesionales de la salud.

Hay un sitio donde estamos completamente de acuerdo, y no podría ser de otra manera, porque es la lección más importante que nos enseñó nuestro padre. Toda medicina debe empezar con el sanador —ya sea un médico, una enfermera, un médico ayurvédico— escuchando al paciente. Se empieza escuchando su historia, escuchando no solo con la mente sino también con el corazón. En 2012, se publicó en forma de libro una conferencia que yo había dado con frecuencia *Leadership by Example: The Ten Key Principles of All Great Leaders* [Liderazgo por el ejemplo: los diez principios clave de todos los grandes líderes]. La base de la conferencia y del libro es que cada letra de la palabra *leadership* representa una cualidad memorable común a los grandes líderes. La primera L significa *listen* [escuchar].

Un colega mío, el doctor Richard Mollica, que dirige el programa de Harvard sobre trauma de los refugiados, estaba tratando a una mujer de Camboya que sufría infinidad de síntomas comunes, pero no podía encontrar la causa raíz. Finalmente él le preguntó por su familia. La mujer se vino abajo y explicó que la mayor parte de su familia había sido masacrada por los jemeres rojos. Ella y uno de sus hijos habían logrado sobrevivir y viajar a Estados Unidos, y entonces su hijo había muerto trágicamente. Mi colega había preguntado; había escuchado con compasión. Sostuvo la mano de su paciente y rezó en silencio. Después de muchos años y de decenas de visitas a médicos que no habían podido ayudarla, su curación empezó ese día.

En la medicina occidental no hemos aprendido a escuchar a nuestros pacientes. Hacemos preguntas básicas: ¿cómo se siente? ¿Qué le duele? ¿Desde cuándo se siente así? Hacemos las mismas preguntas: cuál es la dolencia fundamental, historial de enfermedades pasadas, medicaciones que toma, historia social, historia ocupacional, y entonces lo anotamos todo y recomendamos un proceso o prescribimos una pastilla. Podríamos no descubrir nunca que la razón de esos dolores de cabeza es que el paciente está tenso y profundamente deprimido. Paramos los dolores de cabeza, pero no nos hemos ocupado de la causa que los provoca.

Esto está cambiando. Mis colegas están comenzando a comprender que han de hablar con el paciente. Darle una oportunidad de contar su historia podría ayudar a descubrir la causa raíz. La medicina occidental tiene algunas medicinas asombrosas, y podemos lograr algunas curas milagrosas, pero con demasiada frecuencia en el pasado aliviábamos los síntomas sin afrontar la causa. No es una buena solución.

Esto ciertamente muestra el impacto que Deepak y otros profesionales de la medicina complementaria, entre ellos el doctor Dean Ornish y Andy Weil, han tenido en la medicina que yo practico. En ocasiones pienso en el estado de la medicina estadounidense cuando llegamos a este país y en cómo ha cambiado desde entonces. Hemos recorrido un largo camino desde lo casi puramente curativo a reconocer el papel del médico en la prevención. La comunidad médica se ha hecho mucho más abierta para al menos examinar las terapias alternativas. Hay pocas dudas de que Deepak ha sido una fuerza directriz detrás de la aceptación de estas técnicas antes desconocidas o incluso ridiculizadas. A finales de la década de 1990, estaba trabajando con mis colegas, Martin Abrahamson y el director del Departamento de Medicina del Beth

Israel Deaconess Medical Center, doctor Robert Glickman, planificando nuestra conferencia anual de Puesta al Día en Medicina Interna. El doctor Glickman propuso que invitáramos a Deepak a hablar y desde entonces cada año ha participado como invitado y ha dado el discurso que marca la tónica del congreso. Con frecuencia es una sesión de dos horas y media sobre la espiritualidad y la curación, o un nuevo paradigma de entender la conciencia y cómo puede afectar la forma en que tratamos con nuestros pacientes. Muchos de los asistentes lo consideran uno de los puntos destacados del curso.

Como decano de educación continuada es para mí un honor y un privilegio contar con 275 cursos de posgrado bajo mi jurisdicción. En total llegamos a setenta mil clínicos cada año. Estamos constantemente cambiando nuestra presentación para reflejar la evolución del pensamiento médico. Hace unos años, por ejemplo, añadimos a nuestro plan de estudios un nuevo curso dirigido por el doctor David Eisenberg que probablemente no lo habría ofrecido la facultad de medicina de Harvard en el pasado. Este curso, titulado «Cocinas sanas, vidas sanas», reconoce la capital importancia de la dieta en la salud. Los asistentes aprenden medicina, pero también se les enseña a cocinar platos sanos. De hecho, la mitad del programa consistía en recetas de cocina. Se les anima a probarlas y a compartirlas con sus pacientes.

Para mí eso es simplemente una prueba adicional de que la medicina moderna acepta de buena gana cualquier técnica que pueda demostrarse beneficiosa para nuestros pacientes. Como Deepak ha reconocido, ninguno de estos sistemas mente-cuerpo está concebido para ser un sustituto de la práctica médica sensata, sino que más bien pretenden estar integrados en nuestras vidas para ayudar a prevenir o curar la enfermedad.

No hay sustituto de la práctica médica sensata basada en una amplia investigación, pruebas y experiencia. El músico Steven Tyler escribió sobre mí en su autobiografía. Un día recibí una llamada de su médico de cabecera, que me preguntó si había oído hablar de Tyler. No. Explicó que era el solista de Aerosmith, que era muy famoso y que estaba enfermo.

Cuando accedí a mi sala de espera, Tyler estaba rodeado, no solo por otros pacientes que esperaban para verme, sino también por nuestro equipo. Tomé una historia detallada, llevé a cabo un examen médico, hice algunas pruebas y al cabo de unas semanas le hice una biopsia de hígado. Unas semanas más tarde diagnostiqué que tenía un caso leve de hepatitis C crónica. En ese momento el índice de éxito del tratamiento —que consistía en seis meses de inyecciones de interferón— era pésimo, no más del 10 %. La decisión apropiada entonces era postergar el tratamiento. Le expliqué que había una gran investigación sobre esa enfermedad en muchos centros académicos del mundo para refinar el tratamiento para su enfermedad, y le recomendé que esperara y que viniera a verme cada año. Entonces le dije en términos muy claros que no podía beber nada de alcohol.

—Tenemos dos ojos —dije—, dos pulmones, dos riñones y...

Antes de que pudiera terminar la frase me interrumpió.

—Sí, doctor. Un hígado.

—Ni siquiera puede oler el alcohol.

Era la estrella del rock que no podía beber. Controlaría su estado mientras esperábamos un avance en el tratamiento. Él tenía la ventaja de estar en forma; no tenía ni un gramo de grasa en el cuerpo. A lo largo de los años, el tratamiento evolucionó; con la cepa de hepatitis C que le afectaba ahora hemos alcanzado un 40 % de curación. Así es como avanza la ciencia médica.

—Steven, ahora deberíamos probar el tratamiento —le dije—. Ni el tiempo ni el Ganges esperan.

Había efectos secundarios a considerar. No podría ir de gira, porque necesitaría verme con frecuencia para que lo controlara, sobre todo en los primeros tres meses debido a efectos secundarios potencialmente significativos y graves. Entre esos efectos secundarios estaban la inhibición de la médula ósea, náuseas, vómitos, dolores de cabeza, malestar, fiebre y caída de cabello.

¿Caída de cabello?

Eso le preocupaba. Le aseguré que según mi experiencia el pelo siempre volvía a crecer, y que incluso podrían salirle rizos.

El tratamiento tardó un año. Steven fue un paciente aplicado.

Acudió a todas las citas. Cumplió con el tratamiento. Era tenaz y manejaba muy bien los efectos secundarios. Para reducir el malestar le digo a mis pacientes que estén muy bien hidratados, que hagan ejercicio moderado, reciban masaje y que tomen cuatro paracetamoles extrafuertes al día para aliviar síntomas similares a los de la gripe causados por el interferón. Cuando les hablo a mis pacientes del paracetamol suelen quedarse de piedra. Invariablemente me dicen que su médico de cabecera les había dicho que el paracetamol puede causar daños al hígado y que no tenían que tomarlo bajo ningún concepto. Eso es cierto, explicaba, pero solo cuando se toma en dosis mucho mayores. Puedes tomar hasta dos gramos al día, el equivalente a cuatro pastillas de quinientos miligramos. Insistí en que registraran cuánto tomaban y cuándo lo tomaban para impedir que accidentalmente superaran la dosis de dos gramos. El interferón también puede causar algo de aturdimiento y no quería que ninguno de mis pacientes perdiera la cuenta de sus dosis. La medicina es una ciencia, pero también es un arte. Ahí radica su belleza.

La única infección viral crónica en los seres humanos que puede erradicarse es la hepatitis C crónica. Todos los otros virus crónicos pueden limitarse, pero no eliminarse. Por ejemplo, si un paciente tuvo varicela de niño, este vive durmiente en las células de los ganglios y bajo determinadas circunstancias puede reaparecer como herpes zóster, conocido como culebrilla.

Después de un año de tratamiento no había hepatitis C detectable en la sangre de Steven Tyler. Lo que es más importante, veinticuatro semanas después de terminar el tratamiento su sangre volvió a salir sin virus detectable. En terminología médica eso se llama respuesta virológica sostenida y lo que en realidad significa es que el virus ha sido erradicado. Quizá lo que más llena en medicina es sentarse con un paciente que ha cargado con una enfermedad crónica durante años y tenía montones de preocupaciones sobre la cirrosis, fallo hepático, la posibilidad de necesitar un trasplante de hígado, la posibilidad de desarrollar cáncer de hígado, un paciente que ha luchado durante un año entero con efectos secundarios como trastornos del sueño, irritabilidad, aturdimiento y poder decirle:

—Señor Tyler, está curado. No necesita verme más.

«Curado» es una palabra formidable, y es la mejor que puede ofrecer la medicina moderna. Y aunque aprecio los beneficios potenciales de la medicina integrada, continuaré practicando la medicina que sé que funciona mejor.

Los mejores doctores del mundo ofrecen cuidado compasivo para sus pacientes, sean ricos o pobres. A lo largo de los años he tenido el privilegio de atender a estrellas de rock, miembros de casas reales y empresarios famosos, mientras que también he tenido el privilegio de cuidar a pacientes pobres que no tenían seguro y para los cuales el hospital y yo trabajamos gratis. Hace unos años un paciente mío con hepatitis C crónica que había evolucionado a cirrosis y no había respondido al tratamiento me preguntó en una visita:

—Doctor Chopra, ¿necesito un trasplante de hígado? Y ¿cuánto cuesta?

Le dije que por el momento no necesitaba un trasplante de hígado. Podría necesitarlo más adelante y ya nos ocuparíamos.

Pero insistió.

—¿Cuánto cuesta?

Le respondí con sinceridad.

—Entre cien mil dólares y un cuarto de millón.

Al cabo de una semana regresó a la oficina y le dijo a mi asistente que no tenía cita, pero quería verme un par de minutos. Entró con una gran sonrisa.

—Doctor Chopra —dijo—. Durante más de diez años me ha cuidado muy bien. Ha hecho biopsias de hígado, toda clase de pruebas, e incluso me dio tres meses de tratamiento de la compañía farmacéutica gratis. Siempre me ha tratado con dignidad y respeto aunque no tengo seguro.

Entonces me pasó una pelota de béisbol firmada por el gran *pitcher* de los Red Sox Pedro Martínez, así como una foto autografiada. Me dijo que trabajaba a tiempo parcial en Fenway Park y que Pedro se había acercado y le había dicho:

—No tienes buen aspecto, estás pálido. ¿Te encuentras bien?

Mi paciente le contó que tenía hepatitis C crónica, cirrosis, y que había fallado el tratamiento y que podría necesitar un trasplante de hígado. Pedro le preguntó quién era su médico y entonces le firmó la pelota de béisbol y una fotografía para mí. Pero la mejor parte de la historia es que entonces se volvió a mi paciente y le dijo:

—No te preocupes por ese trasplante de hígado. Si llega el momento, yo me ocuparé.

Posteriormente Pedro Martínez se trasladó a Nueva York para jugar con los Mets, pero mantuvo un contacto regular con el paciente, al que milagrosamente le fue bien durante años.

Son experiencias como esta las que recompensan y son verdaderamente satisfactorias.

23

Sueño americano

Deepak

Cuando te das la vuelta y miras por encima del hombro, tus hijos te están mirando a ti, solo que ya son adultos. Mis genes culturales fueron lanzados al aire y aterrizaron para formar nuevos patrones. Mi hijo cambió su nombre de Gautam a Gotham para que los estadounidenses pudieran pronunciarlo. Le gustaba el eco de Gotham City, donde Batman baja del cielo nocturno, igual que a Rita y a mí nos gustó en su momento el eco de Buda cuando le pusimos el nombre a nuestro hijo. Mi hija, Mallika, hizo un doctorado en administración de empresas y se casó con un inversor capitalista de India; incluso volvió allí durante un tiempo. Ahora gran parte de su energía está consagrada a usar las redes sociales para fomentar la bondad en el mundo. Ha heredado la elegancia discreta de su madre.

No hay un genoma para el alma. Si lo hubiera, tendríamos el código real de la vida. A Gotham le desconcierta mi alma. Como realizador de cine en ciernes, decidió seguirme durante un año y el resultado es un documental titulado *Decoding Deepak*. Ningún padre puede calibrar lo que un hijo piensa realmente de él. Gotham, que narra la película, empieza diciendo que la gente le ha preguntado toda su vida cómo es ser el hijo de ese tipo espiritual. Su respuesta: «Es extraño.» La persona a la que otra gente señala en los aeropuertos es solo su padre, una constante en la casa desde que alcanza a recordar.

Una celebridad, se decía, es famosa por ser muy conocida. En la lista de pasajeros frecuentes de United Airlines había treinta y siete Deepak Chopra la última vez que lo miré, pero cuando cruzo la calle y alguien grita «¡Eh, Deepak!» sé que soy yo el que debería volverse y sonreír. Las opiniones se polarizan en torno a mí. He ganado el premio Ig Nobel por el uso más ridículo de la ciencia y he publicado un artículo en el *Journal of Cosmology* (el título era «How Consciousness Becomes the Physical Universe» [Cómo la conciencia se convierte en el universo físico], y un coautor es profesor universitario de física). He recibido avales a mis libros del Dalai Lama y he sido vilipendiado por un sitio web católico conservador como «el ensayo general del Anticristo». A Rita le preguntaron sobre *Las siete leyes espirituales del éxito*, un libro que no había leído, y ella comentó con una sonrisa que si todo el mundo me seguía, mi familia no lo haría. Esa es una bendición que ella ha creado, entonces ¿por qué le quedaba a Gotham esa sensación de extrañeza?

Cuando Gotham tenía siete u ocho años, me miraba de repente de manera extraña y decía:

—Lo estamos pasando bien esta vez, ¿no?

Tuve una repentina imagen de dos ancianos de pie en un puente en un valle montañoso al pie del Himalaya, sobrepuesta a un médico de barrio residencial que le daba unos golpecitos cariñosos en la cabeza a su hijo.

En *Decoding Deepak* su punto de vista empieza burlón. Llevando una cámara de mano, Gotham dice:

—Chis, papá está meditando.

Abre la puerta y yo estoy tumbado en el suelo, roncando ruidosamente. Me afeito la cabeza para entrar en un monasterio budista en un retiro en Tailandia, y cuando me alejo con ropa de monje le digo:

—No te olvides de mandarme mensajes de texto.

Soy un hombre de mediana edad adicto al teléfono móvil atravesando la nieve en Nueva York, sin apenas levantar la mirada cuando los taxis me pasan rozando.

A mitad de la película, el punto de vista empieza a cambiar, y también lo hace Gotham. Reúne una imagen mental de su padre que él puede absorber en sí mismo. Hemos vuelto a Haridwar, donde incineré a mi padre, y extiendo los rollos que contienen los saludos escritos por los antepasados de nuestra familia. La fragancia de viejas almas llena el aire. Gotham se atraganta, como si le hubiera dado una patada alguno de los genes culturales durmientes. Siempre ha sido muy suyo. De niño quería jugar en los Boston Celtics, un sueño que mantuvo vivo hasta después de que quedara claro que su altura era un palmo o dos inferior a la que necesitan los jugadores de baloncesto profesionales.

En otra parte de la película me ha convencido para que vaya a su patio en Santa Mónica, donde hay una canasta de baloncesto. Yo miro con ojos desorbitados cuando él señala que me ha vestido con una sudadera de LeBron mientras la suya es la de Kobe. ¿Quién? Se da el siguiente diálogo:

HIJO. ¿Tienes un propósito en la vida?
PAPÁ. Sí, este. (*Intenta un tiro libre de espaldas al aro. ¡Limpia!*)
HIJO. ¿Qué te hace feliz?
PAPÁ. Conseguir todo en la vida con espontaneidad y sin esfuerzo. (*Intenta un tiro sentado en la posición de loto. ¡Limpia otra vez!*)
HIJO. ¿Crees en Dios?
PAPÁ. Creo que todos somos Dios travestido.

Las canastas limpias eran trucos de cámara (salvo una que me salió por casualidad), pero Gotham siempre ha estado prestando atención desde un lado. No intento ver los ladrillos invisibles que están construyendo un yo para él. ¿Cómo podría hacerlo si ni siquiera vi los míos?

Mientras Gotham pregunta a cada paso del camino, Mallika nunca ha expresado dudas espirituales. Él ha dominado la imagen del tipo descuidado que ama el deporte; ella no tiene que esforzarse para ser amable y despreocupada. Si los antiguos *rishis* tenían razón, nuestra relación se remonta centenares de vidas, lo que hace que su viaje sea tan sabio como el mío; e igual de desconocido.

Más tarde en el documental Gotham pregunta:

—¿De verdad crees que puedes cambiar el mundo?

—¿Yo personalmente? —contesto—. No. Pero el mundo está cambiando, y yo formo parte del equipo de transición.

Cuando me aparto del grupo, me doy cuenta de que no puedes ser un faro sin ser también un pararrayos. Ciertas cosas hay que decirlas en público lo más alto posible. Uno ha de convertirse en el cambio que quiere ver en el mundo. No hay camino a la paz, la paz es el camino. De forma lenta pero segura, ha crecido en torno a la verdad una cultura separada, casi un mundo separado. Como parte del escepticismo general que ha corroído nuestra confianza como seres humanos, la gente se irrita ante la palabra «verdad» como si implicara una V mayúscula. Creo que debería haber una V mayúscula, pero no para un conjunto de creencias dogmáticas. Lo que tiene que existir es un reconocimiento de la verdad como universal. Sigo profundamente conmovido por una cita del gran poeta bengalí Rabindranath Tagore: «El amor no es un simple impulso. Debe contener verdad, que es ley.»

Tagore tuvo un célebre encuentro con Albert Einstein en 1930, en la casita que este tenía en las afueras de Potsdam, Alemania. Duró tres días, y su conversación se convirtió en noticia mundial, con periodistas esperando ansiosos en las escaleras para informar de lo que se había dicho dentro. Tagore tenía una figura exótica con sus ropas blancas y su barba larga y blanca; Einstein llevaba su traje de profesor y mostraba una expresión sabia, coronada por el conocido pelo despeinado. Su encuentro fue catalogado como un alma grande comparando notas con la mente más grande del mundo. A pesar de su conversación cordial, ninguno de los dos pudo reconciliar su visión del mundo con la del otro. Tagore pasó la mayor parte del tiempo argumentando que la física había pasado por alto el aspecto más importante de la creación: vivimos en un universo humano. La creación vive y respira a través de nosotros. Todo lo que ocurre está ocurriendo en la mente de Dios. Por consiguiente, Dios está pensando por medio de cada uno de nosotros, incluso en este momento.

El nazismo ya estaba en alza en 1930, y la Gran Depresión había empezado su devastadora espiral. En medio del terror y las penurias, nadie podía aceptar una filosofía del amor divino. El prestigio de Tagore, que era inmenso después de que ganara el premio Nobel de Literatura en 1913, se desvaneció deprisa. Los seres humanos estaban demasiado ocupados atacándose unos a otros para pensar en su papel en el cosmos. Para mí, no obstante, Tagore ha sido una influencia perdurable, uno de los primeros en despertarme al mundo donde no has de rezar para la transformación; está ocurriendo a tu alrededor. Vale la pena unirse al equipo de transición, por más malas que parezcan las noticias de la noche.

Escribí un libro, titulado *La paz es el camino*, que aborda toda la cuestión de acabar con el comportamiento agresivo que causa las guerras. La gente no se despierta por la mañana preguntándose cómo matar a sus enemigos, pero las sociedades dedican sangre y dinero a hacerlo por ellos. A Krishnamurti le preguntaron una vez cómo terminar con la guerra y dio una respuesta virulenta:

—Señor, la guerra empieza en usted. Descubra por qué. Hasta que no lo haga, tratar de terminar con la guerra es una ilusión autocompasiva.

Es una respuesta sobria que marca un camino riguroso de autoexploración. Escribí en el libro que la gente puede desarrollar una conciencia de paz por una vía más fácil. La pregunta esencial es cómo la gente no violenta en el mundo, que suma miles de millones, puede adquirir suficiente poder para derrocar el poder consagrado a la violencia.

La respuesta radica en tres palabras que empiezan con la letra S heredadas del sijismo, una de las fes más nuevas surgidas del hinduismo. Son *Seva*, *Simran* y *Satsang*. Estas tres palabras en sánscrito describen el ideal de vida de una persona espiritual como servicio *(Seva)*, recuerdo del verdadero yo *(Simran)* y formar parte de una comunidad basada en la verdad *(Satsang)*. Pero estas cosas necesitan alcanzar una masa crítica. Si las practican grupos muy grandes de personas, abren un poder que el materialismo no puede derrotar, como una roca no puede derrotar a la lluvia aunque una es dura y la otra es suave, como un árbol no puede derrotar al viento aunque uno es sólido y el otro invisible.

La conciencia de paz implica una forma de vida cotidiana.

Seva: Tus acciones no hacen daño a nadie y benefician a todos. *Seva* aporta la dicha de saber que tus acciones diarias apoyan la vida en su conjunto. Te conviertes en parte de la evolución del planeta, y no de su destrucción total. Vives en paz con tu conciencia porque has cumplido con tu deber de ser un representante en todos los aspectos de la naturaleza, hasta el nivel más sagrado.

Simran: Recuerdas tu verdadera naturaleza y tu propósito de estar aquí. *Simran* aporta la satisfacción de posibilidades expandidas. No estás limitado a ser un individuo perdido en el mar de humanidad. Encuentras tu auténtico yo y tu auténtica verdad. Un camino único para la maestría está abierta para ti y solo para ti.

Satsang: Te unes a la comunidad de paz y sabiduría. *Satsang* aporta la satisfacción de no tener enemigos. Estás a gusto en el mundo. El resto de la familia humana forma parte de ti. Generaciones mayores y más jóvenes ya no están separadas por una brecha, sino que trabajan juntas por la idea de un mundo sin pobreza, ignorancia y violencia.

Ninguno de estos son ideales imposibles. Detrás del fárrago de violencia que copa titulares, cada una de estas conductas ya es una fuerte tendencia en el mundo. Lo que es más útil es que tú, como persona pacífica, veas que importas y que no estás solo. En 1988 un ama de casa que camina bajo la lluvia para comprar pan a la sombra del Muro de Berlín podría no tener ni idea de que su voluntad reprimida de ser libre podría ser más potente que el muro. ¿Qué es la voluntad en comparación con ladrillos, torres de ametralladoras y alambradas? La voluntad es una fuerza interna, y esa es su fortaleza secreta. La voluntad es un aspecto de la conciencia que no puede destruirse, y la tendencia del tiempo debe obedecer a la conciencia cuando esta decide cambiar.

Esa es la razón por la que me encantó hacer un poco el ridículo tirando a canasta con Gotham con mi sudadera de LeBron. Sabía que los muros estaban a punto de caer.

Cuando Gotham era adolescente y estaba en marcha la primera guerra de Irak, le pregunté qué pensaban él y sus amigos de toda la cuestión de ir a la guerra.

—¿Guerra? —dijo desconcertado, como si la palabra no contara.

Yo había llegado a Nueva Jersey en el punto culminante de la guerra de Vietnam y el movimiento antibelicista. Había visto utilizar armas, perros de ataque y gas lacrimógeno contra chicos no mucho mayores que mi hijo entonces. Pero algo invisible se había desplazado. Nos sentamos y charlamos. Descubrí que, con tantas palabras, la guerra era inconcebible para él. Cuando le preguntaron por qué no se unió al movimiento antibelicista, la madre Teresa de Calcuta replicó que se uniría a un movimiento de paz si se producía alguno. Un movimiento antibelicista está alimentado por una rabia justificada. Un movimiento de paz tendría otro aspecto muy distinto. Podría no necesitar concentraciones o manifestaciones, apenas necesitaría una voz. Se basaría en el crecimiento de la conciencia de paz, de persona en persona.

Algunos sueños se hacen realidad antes de que la gente se dé cuenta de que se están despertando.

Cuéntame el significado de una palabra y probablemente yo pueda contarte cómo resultará tu vida. La palabra es «destino». Para mucha gente destino significa algo como que te choquen por detrás cuando has parado en un semáforo en rojo: una fuerza inesperada que te empuja desde atrás y te propulsa hacia delante. Para otros es como ganar la lotería, una oportunidad entre un millón de que la fortuna te arranque de una vida ordinaria. ¿O es el destino simplemente un misterio que no puede resolverse?

Cualquiera podría decir con justicia que mi vida ha estado modelada por el destino. *Las siete leyes espirituales del éxito* tuvo un nacimiento extravagante. El editor de un pequeño sello desconocido me preguntó si podía convertir una conferencia mía en un libro pequeño. El título propuesto era *Las siete leyes espirituales del universo*, sustituir «universo» por «éxito» fue una idea de última hora. El librito no funcionó durante un año. Todos nos olvidamos de él. Hasta que de repente un autor de la sección de negocios del *New York Times* empezó un artículo con la frase: «Si solo vas a leer un libro de negocios este año, que sea *Las siete leyes espirituales del éxito*.» Esto de un periódico que solo había publicado una reseña de mis libros en veintiséis años. (Cuando tenía dos libros en la lista de más vendidos del *Times*, mi exasperado editor llamó al director de la sección de libros para preguntarle por qué no habían reseñado ninguno de los dos. La respuesta cortante del director fue: «Reseñamos los libros que la gente debería leer, no los que leen.») Al cabo de una semana el *Wall Street Journal* también mencionó *Las siete leyes espirituales del éxito*, y después de eso la inexorable máquina mediática hizo el resto.

Parecía serendipia organizada. Era como ser un bicho bajo una lente de aumento, salvo que la luz no quemaba. Los ingredientes del destino no forman un revoltijo confuso, sino que encajan en un patrón. El misterio radica en adivinar qué modelo te está mostrando. Lo que se siente como pura casualidad podría ser inevitable. Sin proceder de India ni estar formado en medicina, no habría base para todo lo que se desplegó en mi futuro. Cuando el destino modela una vida, la forja de los detalles más minúsculos. Al principio de mi carrera de conferenciante, había oído murmurar que una pequeña parte del público no podía entender mi acento. ¿Y si el acento hubiera sido un poco más grueso? Todo el auditorio podría haberse vaciado. Esto es más que «todo ocurre por una razón». Como dijo un famoso gurú del sur de India: «Has de darte cuenta de que el universo entero tiene que colaborar para que ocurra este preciso momento.»

La verdadera cuestión es cómo responder al destino, porque su influencia no es tan simple como que choquen con tu coche por detrás en un semáforo. El destino es una mezcla de accidente, predisposición, deseo, intuición e inconsciente. Te das cuenta de que estás actuando por un capricho, solo para descubrir que ese capricho era un eslabón en una cadena de acontecimientos. No hay ningún mapa a seguir. La sabiduría de la incertidumbre entra en la imagen, y aun así no puedes vivir tus días en incertidumbre total.

Solo puedo concluir que el destino es como una chispa. En India hay un aforismo que he tenido en el fondo de mi mente durante décadas: una chispa basta para quemar todo el bosque. La implicación es espiritual. Una vez que te ha tocado la chispa de la conciencia de ti mismo, el bosque de la ignorancia terminará destruido. Cuando me refiero al «proceso», lo que quiero decir es que la conciencia va aumentando, empezando con una pizca de motivación y creciendo, año tras año, hasta que miras alrededor y lo que ves en todas direcciones es eternidad.

Recibí una llamada en febrero de 2008, justo cuando estaba saliendo para ir a comer. Un amigo al otro lado de la línea me preguntó si había oído la noticia. Maharishi acababa de morir. Me senté pesadamente, mirando por la ventana a la nieve que caía sobre Manhattan, copos blancos puros que no tenían idea de lo sucios que estarían en cuanto los pisaran las botas. Mi vida es modesta en comparación con la de un hombre que agarró al destino por la garganta (¿o fue al revés?).

Siendo un joven estudiante, a Maharishi le gustaba visitar a los santos, igual que a mi tío Sohan Lal. Una tarde fue a una casa donde había oído que un gran santo iba a permanecer durante unos días. Se estaba haciendo tarde, y en la oscuridad se sentó en una habitación del piso de arriba al lado de un *swami* de meditación. Desde la calle, las luces de un coche iluminaron la habitación.

Los haces de los faros enfocaron al *swami* y cuenta Maharishi que en ese instante supo que había conocido a Gurú Dev, su gran maestro espiritual. Un año después de licenciarse en 1942, el joven Mahesh se había convertido en monje que trabajaba de ayudante de su maestro y Gurú Dev se convirtió en la figura espiritual más destacada del norte de India. El futuro de Maharishi quedó en su lugar por una mirada.

Su funeral se celebró en India, aunque yo no asistí. Durante un instante recuperó el brillo de la fama. Vi fotos del cadáver colocado en posición de loto rodeado por infinidad de flores. Me llegó la voz a través de viejos contactos de la meditación trascendental de que Maharishi había anticipado su fallecimiento. Dos semanas antes había dado una conferencia a todos los centros de meditación trascendental declarando que el trabajo de su vida estaba hecho, que había cumplido lo que necesitaba conseguir por el bien del mundo. Forma parte de la tradición de los iluminados que experimentan una muerte consciente conocida como *mahasamadhi*. El estado meditativo es *samadhi*, al cual se añade la palabra «grande» *(maha)*, indicando que de allí donde va el iluminado cuando cierra los ojos esta vez no regresará.

En mi familia nos preguntamos si mi padre experimentó el *mahasamadhi*. La noche que murió, cuando entró en la habitación de mi madre enferma para darle el beso de buenas noches, ella pensó que era una despedida final. O quizá no. A los indios, como a todos los demás, les encanta hacer encajar los hechos en patrones sentimentales, la diferencia es que nuestra sensibilidad es espiritual.

Pensando en retrospectiva veo que nunca fue una decisión excluyente apartarme de Maharishi. Al poco tiempo, después de que yo hubiera seguido adelante definitivamente, llamó a la casa de Boston. Rita cogió el teléfono. Al oír que yo no estaba en casa, Maharishi le dijo a mi mujer que yo tenía que reconsiderar mi regreso. Me daría «el reino entero». Sería su heredero espiritual. Rita, pillada a contrapié, no se anduvo con rodeos y le dijo a Maharishi que yo no tenía ningún interés en su oferta. Posteriormente, Maharishi habló conmigo por teléfono, y yo repetí con mis propias palabras lo que Rita había dicho. Cuando por fin se convenció de que lo había dejado para siempre, las últimas palabras de Maharishi fueron:

—A partir de ahora te trataré con indiferencia.

Sentí que bajaba una persiana.

Estaba siguiendo de manera inconsciente el mismo patrón inconformista que surge una y otra vez en mi historia. La inconsciencia es el verdadero enemigo del destino. La conciencia es su mayor aliado. El destino nos espera a todos, porque cada día aporta una chispa, es decir, una pista de una realidad superior. Las mejores son las pistas que indican algo mejor que la vida cotidiana: una inyección repentina de alegría, una sensación de que estás a salvo y atendido, una sensación de ligereza en el cuerpo, una repentina comprensión de que el tiempo se detiene. El poeta Wordsworth llamó a estas interrupciones en la existencia cotidiana «puntos de tiempo», pero se los podría llamar puntos de eternidad. Nuestras mentes ansían conocer la verdad. En ocasiones, eso significa que las pistas que llegan a nuestro camino son dolorosas, porque la falsedad duele, aunque sea en un nivel sutil. Sentirse drásticamente inseguro, solo, descuidado y vacío no es solo un dolor que desearías que desapareciera. Si miras a más larga distancia, esos sentimientos son pistas de que has dado un giro equivocado; la negatividad es un desvío de la verdad. El destino ayuda a cualquiera que elija las pistas que el alma siembra en nuestro camino. El hecho de que los accidentes estén mezclados con deseos, obstáculos con caminos abiertos, es irrelevante. La realidad usa lo que le hace falta para conseguir que la gente vuelva al *dharma*, la fuerza que mantiene la vida absolutamente.

Un artículo sobre mi trabajo en la revista *Time* publicado en 1996 empezaba con la historia de un médico, un internista de Florida, cuya hija, casualmente, había sido la publicista de *Curación cuántica*. Él había ojeado el libro, pero lo había dejado de lado. El mensaje no era para él. Entonces le diagnosticaron un cáncer de próstata avanzado e inoperable. La terapia hormonal estándar en ese momento tenía un índice de supervivencia de unos dos años. Según *Time*: «Recuperó el libro de Chopra, que afirmaba que la meditación, la dieta adecuada y la versión occidentalizada del misticismo hindú podía impedir o incluso revertir la enfermedad. [El hombre] se convirtió en un fanático de Chopra. Meditaba treinta minutos al día, rezaba cinco minutos y recitaba las diez claves de la felicidad de Chopra... y entonces se puso bien. El tumor desapareció. Los tumores en ocasiones hacen eso, por supuesto. Pero él sabía a quién dar las gracias. "Mis profesores se retorcerán en sus tumbas —dice con una sonrisa—. Es una pena que no lo escuchen más médicos."»

¿Llegará un momento en que esa historia se convierta en normal? En ese caso, no será por «una versión occidentalizada del misticismo hindú». Lo que ocurrirá será que el cuerpo se hará transparente a la mente. La intención de sanar no se bloqueará; una forma de alcanzar la zona de la enfermedad se abrirá al contacto con la conciencia. He llamado a esta visión reinventar el cuerpo, porque en la medida en que el cuerpo es un paquete denso de materia, nos moveremos en la dirección opuesta, haciendo que la conciencia aparente sea solo un fantasma en la máquina.

Mi socio médico, David Simon, nunca dejó de insistir en el modelo estándar del cuerpo, y en el Chopra Center trabajó en todos los frentes. Profundizó mucho en el Ayurveda. Demostró a las autoridades sanitarias de California que nuestra rama de la medicina cumple con los criterios requeridos para cursos EMC (educación médica continuada) que los doctores toman cada año para mantener su titulación. La legitimidad de la medicina integrada avanzó de forma lenta pero segura. David daba cursos en el centro de manera incansable, escribía libros y mantenía la fe en que estaba emergiendo un nuevo modelo de curación.

Todas las enfermedades son multifactoriales y en ocasiones, cuando reviertes los factores perjudiciales en el estilo de vida, la gente mejora. No puede haber bienestar físico en alguien que está desempleado, por ejemplo, que pasa todo el día haciendo hincapié en que no sabe qué va a ocurrir con su vida. Va a enfadarse con su situación, quizá beberá o comerá demasiado, incluso fumará un cigarrillo para calmar los nervios. El bienestar requiere un equilibrio entre todos los elementos de la vida de una persona, pero la sociedad nos prepara mal para que pensemos en términos holísticos. David solía decir: «Si la única herramienta que tenemos es un martillo, entonces todo parece un clavo.»

En el Chopra Center él y yo buscamos proporcionar a la gente una caja de herramientas completa. Nos centramos especialmente en lo que consideramos los tres pilares de la sabiduría antigua, el Ayurveda, la meditación y el yoga, que se descompusieron en las zonas de curación física, bienestar emocional y despertar espiritual.

El curso insignia que creamos se llamó «Camino a la curación», y tiene por objetivo al público en general así como a profesionales de la salud. Abre la puerta a las técnicas mente-cuerpo que pueden afectar sus propias vidas y las de sus pacientes. Cuando el curso fue certificado por la Asociación Médica Estadounidense por veinticuatro horas de créditos EMC, sentimos que habíamos hecho un avance histórico. Los créditos EMC son un sello de aprobación profesional. Habíamos llegado. «Camino a la curación» continúa expandiéndose. Al principio, el curso lo dábamos David y yo, pero ahora hay destacados conferenciantes invitados que cubren un terreno que va desde la prevención de la enfermedad cardíaca por medio del estilo de vida hasta la terapia mente-cuerpo durante el embarazo.

Una vez que se abren las puertas, no hay límite para lo que queremos enseñar. «Seducción del espíritu» es una zambullida de una semana en la meditación; «Salud perfecta» es un curso de cinco días en el que los participantes consultan con nuestros médicos en relación al cuidado personalizado, luego pasan los siguientes días aprendiendo lo básico del cuidado mente-cuerpo por sí mismos. Hace varios años quedó claro que llamarnos a nosotros mismos holísticos tenía poco sentido si existía un pensamiento de nosotros contra ellos. Hay que derribar los muros para que cada campo pueda ver la luz en otro campo.

Desde ese impulso se desarrolló una conferencia anual llamada «Sabios y científicos». Hace diez años cualquiera que se llamara científico se habría movido en círculos en torno a cualquiera que se llamara sabio, como dos gatos recelosos. La misma palabra «conciencia» no era un campo de investigación respetable. Ser consciente es un dato. Significa que no estás dormido o que no te han dado un golpe en la cabeza. Pero el gradualismo es una fuerza poderosa. La cuestión que fue surgiendo era mi viejo aliado, la física cuántica. Si los bloques básicos del edificio del universo fueran invisibles, meras ondas de posibilidad en un campo cuántico infinito, ¿cómo podría alguien mantener que cualquier parte del mundo físico no está afectada?

La cuestión no puede soslayarse, pero la gente lo hace en todas partes. Los médicos no eran las únicas partes culpables, aunque la mayoría negarían con la cabeza al escuchar que el efecto placebo, por ejemplo, podría tener raíces cuánticas. ¿Cómo? A través del bien establecido efecto observador. En el modelo estándar de física cuántica, tiene que haber una forma de que ondas invisibles de posibilidad se conviertan en objetos físicos. El observador parece ser el punto de apoyo. Al insertar un observador en el sistema, de repente el campo cuántico infinito sufre una transformación (conocida como derrumbe de la función onda) por la cual emergen todas las propiedades de la materia.

Aplicar este conocimiento a la medicina se topa con una fuerte resistencia, como sabía muy bien. Pero también había batallas encarnizadas sobre conceptos recién nacidos como la biología cuántica. En cuanto se anunció «Sabios y científicos» en 2009, me quedé asombrado de descubrir que una cifra considerable de científicos con amplitud de miras estaban dispuestos a participar pese al riesgo de ridiculización. En pequeños grupos que no dejaban de ganar fuerza, la conciencia se fue convirtiendo en un tema genuino de investigación. Había que rellenar agujeros en toda clase de disciplinas. La biología cuántica empezó a construir una cadena sólida desde el campo cuántico a la célula. La ridiculización no era una amenaza en el entorno seguro que proporcionábamos, aunque quedaba una puerta abierta para los escépticos.

El campo de la mente, que había sido tan peligroso como un campo de minas, está floreciendo. La espera ha sido larga. Max Planck, el físico alemán al que se reconoce el mérito de empezar la revolución cuántica hace más de un siglo, también previó el campo de la mente cuando hizo un comentario asombroso: «El universo sabía que veníamos.» La conciencia, en otras palabras, es al menos tan vieja como el universo. Para mí esto no son especulaciones enrarecidas. El ser humano existe en tres estados: inconsciente, consciente y consciente de sí mismo. Hace años, cuando todavía estaba en el VA de Jamaica Plain, traté a un paciente con enfermedad pulmonar obstructiva crónica. Estuvo con respirador artificial durante dos semanas antes de que finalmente pudiera respirar por sí solo. Tenía un agujero en la garganta por la traqueotomía que le habían practicado para ayudarle a respirar la siguiente vez que su nivel de oxígeno en sangre disminuyera peligrosamente.

Dos días después de que le dieran el alta, entré en una tienda que estaba cerca del hospital y vi al hombre fumando un cigarrillo a través de su traqueotomía. El poder de la adicción estaba en funcionamiento, desde luego, pero había algo más fundamental. Si enciendes tu quinto cigarrillo del día sin pensar, estás haciendo algo de forma inconsciente, como es la naturaleza de los hábitos. Si te ves encendiendo el cigarrillo, eres consciente de lo que estás haciendo. Pero la conciencia de uno mismo va más lejos; dice: «¿Qué me estoy haciendo?» Plantear preguntas, reflexionar sobre tu conducta, tomarte la vida en serio: estas son todo conductas de conciencia de uno mismo. El ascenso de la conciencia de uno mismo está relacionado con dar el siguiente salto en bienestar. El hecho de que el universo sea consciente de sí mismo hace que el argumento sea todavía más fuerte. Significaría que vivir inconscientemente es como renunciar a tu derecho de nacimiento cósmico.

En medio de todo este progreso, que era muy alentador, surgió la dureza de la medicina de vida o muerte. En 2010 David empezó a tener un defecto de visión que condujo a un accidente de automóvil menor. Decidió que le hicieran una tomografía y al verla él hizo un autodiagnóstico.

—Tengo una mala noticia —me dijo al teléfono.

La imagen mostraba un tumor maligno de crecimiento rápido conocido como glioblastoma. La ironía del diagnóstico era extraordinariamente dolorosa: un brillante neurólogo con un tumor fatal en el cerebro. Su enfermedad, en la medida en que la conocemos, no tiene factores de riesgo específicos. Pero después descubrí que de niño David y su hermana habían recibido grandes dosis de radiación para tratar una amigdalitis. Nadie en ese tiempo reconocía los efectos de larga duración de la exposición a la radiación (en los años cincuenta se enviaba a grupos de turistas en autobús a Las Vegas para observar pruebas atómicas desde una distancia «segura», protegidos solo por gafas de sol). Como tratamiento experimental, a algunos niños con amigdalitis les pusieron la cabeza en una máquina de rayos X que irradiaban las amígdalas hasta que la inflamación se reducía. No puedo evitar pensar que el tumor cerebral de David estaba relacionado con la radiación; es revelador que su hermana murió de cáncer.

Como médico ayurvédico formado en la medicina occidental, David usó lo mejor de ambos mundos para combatir su enfermedad, incluida la cirugía. Sabía que el tumor era en gran medida inoperable, pero le obsesionaba la perspectiva de dejar a su familia en la estacada. Sobrevivió de largo su pronóstico, que originalmente solo le daba unos meses. Luchó con su optimismo y alegría habituales. Antes de su primera operación, me dijo:

—Espero que entre más luz de la que salga.

David continuó enseñando en sus cursos en el centro incluso después de quedarse casi ciego como consecuencia de sus tratamientos. Murió el 31 de enero de 2012. Se refirió a la muerte como disfraz temporal. Hice lo posible para escribir un tributo, aunque su fallecimiento fue una pérdida incalculable: «David ha sido mi amigo, socio, profesor, colega de confianza y hermano menor durante más de veinte años. Me conmovió, influyó en mi forma de pensar y expandió mi espíritu. David se acercó a la vida desde un lugar de posibilidades ilimitadas. Su sabiduría, valor y amor continuarán inspirándonos a todos durante las décadas venideras.»

Soy compulsivo tomando notas, y en una libreta, bajo el título «Fábula china», veo una vieja entrada sobre un maestro espiritual que está caminando por la tarde con un discípulo.

El maestro está disertando sobre un tema conocido, que el mundo es una ilusión. La realidad se oculta detrás de una máscara, enviándonos mensajes invisibles. Nunca nos liberaremos a menos que arranquemos la máscara y veamos lo que hay detrás.

El discípulo está desconcertado y se resiste.

—Creo en el mundo que puedo ver. ¿Por qué no iba a hacerlo? No tiene sentido decir que el mundo es un sueño.

El maestro contesta:

—Lo tendrá cuando te des cuenta de que eres tú el que está siendo soñado.

Recuerdo esta parábola porque el sueño sobre el que todos hemos leído, el sueño americano, es en realidad una defensa masiva contra el hecho de soñar. En Estados Unidos manda el materialismo, y los avances enormes de este país en ciencia refutan cualquier absurdo espiritual sobre la vida como un sueño. Ponte delante de un autobús y verás si es un sueño o no. Los textos más antiguos sobre esta cuestión se remontan a los Upanishads de la antigua India. Como Estados Unidos se sienta a la cabeza del banquete del mundo, tiene que ser molesto que alguien del Tercer Mundo, como se llamaba, desafíe la noción misma del materialismo.

Pero no es una cuestión de desafío. Es una cuestión de lo que es. Cada día ofrece una oportunidad para descubrir qué es real; cada día ofrece una oportunidad de reforzar la ilusión. Cuando te vas a dormir por la noche, tus sueños no son una amenaza, porque aunque haya un tigre a punto devorarte, te despertarás del sueño. Si hay que creer a los antiguos *rishis*, ellos deben mostrarnos cómo despertar del sueño que llamamos existencia despierta.

A pesar de su fe en el materialismo, Estados Unidos es el mejor lugar para despertarse de ese sueño, mejor incluso que India en sus días de gloria de los grandes sabios. A un intocable encogido en el suelo le habría asombrado que el Buda se detuviera a bendecirlo al pasar a su lado. Su corazón podría haber estallado; su existencia completa podría haber cambiado en un instante. Pero durante años el giro a la espiritualidad fue forzado, porque la alternativa era pobreza miserable, ignorancia, enfermedad y la rigidez de la autoridad social. En Estados Unidos, donde la existencia cotidiana es espléndida en comparación, la decisión de ser espiritual no es forzada. Es libre y las decisiones libres son las que podemos soportar toda una vida.

Cada año regreso a un libro inspirado llamado *Yo soy eso* del gurú del sur de India Nisargadatta Maharaj. Siempre fue pobre y no había recibido educación. De niño, arando la parcela de la familia detrás de un buey, Nisargadatta tenía ansias espirituales. Buscó un maestro, y el maestro le dijo: «Para ti el camino es simple. Cuando estés tentado a pensar que eres una persona, recuérdate, yo soy eso.» Nisargadatta se tomó a su maestro al pie de la letra. En la tradición india, «eso» *(tat)* es la esencia innombrable, la fuente infinita que no tiene un nombre porque lo impregna todo. En ocasiones se lo llama lo desconocido mediante lo cual todas las cosas son conocidas.

Nisargadatta fue a casa y no dejó de recordarse que no era nada que tuviera etiqueta. Si empezaba a pensar «soy un hombre», «soy un campesino pobre» o incluso «soy una persona pensando este pensamiento», se detenía y repetía la misma frase, «yo soy eso». La semilla tuvo que caer en un terreno increíblemente fértil, porque sin ninguna otra práctica o disciplina quedó iluminado. Los devotos empezaron a reunirse y, espontáneamente, este campesino iletrado comunicó una sabiduría del máximo orden.

India podría parecer un país de crédulos, pero Nisargadatta tenía un montón de seguidores maniáticos y cascarrabias. Su libro consiste básicamente en conversaciones con los visitantes quejumbrosos. Uno de ellos dice: «No veo nada espiritual en ti. Somos solo dos hombres viejos sentados en una sala esperando que alguien nos traiga la comida.»

A lo cual Nisargadatta da una respuesta que lleva lágrimas a sus ojos: «Ves a dos ancianos esperando la comida porque es tu realidad. Está hecha de tu experiencia y recuerdos. Una realidad así es cerrada y privada. Mi realidad no es privada. Está construida de conciencia infinita y sin límites, y afortunadamente está abierta a todo.»

El visitante no se calmó.

—Si vives en un mundo tan superior, ¿por qué te molestas en estar en el mío?

Nisargadatta responde:

—Porque me da alegría ayudar a otros a despertarse.

Realmente no hay forma de discutir eso, y nadie ha alcanzado nunca una realidad superior, un mundo mejor o a Dios, salvo a través de la alegría de vivir. El sufrimiento no es una escalera al cielo. El milagro es que despertar nunca termina; es una experiencia universal.

El «proceso» es simplemente eso. El impedimento real es la somnolencia.

Una de las frases de apertura más brillantes que jamás he leído está en un libro que tuvo su apogeo a principios de los años ochenta, *Un curso de milagros*: «Este es un curso en milagros. Es un curso obligatorio. Solo el momento en que decides hacerlo es voluntario.» El alma no puede empujar a nadie a abandonar su realidad. El momento debe ser el adecuado para cada persona.

Todo el mundo tiene momentos en que el velo cae. Sentimos que la vida es más que una existencia aleatoria presidida por leyes físicas. El universo no tiene propósito según la física, sin embargo, nadie puede decirnos cómo el propósito entró en el plan. Los seres vivos no pueden sobrevivir sin un propósito, ni siquiera cuando es tan primitivo como la necesidad de comer y respirar. Los seres humanos han ido mucho más lejos. Exhibimos todas las cualidades que la física insiste en excluir del cosmos: significado, belleza, verdad, amor, inteligencia y creatividad. La ciencia no puede borrar esas cosas de sus datos, pero darle la vuelta y decir que los datos explican quiénes somos me parece delirante.

He estado cara a cara con numerosos defensores del materialismo, y los más estrechos de miras insisten en que todo lo que hace que la vida merezca la pena —amor, belleza, creatividad y todo lo demás— tiene que tener una explicación física. Este «tiene que» es su punto ciego. Pasaron siglos antes de que Kepler descubriera que los planetas del sistema solar se mueven en órbitas elípticas, porque según el sistema ptolemaico, que veía la geometría como divina, los planetas «tienen que» moverse en un círculo perfecto. Siendo gente que se enorgullece en la racionalidad, los científicos pueden recalentarse cuando te metes con su creencia en el «tener que». He visto a premios Nobel balbucir con indignación ante la proposición de que la mente crea el cerebro y no al revés.

La discusión normalmente empieza con una seguridad sonriente por su parte y un atisbo de pena por mí. Declaran que nadie puede dudar de que el cerebro crea la mente. Basta con mirar cualquier escáner cerebral que muestra las diferentes zonas del cerebro iluminándose cuando se produce el pensamiento.

Contesto que los tubos de una radio antigua se iluminan cuando suena música. Eso no significa que las radios compongan la música. Esto es recibido con un encogimiento de hombros. Así que insisto. Digo que el cerebro no puede crear la mente, porque las células cerebrales no piensan. La gente piensa. Hay una gran diferencia. Mi oponente parece desconcertado. Es ridículo afirmar que las células cerebrales no piensan. Es lo único que hacen, si estás hablando del córtex cerebral o cerebro superior.

¿En serio? Señalo que el cerebro está alimentado casi por entero por glucosa. La composición química de la glucosa no es muy diferente de la sucrosa, el azúcar que echamos al café. ¿Está diciendo que un terrón de azúcar puede pensar? Esto no merece respuesta. Empiezan a aparecer signos de balbuceo.

Si el azúcar de mi café no puede pensar, digo, entonces muéstreme dónde en la cadena de sucesos químicos que se producen en el cuerpo empieza a pensar la glucosa. De hecho, ¿en qué punto del amplio esquema de cosmología, que se remonta 13.700 millones de años, ocurrió el paso que creó conciencia a partir de ingredientes totalmente inconscientes? Un desafío como ese normalmente hace hervir al que balbucea. Pero el materialismo no puede abandonar su «tener que». Volviendo a la afirmación de que la mente tiene que proceder de la materia, la ciencia tiende a dar una patada hacia delante. Todos los misterios que no pueden responderse hoy seguramente se responderán en el futuro.

Si esa resulta ser la posición final de mi oponente, digo:

—Entretanto, usted cree en puro animismo.

El animismo es una cualidad de las llamadas religiones primitivas que atribuye el espíritu a los árboles, tótems y santuarios ancestrales. Si la ciencia está atribuyendo mente a moléculas de azúcar, ¿no es lo mismo?

Antes que Einstein hubo exploradores de la conciencia que

hicieron descubrimientos revolucionarios; había Einsteins en el universo interior. Uno de sus descubrimientos más fundamentales lo presenta el señor Krishna en el Gita cuando declara: «Soy el campo y el conocedor del campo.» Hay un doble significado ahí. Dios se está dirigiendo a un gran guerrero en el campo de batalla, lo cual tiene un sentido literal. Pero también significa el campo de la vida y, más allá de eso, el campo de la existencia divina. En pocas palabras, Krishna señala a quien realmente somos: criaturas multidimensionales, que expanden los campos físico, mental y espiritual. Aún más simples son las dos palabras de los Vedas «Aham Brahmasmi» («yo soy el universo»).

Para llegar a ese punto, para ser capaz de verte como una criatura multidimensional debes salir del letargo. El letargo es un estado reconfortante, y no podemos ser ingenuos. Muchas personas no quieren despertarse; otras defenderán de forma injuriosa la realidad que abrazan. Pero el sueño viene acompañado de defectos de fabricación que no pueden pasarse por alto. Yo me he referido a dos de ellos —la guerra y el proceso de envejecimiento—, pero el mayor defecto es sutil. En realidad no sabemos quiénes somos. Los seres humanos están comprometidos en olvidar su verdadera naturaleza como niños privilegiados del universo.

La gente me dice que la edad del gurú ha pasado. La nueva era exige que cada persona se convierta en su propio gurú. Sería feliz si eso ocurriera, pero ¿cómo? Alguien en India planteó la misma pregunta hace cien años. Su nombre era Aurobindo Ghose, y probablemente vivió la vida espiritual más excitante de la historia. Aurobindo creció en el apogeo del Imperio, y fue enviado en la década de 1880 a recibir una educación inglesa apropiada. Pero se enfrentó con el prejuicio en Cambridge a pesar de su brillantez. Aurobindo regresó a casa. Se convirtió en luchador por la independencia de India, y cuando los británicos lo encarcelaron y amenazaron con hacerlo otra vez huyó al estado controlado por los franceses de Pondicherry. Renunció a la política por la espiritualidad, que buscó como Sri Aurobindo, uno de los gurús más ampliamente conocidos de la primera mitad del siglo XX.

En la mente de Aurobindo estaba la semilla de una idea extraordinaria. Los seres humanos, declaró, no son un producto final. Estamos en transición, avanzando hacia el objetivo de la conciencia de Dios. Aurobindo fue ferviente en su intención de comunicar al mundo su idea extraordinaria. Había que decirle a todos que, como una lluvia fina, la conciencia superior está descendiendo en el mundo. Su influencia cambiará la humanidad para siempre.

Recuerdo esta historia porque me miro a mí mismo y me pregunto: pese a todo mi sentido de ser una persona separada que persigue sus propios sueños, quizá simplemente me levanta la misma ola de conciencia que localizó Aurobindo. Soy un corcho en el océano que piensa que es un yate. Sería un alivio, en realidad, saber que no soy un producto final, que esta construcción de mala calidad que llamo yo es de transición. Hay algo trágico en descubrir un larva seca que ha caído en el suelo, sabiendo que una mariposa nunca emergerá de ella. Cada mariposa automáticamente tiene un segundo nacimiento cuando se libera del estado larval y extiende sus alas al sol. Los seres humanos deben elegir. Siempre que tengas una apuesta personal en el mundo, no puedes tener un segundo nacimiento en espíritu. Estarás demasiado ocupado tratando con las repercusiones de tu primer nacimiento.

Desde que me convertí en *outsider* profesional, he intentado exponer las creencias gastadas que dificultan el siguiente salto en conciencia. La ciencia mantiene la esperanza. Si nos hacemos más conscientes, mantendremos la evolución. Un planeta agonizante espera con ansiedad para ver qué curso elegimos. Mi apuesta en el juego es clara. Cuando «yo soy el universo» no es una creencia religiosa, sino una declaración de hechos, todos mis sueños personales se convertirán en realidad. Entonces estaré preparado para dejar de ser larva. ¿Qué clase de luz me recibirá?

Sri Aurobindo murió en 1950, y muy pronto surgieron historias de milagros en torno a él. En una fase estaba furiosamente ocupado escribiendo sobre su visión para la humanidad. Produjo miles de páginas en relativamente pocos años. Un discípulo recuerda estar caminando bajo una intensa lluvia del monzón. Aurobindo estaba sentado delante de su máquina de escribir ante una ventana abierta, con las cortinas sacudiéndose violentamente. La lluvia debería haber mojado todo su escritorio, pero en cambio, el escritorio, la máquina de escribir y Aurobindo mismo estaban completamente secos.

Hay unos pocos paralelismos con él que producen un pequeño escalofrío. Su padre, como yo, era un médico que fue a las islas británicas para formarse. Aurobindo intentó occidentalizarse por completo antes de que India lo reclamara. Y desde luego yo sé qué significa escribir furiosamente. Pero si se da el caso de que yo esté sentado delante de una ventana abierta con mi portátil y empieza a llover con viento, hasta el momento es muy probable que me moje.

24

Experiencia cumbre

Sanjiv

En 1985, Amita y yo fuimos de peregrinaje a la legendaria cueva de Amarnath en Cachemira. Esta es una famosa peregrinación que realizan muchos miles de hindúes cada año. Uno ha de atravesar un difícil terreno montañoso para llegar allí. Hay un conocido santuario de Shiva en la cueva, situada a una altitud de 3.888 metros. Según la leyenda, el dios Shiva explicó el secreto de la vida a su consorte divina, Parvati, en este lugar sagrado.

Llegar allí era realmente difícil; la cueva está situada en un desfiladero estrecho, en lo alto de las montañas. Tuvimos que viajar los últimos kilómetros a caballo, conducidos por un guía de montaña. El camino que seguimos montaña arriba tenía solo un metro veinte de ancho. No hay barandillas ni protección de ninguna clase, y en varios puntos hay una caída a pico de muchos cientos de metros. Por alguna razón, a los caballos les gusta ir por el borde, lo más lejos posible de la montaña. Es peligroso y muy aterrador. Llegamos al templo de Amarnath al atardecer. Amita entró en el sanctasanctórum y rezó durante un buen rato; para ella el viaje completo era mucho más espiritual que para mí. Para mí se trataba más bien de una excursión hermosa y pintoresca. Cuando finalmente estuvimos preparados para el viaje de regreso a nuestro campamento era casi medianoche.

Estábamos físicamente exhaustos. Cuando empezamos a volver, Amita se fijó en una tienda grande. Pertenecía a un par de grandes familias y la gente de dentro nos recibió cordialmente. Amita pensó que podría ser una buena idea quedarnos en esa tienda esa noche. Ni hablar, dije, pidiéndole que saliéramos. Había llovido antes y el cielo había quedado cubierto por nubes aciagas. Pero la tormenta ya había pasado y las nubes habían desaparecido.

—Mira las estrellas —le dije—. La noche es hermosa y brillante. De hecho, nunca he visto estrellas tan luminosas. Parecen tan cercanas que da la impresión de que podría extender la mano y literalmente coger una del cielo. Ya no hay nubes. Eso es un mensaje. Dios ha iluminado nuestro camino y tú y yo podemos caminar. Volveremos al campamento base, donde tenemos una habitación cómoda y camas con mantas calientes.

Estaba al menos a quince kilómetros. Amita parecía horrorizada.

—Estás loco —dijo—. Es demasiado peligroso.

Pero yo era insistente. Decidí que era demasiado peligroso ir a caballo por el desfiladero de noche, así que caminaríamos. Nuestro guía conduciría los caballos. Salimos a las dos de la mañana. Mientras caminaba por esa estrecha senda de montaña, bajo un cielo tachonado de estrellas, pensé: «Oh, Dios mío, estamos muy lejos de Boston.»

Caminamos durante la noche y el día siguiente, llegando al campamento al atardecer. En un momento de nuestra arduo trayecto, miré con nerviosismo por encima del borde al barranco.

—Si uno cae —le pregunté al guía—, ¿hasta dónde llegaría?

—Señor, llegaría hasta América.

Nos reímos por la imagen que suscitó la respuesta, por supuesto, pero comprendí claramente la idea. Realmente fue un viaje muy largo desde India hasta la facultad de medicina de Harvard; aunque decididamente no tan peligroso ni tan rápido como la caída desde la montaña al valle. Ciertamente era una buena metáfora de la distancia que habíamos recorrido en nuestras vidas.

Mi camino, mi *dharma*, me ha llevado de mi hogar en India a

Estados Unidos. En nuestra infancia, a Deepak y a mí nos enseñaron a respetar y sostener nuestro *dharma*. Muy pronto en mi carrera se hizo obvio que mi *dharma* es enseñar, ser un mentor. No es algo que crea que debería hacer, es algo que no puedo evitar hacer. Tuve muchos fantásticos modelos de rol. Fui afortunado de tener buena memoria. Podía embellecer mi enseñanza con recursos mnemotécnicos y aliteraciones.

En las últimas dos décadas he recibido numerosos premios de enseñanza. Deepak y nuestros padres y familia estaban muy orgullosos y me apoyaron mucho en estos logros. En mayo de 2012, la Coalición Nacional de Organizaciones Étnicas me honró con la medalla de honor Ellis Island, que se concede a diversas personas cada año en reconocimiento a su contribución al país «al mismo tiempo que siguen preservando la riqueza de su herencia particular». Cuando recibí este premio empecé a preguntarme lo diferente que podría haber sido mi vida si me hubiera quedado en India o hubiera regresado allí después de completar mi educación. Sospecho que cada emigrante piensa eso en un momento u otro.

Si me hubiera quedado en India no me cabe duda de que habría vivido una vida confortable. Habría tenido la misma brújula moral que tengo ahora, y probablemente poseería los mismos valores centrales que nos infundieron a Deepak y a mí siendo niños. Casi con certeza habría tenido éxito en mi carrera; mi padre tenía una floreciente consulta médica, era el médico del presidente de India y yo me habría unido a él y, posteriormente, él, Deepak y yo podríamos haber abierto nuestro propio hospital. Habría sido feliz en India, hay muchas cosas maravillosas en la tierra donde nací; habríamos tenido muchos criados, quizá menos presión y quizá mi golf habría mejorado. De hecho, hay decenas de campos de golf en toda India —un legado del reinado británico— y el segundo campo de golf más viejo del mundo está en Calcuta.

En el fondo sabía muy bien que, al hacernos mayores, Amita y yo habríamos aspirado a que nuestros hijos fuesen a estudiar a Estados Unidos. Curiosamente, al principio de nuestras carreras en Estados Unidos, cuando regresábamos a India pasábamos mucho tiempo con nuestros compañeros de clase de la facultad de medicina que habían decidido quedarse. Con frecuencia nos preguntaban qué era tan maravilloso de Estados Unidos, y entonces sugerían —en ocasiones con vehemencia— que regresásemos. Pero casi de manera inevitable en la misma conversación nos preguntaban si podíamos ayudar a sus hijos a entrar en una buena universidad estadounidense. No era envidia por su parte, y nunca lo tomamos por eso. Más bien se trataba del reconocimiento de que el estímulo intelectual y las oportunidades basadas en el trabajo duro y el éxito que se encontraban en Estados Unidos eran muy diferentes a las de India. Querían ofrecer estas ventajas únicas a sus hijos.

No eran solo esos amigos los que preguntaban; también nos preguntaron varias veces el cocinero o el chófer:

—¿Cuándo nos llevarán a Estados Unidos? ¿Cómo podemos conseguir un trabajo allí?

Esa gente no había gozado de una gran educación. Sabían muy poco del Estados Unidos real, pero lo equiparaban con la esperanza. La única cosa que sabían de ese lugar llamado Estados Unidos era que la gente que vivía allí tenía una oportunidad de mejorar sus vidas, y querían ir allí.

Si hubiera regresado a India después de completar mi educación, me habría perdido todas las experiencias asombrosas, aterradoras y casi psicodélicas que he tenido desde que llegamos en 1972 con ocho dólares y con Amita calzada con sus caras sandalias italianas nuevas. Mi *dharma* no solo me llevó a Estados Unidos, sino concretamente a Boston, que en lo que a mí respecta es una meca de la medicina. Del mismo modo, podría haber terminado en Nebraska o Dakota del Norte, o en cualquier otro sitio, trabajando en una buena institución, pero, por las razones que sea, no era mi camino. Trabajando y viviendo en Boston, tuve la oportunidad de escuchar conferencias de ganadores del premio Nobel, de colaborar con algunas de las personas más respetadas de la medicina moderna, de aprender de primera mano de investigadores que han pasado sus vidas investigando los misterios del cuerpo humano. Cada día he tenido retos para ser mejor; y me han dado la responsabilidad de transmitir un gran corpus de conocimiento a médicos de todo el mundo.

Quizá lo más difícil para muchos inmigrantes sea afrontar el hecho de que han dejado atrás su país, su tradición. Puede haber algo de culpa vinculada a esa idea. La gente afronta esa sensación de muchas maneras. Deepak tiene una fundación que patrocina orfanatos en India y garantiza que los niños puedan ir a la escuela. A mí me gusta sentir que he contribuido al país donde nací de varias formas significativas. Cuando recibí ese honor en Ellis Island reflexioné: «El Departamento de Educación Médica Continuada de la facultad de medicina de Harvard no solo debería ser el mejor departamento de EMC del mundo, sino que debería ser el mejor departamento de EMC para el mundo.» Con mis entregados y talentosos colegas, hemos dado cursos de EMC a profesionales de la medicina de todo el mundo. Los hemos instruido en lecciones críticas, pero también creo que ha habido un mínimo de inspiración. Hemos proporcionado herramientas, de forma que no solo adquieren y retienen el nuevo conocimiento, sino que también pueden incorporarlo a su trabajo, mejorando de este modo las vidas de sus pacientes.

Quizá, más que en otras áreas, la ciencia —y sobre todo la medicina— tiene la máxima capacidad para generar un impacto mundial. Las comunicaciones, el ocio, el derecho, la enseñanza, los deportes... aunque todas esas áreas podrían tener un impacto enorme en el país, generalmente este no se traduce internacionalmente. La medicina es diferente; un descubrimiento en cualquier parte del mundo impactará en las vidas de pacientes de todo el planeta. Siento que tengo el privilegio de informar e inspirar a colegas. Creo que, a través de nuestro trabajo, muchos de los médicos se van informados e inspirados, y lo hacen con un compromiso renovado para apreciar todo lo que es glorioso y mejor en la profesión médica.

También soy director de la sección de hepatología de *UpToDate*, un libro de texto electrónico que alcanza directamente a ochocientos cincuenta médicos de ciento cincuenta países del mundo, informándoles de los últimos avances en esta rama de la medicina. También he publicado numerosos artículos y cinco libros, entre ellos *Live Better, Live Longer* [Vive mejor, vive más], con mi colega Alan Lotvin, que proporciona pruebas científicas de las cuestiones más interesantes que se plantea la medicina moderna.

No creo que hubiera conseguido muchas de estas cosas si me hubiera quedado en India, y estoy convencido de que mis colegas y yo beneficiamos a gente de todo el mundo, India incluido.

La excitación de Estados Unidos es que siempre hay más que descubrir. Esto también es cierto en India. La India de hoy no es el país del que salimos hace décadas, un país donde la tradición y el estatus todavía dominaban la vida económica. Aunque todavía quedan restos de eso, como resultado de la disponibilidad de la educación gratuita, India se parece a Estados Unidos más que en ningún otro momento de su larga historia. Pero como Amita y yo descubrimos al llegar aquí, probablemente más que ningún otro país de la tierra, Estados Unidos recompensa el trabajo duro y la dedicación. De forma muy singular y notoria, este país está ciego a todo salvo a los resultados. El sistema para avanzar se basa en la capacidad de cada individuo más que en la veteranía o el nepotismo. Aquí descubrimos la oportunidad de cumplir con nuestros sueños.

Y pese a que todavía hablamos con un acento ligeramente indio, en todos los otros sentidos me considero estadounidense. Un estadounidense de origen indio, pero estadounidense. Pienso como piensa un estadounidense y cuando tenemos problemas me preocupo por mi país. En ocasiones, cuando estoy de viaje, por ejemplo, me descubro quejándome de «las políticas partidarias que tenemos en mi país». Esa es la expresión que uso, «mi país», y así lo siento. He aprendido a apreciar lo que encontré aquí y a amar las mejores partes de Estados Unidos. Recuerdo que una vez me llamaron para que formara parte de un jurado y que estaba algo excitado por eso. Cuando alguien que conozco descubrió que me habían citado me dijo que podía romper la citación, porque no la habían enviado por correo certificado, y alegar que no la había recibido.

—No has de ir —me dijo.

Aparentemente, el tribunal cuenta con que un porcentaje de la gente no acudirá.

—Yo nunca he ido a un jurado —continuó con voz orgullosa.

—¿Por qué estás orgulloso de eso? —le pregunté—. Quiero hacerlo. Deberías estar disgustado, porque es un sistema maravilloso ser juzgado por un tribunal de tus pares.

Así que, cada vez que me han citado, he juntado material de lectura y me he presentado temprano en el tribunal dispuesto a cumplir.

Y si Amita y yo nos hemos vuelto estadounidenses, nuestros hijos no han conocido otro hogar. Priya nació en India, pero Kanika y Bharat nacieron en Boston y consideran India un país extranjero con el cual tienen cierta relación. En su infancia, los llevamos a India con la máxima frecuencia que pudimos; queríamos que conocieran a su familia allí. De esa forma sabrían de dónde eran las raíces de sus padres.

Entre Deepak y yo ahora tenemos cinco nietos; tienen nombres indios, y podemos ver la herencia en sus caras, y al mismo tiempo son tan estadounidenses como aquellos cuyos antepasados vinieron en el *Mayflower*. De hecho, el nieto de Deepak es estadounidense, indio y chino; habla inglés, español, hindi y mandarín. Deepak y Rita dicen que tiene la identidad global del futuro, hecha posible por comunicaciones instantáneas y herramientas de medios sociales. A nuestros nietos les encanta llevar ropa india y enseñársela a sus compañeros de clase, y leen libros de cómics sobre mitología india, pero son estadounidenses. En solo dos generaciones se ha completado la transición.

En 1973, Amita y yo decidimos que llevaríamos a mis padres y a nuestros hijos a Disney World. Mickey Mouse siempre ha tenido un atractivo universal. Teníamos muy poco dinero, de manera que fuimos en nuestro Volkswagen. Condujimos lo más deprisa que pudimos, parando solo cuando era necesario porque contábamos con pocos días. Recuerdo que nos detuvimos en Charlottesville, Virginia, para llenar el depósito, ir al lavabo y preguntar si íbamos bien. El hombre de la gasolinera con el que hablamos tenía un acento del sur tan marcado que no tenía ni idea de en qué idioma estaba hablando. ¿Hablaba inglés o un idioma completamente distinto? El hombre estaba exasperado cuando yo no dejaba de pedirle que me repitiera la indicación para ir al baño, hasta que finalmente me acompañó hasta allí.

Una de las primeras atracciones a las que subimos cuando por fin llegamos a Disney se llamaba It's a Small World. Es un paseo en barca a través de una exhibición de muñecos vestidos como niños de todas las regiones del mundo que cantan *It's a Small World*. Nunca lo olvidamos. Ese viaje y esa canción tenían una resonancia especial para nosotros. Habíamos llegado de otro país, pero creíamos en serio que éramos todos iguales.

Al final de nuestro primer día en ese fabuloso parque temático estábamos viendo el desfile eléctrico y los asombrosos fuegos artificiales, y mi madre se volvió hacia mí y dijo:

—Esto es lo más cerca que he estado del cielo.

Fue todo un comentario, y nunca lo he olvidado. En algunos sentidos al menos, así nos sentíamos viviendo en Estados Unidos.

Han pasado décadas desde entonces, y Amita y yo hemos visto lo mejor y lo no tan bueno de Estados Unidos, de nuestro país. Es imposible determinar exactamente cuándo empezamos a pensar en nosotros mismos como estadounidenses y no como indios que vivían en Estados Unidos. La sensación real de estar «en casa» es muy difícil de describir; cada poeta de la historia ha intentado hacerlo. Para mí significa que es aquí adonde pertenezco y es aquí donde están las cosas que me importan. Amita y yo no sabíamos realmente lo que íbamos a encontrar en este país cuando llegamos, y las ilusiones que tuviéramos entonces han pasado hace tiempo.

Amita y yo sentimos que somos muy estadounidenses en muchas cosas. Celebramos el Cuatro de Julio y el día de Acción de Gracias, y siempre ejercemos nuestra responsabilidad de votar. Estados Unidos es realmente un país asombroso y un crisol de culturas. Gente de diferentes culturas puede tener un sentido de pertenencia y cambiar las cosas. Justo el otro día estaba reflexionando sobre la vez que una delegación de la División de Gastroenterología del Beth Israel Deaconess Medical Center fue invitada a presentar una actualización en gastroenterología y hepatología en Grecia. Este grupo particular de médicos estadounidenses había sido seleccionado por su experiencia en gastroenterología y hepatología. Íbamos a presentar conferencias y participar en talleres con profesores, becarios y residentes griegos.

En el aeropuerto me encontré con el doctor V. K. Saini, un eminente cirujano cardiotorácico de Boston. Había ido a la facultad de medicina en India y luego había emigrado a Inglaterra. Allí se había aupado al puesto de adjunto en cirugía, pero entonces, a pesar de sus múltiples éxitos, se encontró con el proverbial techo de cristal. Frustrado, se desplazó a Boston y tuvo que empezar de nuevo con su formación como residente, porque los grados británicos no son reconocidos por la Junta de Cirugía de Estados Unidos. Trabajó mucho y es harto interesante que durante su residencia, estando en la sala de operaciones, el cirujano veterano en cardiotorácica le pedía consejo con frecuencia, porque él había acumulado muchísima experiencia en el Reino Unido. Uno de los hijos de Saini fue a la facultad de medicina y llegó a profesor de radiología en la facultad de medicina de Harvard.

En cierto sentido fue irónico pero revelador que cuando miré a mis colegas que formaban esa delegación estadounidense a Grecia me di cuenta de que ninguno de los seis de nosotros había nacido ni estudiado en una facultad en Estados Unidos. Dos de nosotros se habían formado en facultades de medicina de Irlanda y luego habían emigrado, uno era nacido y educado en Suiza, otro médico era nacido y educado en Grecia y otro médico y yo habíamos nacido y nos habíamos formado en India.

En realidad era extraordinario; los seis, toda la delegación estadounidense, éramos estadounidenses de primera generación. Cada uno había llegado en un momento diferente, pero todos habíamos tenido la oportunidad de avanzar en nuestras carreras en Estados Unidos y estábamos en Boston y trabajando en la facultad de medicina de Harvard. Me llama la atención que Estados Unidos no solo es una gran democracia, sino también una meritocracia. Los individuos ascienden por la escalera del éxito en función de su capacidad, talento y trabajo duro. Todos habíamos alcanzado la cumbre de la profesión médica y habíamos sido elegidos para representar lo mejor de la medicina de Estados Unidos internacionalmente. Posteriormente viajamos como grupo a varios países más. De vez en cuando, me daba cuenta de que sentía un gran orgullo y una gran sensación de pertenencia en mi país de elección en tales ocasiones.

Es interesante que el jefe de la División de Gastroenterología y Hepatología también había sido invitado a formar parte de nuestra delegación. Era el único nacido en Estados Unidos, pero no pudo participar porque ya tenía otros compromisos adquiridos.

Más recientemente, a principios de 2002, mientras yo estaba fuera en otra conferencia, nuestra hija Kanika invitó a Amita a acompañarla a ella, a su marido, a sus suegros y a nuestros nietos a un viaje a Disney World. Resultó que la primera atracción a la que subieron fue, casualmente, It's a Small World. No había cambiado mucho en todo ese tiempo; sigue siendo un viaje fascinante por el mundo mientras niños con sus vestidos nativos cantan la canción en su lengua materna. Amita me contó que estar allí la transportó a nuestra primera visita, cuando Estados Unidos era todavía una novedad para nosotros.

—Tenía lágrimas en los ojos al ver todos esos muñecos —dijo—. Nuestros nietos los estaban mirando con los ojos llenos de asombro igual que nosotros habíamos visto los muñecos de todas partes el mundo, incluida India, hace décadas. Las estrellas en sus ojos fueron la visión más maravillosa.

Cuando empiezas tu camino no hay forma de saber adónde te llevará o cuándo terminará. Es solo el camino natural. De niño nunca podría haber imaginado que ser médico y profesor me llevaría a la facultad de medicina de Harvard en Boston, Massachusetts. O que seguiría a mi hermano a Estados Unidos, que él se haría famoso en todo el mundo abrazando una de las tradiciones indias más antiguas, y yo me convertiría en un respetado profesor de medicina y perseguiría mi pasión. Me recuerda lo que dijo una vez el filósofo francés Montaigne: «La obra maestra más grande y más gloriosa de un hombre es vivir con propósito.»

Nada de esto habría ocurrido sin la educación que recibimos en India, los valores esenciales que nos inculcaron nuestros padres y abuelos y las contribuciones generosas y educativas de nuestros colegas veteranos y mentores. Y, por supuesto, nada de esto habría ocurrido sin mi mujer, Amita, que es el ancla de nuestra familia y ha continuado inspirándome de incontables formas.

Amita y yo hemos seguido nuestras pasiones y lo hemos hecho con la misma facilidad que la corriente de un río. Cada parte del camino ha sido satisfactoria, gratificante y humilde. Lo que es más importante, todavía esperamos con los ojos brillantes de entusiasmo para ver qué nos espera en la siguiente curva.

Posfacio

Deepak

Me gusta ir en taxi en cualquier gran ciudad, porque te ofrece el mejor pronóstico del futuro de Estados Unidos. El taxista será un inmigrante y dejará de hablar por su teléfono móvil unos segundos para preguntarme adónde quiero ir. A menos que sepas árabe, ruso u otras lenguas habladas en Haití y Nigeria, no tendrás ni idea de lo que el taxista está diciendo por el móvil; solo te quedas sentado, irritado y rezando para que no choque con nadie.

Pero está uniendo al mundo. La mayoría de los inmigrantes están hablando por el móvil de una cosa: cómo llevar al resto de la familia a Estados Unidos. Si eso ya ha ocurrido, están hablando de negocios y dinero. Conducir un taxi es el peldaño más bajo del sueño americano, pero al menos es un peldaño. Mejor ser un «moreno» invisible que alquila un taxi en Nueva York que preguntarte si el vecino te ha echado el ojo para cuando estalle la guerra civil. Estados Unidos es el país más odiado del mundo, y aquel al que más gente quiere emigrar.

Estoy repitiendo un clisé, detrás del cual hay dos realidades batallando por la supremacía. Alguien lo calificó de guerra entre iPod y los *mulás*. La modernidad está chocando abiertamente con la tradición. Una generación más joven se conecta con el futuro a través de Facebook mientras sus mayores se aferran a las quejas amargas y la nostalgia dulce que impiden el movimiento hacia delante. Si tenemos suerte, todas esas voces hablando por el móvil serán una voz; o estarán tan cerca de ser una sola voz como necesitemos para salvar un planeta en peligro.

La belleza de esta mezcla se refleja en mi historia y en la historia de Sanjiv. Ninguno de nosotros conduce taxis, pero cuando trabajaba por horas en salas de urgencia en torno a Boston, veía lo que pensaban muchos pacientes al entrar en la sala. Cielos, otro médico indio no. Lo primero que escribí públicamente fue una carta al *Boston Globe* protestando por los prejuicios contra médicos formados en el extranjero. Sanjiv y yo llevamos genes indios a un país altamente adaptado a la ciencia occidental.

Como hermanos, afirmamos el derecho a ser nosotros mismos. Pero el vínculo del *dharma* no se americanizó. Los hermanos Chopra podrían haberse llevado sus cerebros y su educación a otros países y habrían triunfado. Lo que celebro es que en Estados Unidos puedes trepar la escalera de la oportunidad o darle una patada y aun así tener éxito más allá de tus sueños más alocados.

¿Otro clisé? Más bien una esperanza que se desdibuja. Si prevalece lo peor de la naturaleza humana, las horribles guerras del siglo XX serán solo un preludio de un planeta entero puesto en peligro. Sanjiv y yo seguimos el *dharma* familiar al hacernos médicos. Parecía que teníamos derecho a una recompensa espléndida. ¿Serán nuestros nietos la brigada de limpieza de nuestro lujo y desperdicio? En ese caso ¿qué aspecto tendremos a sus ojos? Entre China y Estados Unidos producen el 40 % de los gases invernadero responsables del calentamiento global. Cuando le recriminaron eso, un joven chino dijo: «Occidente se ha dado un festín y cuando aparecemos a la hora del café nos piden que paguemos toda la comida.»

Hay mucha penumbra sobre el futuro y escasas esperanzas. Es absurdo que la causa de tu destrucción sea apilar basura. Creo que la esperanza no está en nada que podamos ver. Está en una nueva tendencia evolutiva: no la supervivencia de los más adaptados o los más ricos, sino la supervivencia de los más sabios. Estamos en una fase de transición que siempre es turbulenta. Los seres humanos se corrigen ellos mismos. Creamos problemas y luego evolucionamos para resolverlos. Es un proceso desordenado, pero en cierto modo necesario. Tengo tres nietos de edades entre cinco y diez años, y su curiosidad supera de lejos la mía a su edad. Uno me preguntó «¿Quién hizo a Dios?» cuando apenas había cumplido cuatro años. Como la mujer de Gotham es de ascendencia china, su hijo está creciendo hablando mandarín e inglés y tiene nociones de hindi y español. Aprendió español de la mujer que viene a limpiar; entre ellos hacen chistes a espaldas de sus padres.

Sin inmigrantes, nunca habría consenso global. La alternativa es más del mismo nacionalismo tóxico que conduce directamente a un planeta tóxico cuando cada país exige: «Más para mí, ¿a quién le importas tú?» Mis nietos viven con la protección del privilegio porque Sanjiv y yo tuvimos éxito y transmitimos los frutos del éxito, pero este país está más en contra de los inmigrantes que en ningún otro momento que recuerde. La desigualdad de ingresos se ha hecho más amplia, conduciendo a la corrosión de los vínculos sociales. Como inmigrante, veo claramente lo que la gente nativa puede echar de menos. Estados Unidos es una idea y cuando los estadounidenses pierdan seguridad en la idea, se habrá plantado la semilla de la destrucción. La idea que es Estados Unidos tiene una cara oficial. Es libertad, democracia, todos los hombres creados iguales. No estoy seguro de que esa nobleza impacte mucho en la vida cotidiana. Quizá la idea debería expresarse más como una orden: «Que sigan llegando las contradicciones.» Estoy agradecido por estar incluido en las contradicciones. Estados Unidos sería una sociedad moribunda condenada a la indiferencia perpetua si la homogeneización tuviera éxito.

Ahora el mundo entero necesita ser una idea. Esta nueva idea es la sostenibilidad. Diferentes sociedades seguirán siendo lo que son, pero a menos que encuentren una forma de vida sostenible la amenaza del desastre es inminente. Las Maldivas son un archipiélago compuesto de veintiséis atolones junto a la punta occidental de India. La altitud promedio es de un metro veinte por encima del nivel del mar. Es como si el deshielo de los casquetes polares ocurriera al lado. La supervivencia es una cuestión de emisiones de tubos de escape en Pekín y chimeneas de una planta de carbón en Arizona. En la actualidad, el gran peligro de Maldivas radica en la ausencia de una idea global que todo el mundo acepte.

Una revolución en comunicaciones está permitiendo que las ideas recorran el mundo en un tiempo récord. Cada torre de telefonía móvil es una neurona en el sistema nervioso global. Por consiguiente, nunca quiero que el móvil del taxista se apague, y si sus palabras son enfadadas y resentidas, es el riesgo que hemos de correr. Una nación que gasta más en defensa que las siguientes dieciséis naciones juntas tiene bastante espacio de maniobra para la tolerancia.

La ironía es que esa inmigración todavía está salvando el estilo de vida de Estados Unidos. Los inmigrantes tienen una tasa de natalidad más alta que los blancos. Rebajan el promedio de edad del país. Japón y Rusia, que no cuentan con esa ventaja, están contemplando una población que decrece y envejece de manera inexorable. Con una disminución de recursos, Europa tendrá que cuidar de millones de ancianos que han terminado sus años productivos en la economía. Mientras políticos crueles, racistas y una mayoría blanca que está amenazada con perder su dominio claman contra los inmigrantes, la bendición demográfica que Estados Unidos disfrutará en los próximos cincuenta años es un regalo de los morenos.

Quiero que mis nietos sepan que los quiero; al mismo tiempo quiero que crean que mi vida fue un ejemplo de *ahimsa*, que en sánscrito significa no violencia (*himsa* significa daño o violencia). El significado se extiende mucho más que eso. *Ahimsa* es la forma pacífica de desobediencia civil de Gandhi. Es la veneración por la vida de Albert Schweitzer. Es sobrecogimiento ante el misterio de la vida. Al profundizar más y más, el juramento médico de *primum nil nocere* (lo primero es no hacer daño) abre la posibilidad de que una realidad superior descienda sobre la tierra.

Entretanto, puedo llevar a mis nietos a ver la ciudad. Hace mucho calor dentro de nuestro taxi. El taxista se encoge de hombros cuando le pregunto si tiene aire acondicionado. Así que bajo la ventanilla y si tengo suerte no me tragaré los humos del autobús municipal. No importa. Es bueno sentir la brisa en la cara cuando levantas la mirada al cielo y a la encantadora luz que va cambiando a lo largo del día.

¿Por qué nos gusta la luz, al fin y al cabo? Porque es el viento que mueve el alma hacia su destino secreto.

Agradecimientos

Este fue un proyecto muy especial y debo dar las gracias a mi hermano Sanjiv, que me instó a participar, y a David Fisher, cuyo primer borrador me inspiró a adentrarme mucho más por mi cuenta de lo que podría haber hecho de otro modo. El tiempo pasado con él fue un gran acicate creativo.

A David Moldawer y al equipo de Amazon, gracias por vuestra fe y ánimo. Aprendí de todos los editores, pero nunca tanto como de vosotros.

Como este libro es sobre la familia, ofrezco mi gratitud y amor a cinco generaciones de Chopras, desde mis abuelos a mis nietos: vuestra presencia estuvo conmigo en cada página. A mi mujer, Rita, solo puedo decirle que añadiste una hermosa Chopra a la composición. Me siento muy afortunado.

DEEPAK

Ha sido un proyecto sorprendentemente grato. Trabajar con mi hermano mayor, Deepak, ha sido al mismo tiempo un viaje inspirador y gratificante. Reflexionar sobre nuestras vidas desde nuestra infancia en el mundo encantador de India y nuestro viaje a Occidente, donde hemos echado raíces y educado a nuestras familias, trajo abundantes recuerdos. Este tesoro de experiencias ha modelado mi forma de pensar y trabajar. Deepak y yo tuvimos la fortuna de contar con los padres más amorosos y compasivos, de los cuales aprendimos muchas lecciones de vida en nuestros años formativos. Nuestros abuelos, tíos y tías nos regalaron infinidad de historias. ¡Son narradores auténticamente increíbles!

A mi mujer, Amita, quiero decirle con todo mi corazón: has conducido y cuidado a nuestra familia con dignidad y compasión. Has sido una gran fuente de sabiduría y fuerza. Me inspiras y motivas a diario de incontables maneras. A mis hijos y nietas: qué alegría absoluta es estar con vosotros. No dejáis de añadir historias encantadoras y nuevas percepciones constantemente.

David Fisher, te estoy agradecido por los tres libros que hemos escrito juntos y por inspirarnos a Deepak y a mí para abordar este proyecto memorable. Aprecio mucho nuestra amistad.

SANJIV

Índice